U0909855

勘察设计注册土木工程师(道路工程)执业资格考试模拟试卷

专 业 案 例

邓一郎　王大为　王思伟　尹万辉　谭练武　编著

人民交通出版社股份有限公司
北 京

内　容　提　要

本书为勘察设计注册土木工程师(道路工程)专业案例考试模拟试卷。作者结合多年考前培训经验,按照最新考试大纲及标准规范摘录汇编的相关要求,精心编写了7套模拟试卷,每套试卷分为上午卷和下午卷,并附有每道试题的答案及主要解答过程。

本书可供参加勘察设计注册土木工程师(道路工程)专业考试的考生阅读使用。

图书在版编目(CIP)数据

勘察设计注册土木工程师(道路工程)执业资格考试模拟试卷. 专业案例 / 邓一郎等编著. — 北京 : 人民交通出版社股份有限公司, 2020.9

ISBN 978-7-114-16838-3

Ⅰ. ①勘… Ⅱ. ①邓… Ⅲ. ①道路工程—资格考试—习题集 Ⅳ. ①U41-44

中国版本图书馆 CIP 数据核字(2020)第 171782 号

书　　名: 勘察设计注册土木工程师(道路工程)执业资格考试模拟试卷　专业案例
著 作 者: 邓一郎　王大为　王思伟　尹万辉　谭练武
责任编辑: 刘　彤
责任校对: 孙国靖　扈　婕
责任印制: 刘高彤
出版发行: 人民交通出版社股份有限公司
地　　址: (100011)北京市朝阳区安定门外外馆斜街 3 号
网　　址: http://www.ccpcl.com.cn
销售电话: (010)59757973
总 经 销: 人民交通出版社股份有限公司发行部
经　　销: 各地新华书店
印　　刷: 北京市密东印刷有限公司
开　　本: 787 × 1092　1/16
印　　张: 14.75
字　　数: 350 千
版　　次: 2020 年 9 月　第 1 版
印　　次: 2020 年 9 月　第 1 次印刷
书　　号: ISBN 978-7-114-16838-3
定　　价: 70.00 元

前　　言

根据《勘察设计注册土木工程师(道路工程)制度暂行规定》,国家对从事道路(包括公路,城市道路,林区、厂矿及其他专用道路)工程专业设计活动的专业技术人员,实行职业准入制度,纳入全国专业技术人员职业资格证书制度统一规划。

2019年是道路工程从业人员的大事年,注册道路工程师考试正式开考。2020年是注册道路工程师考试开考的第二年,目前市面上还未见专业案例模拟试卷参考书。应广大考友备考之需,本书编写团队(狼王培训团队)根据多年的勘察设计注册土木工程师考试培训和道路从业实践经验,结合考试组委会发布的40本标准规范名录、交通运输部职业资格中心编写的《勘察设计注册土木工程师(道路工程)执业资格考试标准规范摘录汇编　公路工程》,以及北京市市政工程设计研究总院有限公司和上海市政工程设计研究总院(集团)有限公司编写的《注册道路工程师专业考试城市道路工程标准规范摘录汇编》,在参考2019年注册道路工程师考试题型分布的基础上,编写了本书。同时,本书也有助于道路工程从业者加深对相关规范条文的理解应用。

本书含7套模拟试卷。每套试卷分为上午卷和下午卷,上、下午卷各30道案例题,共计60题;其中,公路规范部分45题,市政规范部分15题,具体包括:路线21题、路基路面12题、桥梁10题、隧道4题、交叉8题、交安/管道/无障碍等5题。

本书涉及专业广、知识点多、题量大,限于作者水平,书中难免存在差错纰漏,恳请广大考友批评指正并提出宝贵意见(本书勘误答疑QQ群63736771,也可以直接联系作者微信15367978556)。

作　者

2020年8月

考 试 须 知

1. 全国勘察设计注册土木工程师(道路工程)专业考试分为**专业知识**和**专业案例**两部分。考试时间为2天,每天上、下午各3个小时。专业考试为非滚动管理考试,考生应在一个考试年度内通过全部考试内容。

2. 考试题型及分值说明:

(1)第一天为专业知识,上、下午各85道知识概念性题目,前50题为单选题(只选40题作答),每题分值为1分;后35题为多选题(只选30题作答),每题分值为2分。试卷满分为200分。

(2)第二天为专业案例,上、下午各30道案例题,实行30题选25题作答的方式,多选无效。如考生作答超过25道题,则按题目序号按从小到大的顺序对作答的前25道题计分及复评试卷,其他作答题目无效。每题分值为2分,满分为100分。

考生需要同时满足专业知识成绩≥120分和专业案例成绩≥60分,方可通过考试。

3. 参加专业考试的考生,允许携带正规出版社出版的各种专业规范、参考书和复习手册。但须注意,部分省份不允许携带习题集类书籍和笔记类资料。

4. 填涂答题卡时,考生须按题号在答题卡上将所选选项对应的字母用2B铅笔涂黑。如有改动,请务必用橡皮将原选项的填涂痕迹擦净,以免造成计算机读卡时误读。

5. 在试卷上作答时:

(1)考生须使用符合考试规定的用笔[钢笔或签字笔、圆珠笔(黑色或蓝色)],不得使用铅笔等,亦不得使用涂改液、涂改带等,否则视为无效试卷。

(2)考生须在每道试题对应的答案括号内,填写该试题答案选项对应的字母,并在相应试题"主要解答过程"下面的空白处,写明该题的主要计算过程、计算结果(概念题则应写明主要依据)。书写时字迹应工整、清晰,以免影响专家阅卷。不按上述要求作答的,如未在试题答案括号内填写所选选项对应的字母,仅在答案选项A、B、C、D处画"√"等情况,则视为无效,该试题不予复评计分。

6. 考生须注意,在答题卡及试卷上书写与题意无关的语言或作标记的,均按违纪试卷处理。

7. 考试前,建议考生一定要提前看清楚每个省份关于考试的规定,比如,是否需要提前到达考场,是否需要提供彩色打印的健康绿码,是否需要提供核酸检测报告等,避免因准备不足而影响考试。

目　录

模拟试卷一

(上午卷)

题1:浙江杭州某主要集散公路,路侧纵横干扰比较大,交通量调查预测分析,预测末年交通量组成如下:小客车 2500veh/d,中型车 2680veh/d,大型车 700veh/d,汽车列车 400veh/d,拖拉机 60veh/d,则预测年设计交通量和宜选用的公路等级为(　　)。

A. 10110pcu/d,二级公路　　B. 9870pcu/d,二级公路

C. 9630pcu/d,二级公路　　D. 10110pcu/d,一级公路

主要解答过程:

题2:某高速公路,设计速度为 100km/h,预测末年的年平均日交通量为 52000pcu/d,方向不均匀系数为 55%,设计小时交通量系数为 8.5%。如该高速公路设计服务水平采用二级服务水平,试问该高速公路单向需要的车道数为(　　)。

A. 2　　B. 3　　C. 4　　D. 6

主要解答过程:

题3:山东某地区城间一级公路,双向四车道,经交通量调查分析及预测,预测末年交通量如下:小客车 8000veh/d,中型车 4200veh/d,大型车 600veh/d,汽车列车 150veh/d,方向不均匀系数为 55%。则单向设计小时交通量为(　　)veh/h。

A. 1263　　B. 1932　　C. 816　　D. 998

主要解答过程:

题4:某二级公路,路侧干扰等级为二级,设计速度为 80km/h,车道宽度为 3.75m×2,每侧硬路肩宽度为 1.25m。根据交通量调查分析,预测交通量为 600veh/h;交通组成如下:小客车 50%,中型车 15%,大型车 20%,汽车列车 15%;方向不均匀系数为 60%,不准超车区比例为

25%,则设计通行能力最接近下列哪个选项(　　)。

A. 433veh/h　　B. 952pcu/h　　C. 448veh/h　　D. 952veh/h

主要解答过程:

题5:某二级集散公路,设计速度为60km/h,两侧设置慢车道,则正常情况下最小路基宽度为(　　)m。

A. 8.5　　B. 9　　C. 15.5　　D. 16

主要解答过程:

题6:某二级集散公路,设计速度为60km/h,断面按正常情况布置考虑铰接列车通行。行车道路拱横坡为2%,硬路肩横坡与车道坡度相同,土路肩横坡为3%。路基设计高程在路中线,超高绕中线旋转,加宽过渡按直线成比例加宽。某圆曲线半径为200m,超高坡度为6%,QZ点里程为K2+150,路基设计高程为100m,该路段位置纵坡坡度为3%的直线坡段(小桩号往大桩号为上坡),则HY点K2+050处路基内侧和外侧的高程分别为(　　)m。

A. 96.603, 97.278　　B. 96.667, 97.225

C. 102.615, 103.278　　D. 102.603, 103.278

主要解答过程:

题7:某一级干线公路,设计速度为80km/h,双向四车道,中央分隔带宽2m;通行车辆以小客车为主,则正常情况下该公路最小路基宽度宜采用(　　)m。

A. 26.5　　B. 25.5

C. 24.5　　D. 23.5

主要解答过程:

题8:某交叉口范围,主要公路为二级公路,设计速度为80km/h,最大超高值采用3%,最大横向力系数取0.07,则该处设置最小半径值可取(　　)m。

A. 2500　　B. 1260　　C. 510　　D. 800

主要解答过程:

题 9:公路自然区划Ⅳ2 区新建二级公路初步设计,路基平均填高 5.0m,地下水位于原地面以下 2.0m,毛细水上升最大高度为 1.0m,路基填料采用黏土质砂,通过试验可知细粒土含量高,塑性指数大,*CBR* 值为 14.2,湿度指数 *TMI* 值为 20,干湿循环或冻融循环条件下路基土模量折减系数为 0.81。按《公路路基设计规范》(JTG D30—2015)计算,路基回弹模量设计值最接近下列哪个选项(　　)。

A. 50MPa　　B. 55MPa　　C. 60MPa　　D. 65MPa

主要解答过程:

题 10:某季节性冻土地区新建沿河二级公路,路基宽度为 8.5m,采用沥青混凝土路面,结构层厚度为 0.72m,K5 +000 处的地面高程为 353.77m。该公路路基工作区深度为 1.52m,中湿状态路基临界高度为 2.44m,路基冻深 1.20m,按设计洪水频率 100 年一遇的洪水位为356.15m,按设计洪水频率 50 年一遇的洪水位为355.36m,壅水高度为1.2m,波浪侵袭高度为0.5m。按《公路路基设计规范》(JTG D30—2015),该路堤高度宜不低于下列哪个选项(　　)。

A. 3.2m　　B. 3.8m　　C. 4.2m　　D. 4.6m

主要解答过程:

题 11:某公路为沥青混凝土路面,单向坡度路面宽 10.5m,横坡为 2%,面层下设置 15cm 厚的沥青处治碎石排水基层。根据《公路排水设计规范》(JTG/T D33—2012),则排水基层设计渗透系数最小值接近以下哪个选项(　　)。

A. 525m/d　　B. 730m/d　　C. 875m/d　　D. 1050m/d

主要解答过程:

题 12:某地区新建一级公路,双向四车道,路面采用沥青混凝土,基层采用水泥稳定碎石,底基层采用级配砾石。经调查,初始年双向大型客车和货车交通量为 2900 辆/日,方向不均匀系数为 55%,交通受非机动车和行人影响较为轻微,设计使用年限内交通量按年平均增长率 6.2% 递增。试问该公路级配砾石底基层的 *CBR* 值不应小于(　　)。

A. 40　　B. 60　　C. 80　　D. 100

主要解答过程:

题 13:上海地区新建二级公路,采用沥青混凝土路面,路面结构为 40mmAC-13 + 100mmAC-25,将沥青混合料层分为 6 个分层,40mm AC-13 上面层分为 20mm + 20mm;100mm AC-25 下面层分为 25mm + 25mm + 25mm + 25mm;经计算知第二个分层顶部的竖向压应力为 0.66MPa,综合修正系数为 6.847。设计使用年限内,设计车道上对应于沥青混合料层永久变形的当量设计轴载累计作用次数为 1.68×10^7 次。第二分层沥青混合料在试验温度为 60℃、压强为 0.7MPa、加载次数为 2520 次时,车辙试验永久变形量为 4.0mm,车辙试验试件厚度为 50mm。根据《公路沥青路面设计规范》(JTG D50—2017),试计算第二分层的永久变形量最接近以下哪个选项(　　)。

A. 3.00mm　　B. 3.70mm　　C. 4.30mm　　D. 4.90mm

主要解答过程:

题 14:公路自然区划Ⅰ区拟新建一条二级公路,拟采用普通混凝土路面,设计轴载为 100kN,最重轴载为 130kN。初拟普通混凝土面层厚度为 0.25m,基层选用级配碎石,厚 0.20m。取普通混凝土面层的弯拉强度标准值为 4.5MPa,弯拉弹性模量与泊松比分别为 29GPa、0.15,板底地基当量回弹模量为 125MPa,路肩与路面面层厚度等厚。根据《公路水泥混凝土路面设计规范》(JTG D40—2011),计算最重荷载在临界荷载处产生的荷载应力最接近以下哪个选项(　　)。

A. 1.61MPa　　B. 1.71MPa　　C. 1.81MPa　　D. 1.91MPa

主要解答过程:

题 15:某公路桥梁由整体式钢筋混凝土板梁组成,跨径为 12.0m,前右角 $\angle A_1A_2B_2 = 120°$,桥梁总宽度为 10m,梁高为 0.7m。其平面布置如下图所示。试问本桥计算跨径与下列何项最为接近(　　)。

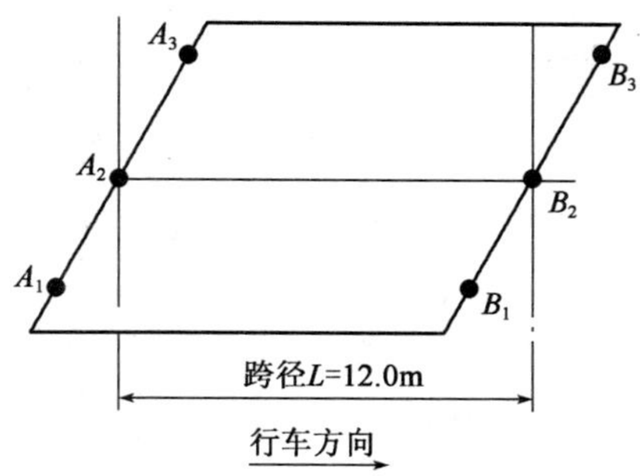

A. 12m　　B. 10.4m　　C. 6.3m　　D. 5m

主要解答过程:

题 16:某二级公路桥梁,为 1 孔 40m 的钢-混组合梁桥。则关于本桥设计基准期和钢结构主体结构使用年限下列(　　)最为恰当,并简述其依据。

A. 设计基准期 100 年;设计使用年限 60 年

B. 设计基准期 100 年;设计使用年限 80 年

C. 设计基准期 100 年;设计使用年限 120 年

D. 设计基准期 150 年;设计使用年限 150 年

主要解答过程:

题 17:某高速公路 3 孔连续箱梁桥,每孔跨径为 20m。该箱形梁桥按承载能力极限状态设计时,假定中跨跨中断面永久作用弯矩标准值为 8000kN·m,由汽车车道荷载产生的弯矩标准值为 3000kN·m(已计入冲击系数 0.3),温度作用产生的弯矩设计值为 600kN·m。由车辆荷载在箱梁悬臂板根部产生弯矩标准值为 500kN·m/m。试问该箱梁跨中断面基本组合的弯矩组合设计值(kN·m)与下列哪项数值最为接近(　　)。

A. 12800　　B. 14400　　C. 15800　　D. 16600

主要解答过程:

题 18:某濒临水库地区高速公路拟建一处隧道,长 1600m,经水文站测算,该处 50 年一遇洪水位为 776.52m,100 年一遇洪水位为 778.12m,300 年一遇洪水位为 782.52m。调查走访观测发现,最高洪水位为 782.80m,波浪侵袭高度 0.5m,壅水高 0.3m。则该隧道洞口路肩设计高程最低应采用(　　)。

A. 778.9m　　B. 779.4m　　C. 783.8m　　D. 784.1m

主要解答过程:

题 19:某公路隧道采用钻爆法施工,开挖尺寸如下图所示,围岩重度为 $\gamma = 22\text{kN/m}^3$,计算摩擦角 $\varphi_c = 40°$,隧道埋深 $h = 40.5\text{m}$。根据《公路隧道设计规范　第一册　土建工程》(JTG 3370.1—2018)判断Ⅲ级围岩和Ⅳ级围岩条件下,该隧道分别属于深埋还是浅埋(　　)。

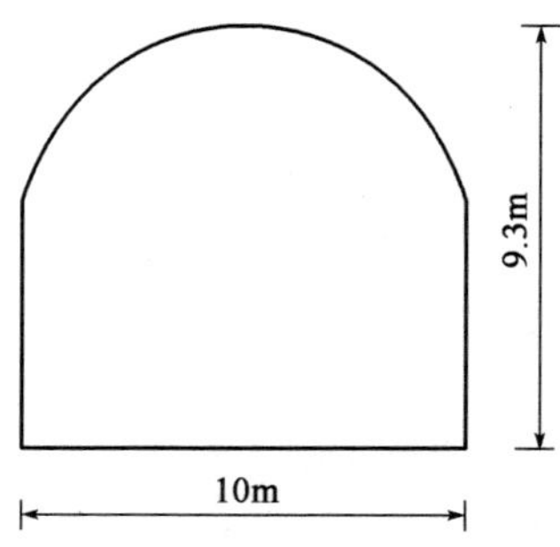

A. 深埋,浅埋　　B. 浅埋,深埋　　C. 都是深埋　　D. 都是浅埋

主要解答过程:

题 20:某一级集散公路,设计速度为 60km/h,其中一段的平曲线要素和纵坡、竖曲线要素如下表所示,则以下位置最适宜设置平面交叉的为(　　)。

平曲线要素表

交点序号	交点桩号	曲线要素值(m)			曲线位置			
		缓和曲线长度 L_{s1}	圆曲线半径	缓和曲线长度 L_{s1}	第一缓和段起点 ZH	第一缓和段终点 HY	第二缓和段起点 YH	第二缓和段终点 HY
BP	K0 +000							
JD_1	K1 +435.567	130	800	130	K1 +087.659	K1 +217.659	K1 +539.087	K1 +669.087
EP	K1 +669.087							

纵坡、竖曲线要素表

序号	桩　　号	竖　曲　线							纵坡(%)	
		高程 (m)	凸曲线半径 R(m)	凹曲线半径 R(m)	切线长 T(m)	外距 E(m)	起点桩号	终点桩号	+	−
1	K0 +000	50.88							4	
2	K0 +300	62.88	4000		120.000	0.015	K0 +180	K0 +420		−2
3	K0 +800	52.88		2000	40.000	0.010	K0 +760	K0 +840		
4	K1 +000	56.88	2200		55.000	0.013	K0 +945	K1 +055	2	
5	K1 +669.087	36.807								−3

A. K0 +180　　　　B. K0 +750

C. K1 +050　　　　D. K1 +500

主要解答过程:

题 21:某公路立交为 5 岔交叉,则其交通流线数量为(　　)。

A. 6 条　　　　B. 12 条

C. 20 条　　　　D. 30 条

主要解答过程:

题 22:某三岔互通式立交各流向的设计小时交通量(单位:pcu/h)如下图所示,则该立交设计方案最合理的是哪个选项(　　)。

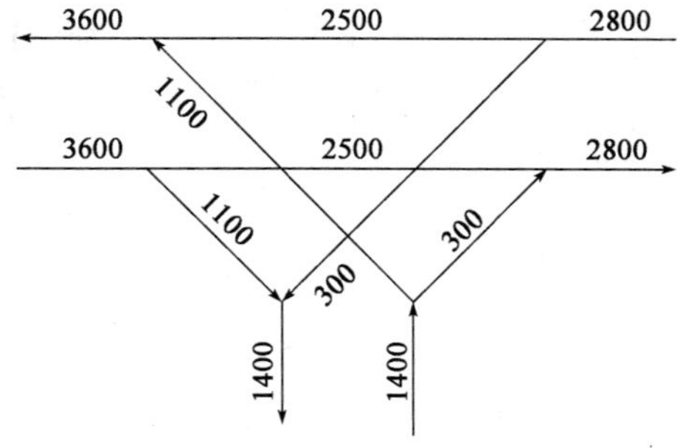

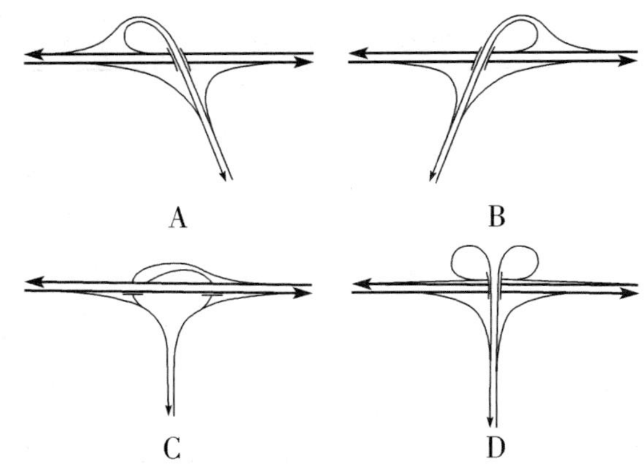

主要解答过程:

题 23:某高速公路设计速度为 100km/h,双向年平均日交通量 *AADT* 为 12000 辆/日,方向不均匀系数为 60%,某填方段平面转弯处平曲线半径为 700m,则在该平曲线曲中点计算净区宽度与(　　)最为接近。

A. 8m　　B. 9m　　C. 10m　　D. 11m

主要解答过程:

题 24:某城市快速路,设计速度为 80km/h,双向四车道,设计小时交通量系数为 0.11,则该快速路在三级服务水平下能提供的最大年平均日交通量为(　　)pcu/d。

A. 60000　　B. 120000　　C. 63636　　D. 31818

主要解答过程:

题 25:某两车道城市次干道,专供小客车行驶,设计速度为 50km/h,经过某区域附近无行人,无非机动车道和人行道,路面外侧设置保护性土路肩。不考虑其他设施布置需要,则该城市次干道最小断面宽度为(　　)。

A. 7.5m　　B. 8m　　C. 8.5m　　D. 9m

主要解答过程:

题 26:浙江某城市快速路,设计速度为 100km/h,某曲线路段超高值为 5% ,则其机动车道纵坡最大值可取(　　)。

A. 4.5%　　B. 4%　　C. 3%　　D. 2%

主要解答过程:

题 27:某城市一座主干路上的跨河桥,为五孔单跨各为 25m 的预应力混凝土小箱梁(先简支后连续)结构,全长 125.8m,横向由 24m 宽的行车道和两侧各为 3.0m 宽的人行道组成,全宽 30m。桥面单向纵坡为 0.9% ;横坡:行车道 1.5% ,人行道 1.0% 。试问,该桥每孔桥面要设置泄水管时,泄水管截面积 F(mm^2)和个数 n 较为合理的选项是(　　)。

提示:每个泄水管的内径采用 150mm。

A. $F=75000$, $n=6.0$　　B. $F=45000$, $n=2.0$

C. $F=18750$, $n=1.0$　　D. $F=0$, $n=0$

主要解答过程:

题 28:某城市快速路,为双向六车道,设计速度为 80km/h。为了保持车道平衡、连续,在某立交主线出口连接部处设置有 1 条辅助车道,则分流后的主线车道数 N_F 和匝道车道数 N_E 组合正确的是(　　)。

A. $N_F=2$ 条, $N_E=2$ 条　　B. $N_F=3$ 条, $N_E=1$ 条

C. $N_F=3$ 条, $N_E=2$ 条　　D. $N_F=4$ 条, $N_E=1$ 条

主要解答过程:

题 29:某轮椅坡道最大高度为 0.6m,现场设置坡道条件宽裕。为了尽可能地提高轮椅通行的安全性和舒适性,该轮椅坡道水平长度最小应为(　　)时才符合《无障碍设计规范》(GB 50763—2012)的相关规定。

A. 4.8m　　B. 6.0m　　C. 7.2m　　D. 12.0m

主要解答过程:

题 30:某城市一座过街人行天桥,其两端的两侧(即四角)、顺人行道方向各修建一条梯道,如下图所示。天桥净宽 5.0m、全宽 5.6m。若各侧的梯道净宽都设计为同宽,试问梯道最小净宽 b 应为(　　)。

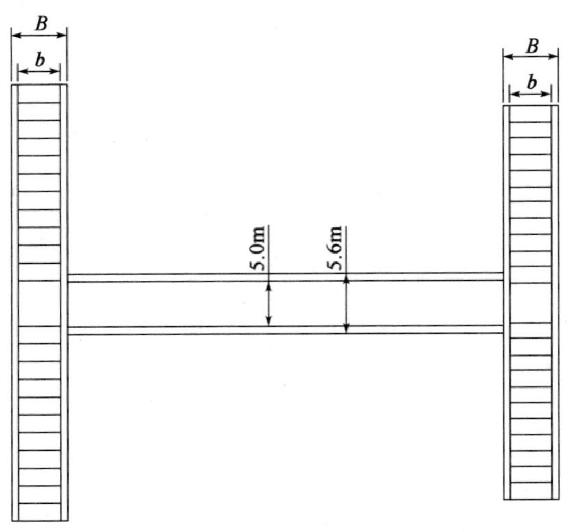

A. 5.0m　　B. 1.8m　　C. 2.5m　　D. 3.0m

主要解答过程:

模拟试卷一

(下午卷)

题 31:某二级公路,设计速度为 60km/h,路拱横坡为 3%,圆曲线半径为 350m,考虑其位于积雪冰冻区域,μ 值不宜超过 0.07,则其超高值最小宜采用(　　)。

A. 1.1%　　B. 2%　　C. 3%　　D. 4%

主要解答过程:

题 32:某一级双向六车道公路,设计速度为 80km/h,设计线为路基中心线。已知某位置为整体式路基,平曲线半径为 1000m,中央分隔带宽度为 3m,左侧路缘带宽度为 0.5m,则紧邻中央分隔带视距不利车道计算停车视距时,视点半径为(　　)m。

A. 996.125　　B. 996.25　　C. 1003.75　　D. 1003.875

主要解答过程:

题 33:某二级公路,设计速度为 60km/h,路基宽度为 10m,行车道宽度为 2×3.5m,硬路肩宽度为 2×0.75m,土路肩宽度为 2×0.75m,路拱横坡为 2%,土路肩横坡为 3%,设计高程为路基边缘高程。圆曲线某位置超高值 4%,超高后中线位置高程为 5.2m,超高旋转轴为内侧车道边缘线,则该位置路基边缘设计高程为(　　)m。

A. 5　　B. 5.03　　C. 5.0375　　D. 5.023

主要解答过程:

题 34:某山区二级公路一爬坡段线位相对高差为 510m,则该爬坡段路线长度最小应大于(　　)m。

A. 9275　　B. 6410　　C. 5820　　D. 10200

主要解答过程:

题 35:某三级公路临崖路段,设计速度为 40km/h。已知其路段纵坡为 6%,则该路段圆曲线最大超高不得超过(　　)。

A. 5%　　B. 6%　　C. 7%　　D. 8%

主要解答过程:

题 36:某山区公路设计速度采用 40km/h,某地段采用卵形曲线才能更好地与地形吻合,小圆曲线半径采用 80m,则大圆曲线半径采用的合理区间是(　　)m。

A. 400 ~ 600　　B. 100 ~ 400

C. 80 ~ 600　　D. 80 ~ 150

主要解答过程:

题 37:某二级公路,设计速度为 60km/h,路拱横坡为 2%,路线平面 JD_1 为简单型圆曲线,其设计资料如下:交点桩号 K1 + 420,转角为 5°15′30″,则该交点圆曲线半径一般应大于(　　)m。

A. 1450　　B. 1500　　C. 1550　　D. 2500

主要解答过程:

题 38:某二级公路高路堤位于斜坡地基上,根据勘察资料将滑坡体分为 2 个滑块,如下图所示。每个滑块的重力、滑面长度、滑面倾角及滑面抗剪强度标准值分别为:$W_1 = 580$kN/m,$l_1 = 10$m,$\alpha_1 = 35°$,$\varphi_1 = 10°$,$c_1 = 10$kPa;$W_2 = 750$kN/m,$l_2 = 15$m,$\alpha_2 = 15°$,$\varphi_2 = 15°$,$c_2 = 15$kPa。试采用《公路路基设计规范》(JTG D30—2015),按正常工况计算滑坡稳定系数最接近以下哪个选项(　　)。

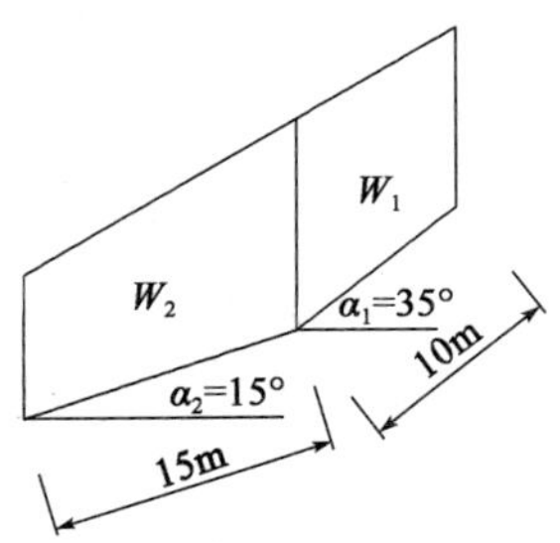

A. 1.07　　B. 1.12　　C. 1.16　　D. 1.20

主要解答过程：

题 39：某公路左侧路基采用重力式路肩挡土墙，墙顶宽 1m，墙底宽 2.5m，墙背垂直，墙高 6m。墙背主动土压力水平分量 $E_x=154.1\text{kN/m}$，主动土压力竖直分量 $E_y=50.1\text{kN/m}$。墙身材料重度为 22kN/m^3，不计墙前被动土压力，则该公路挡土墙抗倾覆稳定系数最接近以下哪个选项(　　)。

A. 1.28　　B. 1.38　　C. 1.48　　D. 1.58

主要解答过程：

题 40：某公路路堑存在一折线均质滑坡，计算参数如下表所示。设滑坡推力安全系数为 1.20。滑面的内摩擦角为 41.3°，在第三块滑体前缘设置重力式挡墙，按《公路路基设计规范》(JTG D30—2015)计算，作用在该挡墙上的每延米水平作用力最接近下列哪个选项(　　)。

滑体编号	下滑力(kN/m)	抗滑力(kN/m)	滑面倾角(°)
①	5000	2100	35
②	6500	5100	26
③	2800	3500	26

A. 3900kN　　B. 5280kN　　C. 5870kN　　D. 6010kN

主要解答过程：

题 41：某高速公路位于Ⅳ3 区，双向四车道，采用沥青混凝土路面，路面厚 14cm，基层采用级配碎石，底基层为级配碎石，沥青混合料 20℃时的动态压缩模量为 10000MPa，沥青饱和度为 65%。进行沥青混合料层的疲劳开裂分析时，温度调整系数为 1.33。根据弹性层状体系理论计算得沥青混合料层层底拉应变为 107.5με。则该公路沥青混合料层疲劳开裂寿命最接近下列哪个选项(　　)。

A. 3.3×10^6轴次　　B. 3.7×10^6轴次

C. 4.1×10^6轴次　　　　D. 4.7×10^6轴次

主要解答过程：

题 42：成都市新建一级公路，采用 20cm 厚沥青混凝土路面，当量模量为 10000MPa，基层采用 36cm + 20cm 厚水泥稳定级配碎石，当量模量为 11500MPa。进行沥青混合料层疲劳开裂分析时，计算该路面结构的温度调整系数最接近下列哪个选项(　　)。

A. 0.57　　B. 0.71　　C. 0.84　　D. 0.95

主要解答过程：

题 43：某高速公路地处公路自然区划Ⅲ2 区，设计轴载 $P_s=100$kN，最重轴载 $P_m=250$kN。路面拟采用普通水泥混凝土面层，弯拉弹性模量为 31GPa、泊松比为 0.15，厚 0.30m；基层采用碾压混凝土，厚 0.18cm，弯拉弹性模量为 27GPa，泊松比为 0.15，面层与基层之间设置 40mm 厚的沥青混凝土夹层，底基层选用级配碎石，厚 0.20m。路肩面层与行车道面层等厚并设拉杆相连。板底地基综合当量回弹模量为 130MPa。试求混凝土面层最大荷载应力与以下哪一项接近(　　)。

A. 2.50MPa　　B. 2.70MPa　　C. 2.90MPa　　D. 3.10MPa

主要解答过程：

题 44：某跨越一条 100m 宽河面的三级公路桥梁，主桥为 100m 的中下承系杆拱桥，两侧引桥均为 5 跨 16m 的空心板梁桥。试问，该桥梁结构的设计安全等级，应为下列何项(　　)。

A. 主桥：一级；引桥：二级　　B. 主桥：二级；引桥：二级

C. 主桥：一级；引桥：一级　　D. 由业主确定

主要解答过程：

题 45～46：某二级干线公路上一座标准跨径为 30m 的单跨简支梁桥，其总体布置如下图所示(尺寸单位：mm)。桥面宽度为 12m，其横向布置为：1.5m(人行道)+9m(车行道)+1.5m(人行道)。桥梁上部结构由 5 根各长 29.94m、高 2.0m 的预制预应力混凝土 T 梁组成，梁与梁间采用现浇混凝土连接；桥台为单排排架桩结构，矩形盖梁、钻孔灌注桩基础。设计荷载：公路—Ⅰ级、人群荷载为 $3.0kN/m^2$。

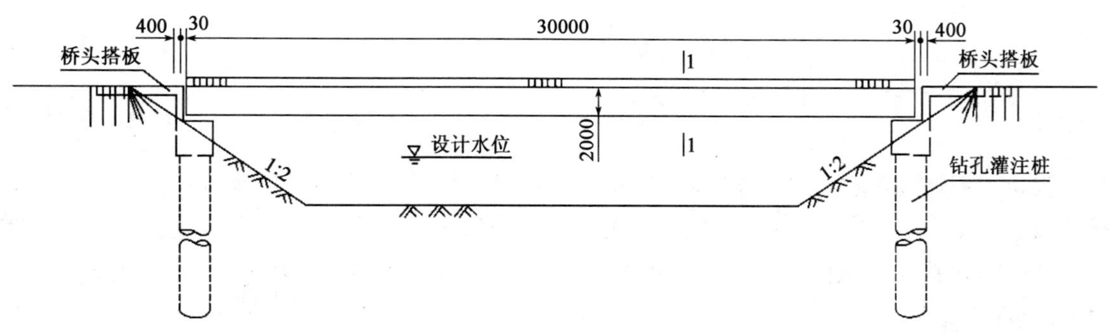

题 45：假定，前述桥梁主梁结构自振频率(基频)$f=4.5Hz$。试问，该桥主梁结构汽车作用的冲击系数 μ 与下列何项数值(Hz)最为接近(　　)。

A. 0.05　　B. 0.25　　C. 0.30　　D. 0.45

主要解答过程：

题 46：前述桥梁的主梁为 T 梁，其下采用矩形板式氯丁橡胶支座，支座内承压加劲钢板的侧向保护层每侧各为 5mm；主梁底宽度为 500mm。若主梁最大支座反力为 950kN(已计入冲击系数)，使用阶段支座平均压应力限值 10MPa。试问，该主梁的橡胶支座平面尺寸[长(横桥向)×宽(纵桥向)，单位为 mm]选用下列何项数值较为合理(　　)。

提示：假定橡胶支座形状系数符合规范。

A. 450×200　　B. 400×250　　C. 450×250　　D. 310×310

主要解答过程：

题 47：拟修建Ⅳ级软质围岩中的两车道公路隧道，埋深 70m，采用复合式衬砌，对于初期支护，下列哪个选项的说法不符合规定(　　)。

A. 确定开挖断面时，在满足隧道净空和结构尺寸的条件下，还应考虑初期支护并预

留变形量 70mm

B. 拱部和边墙喷射混凝土厚度为 150mm

C. 按承载能力设计时，初期支护的变形量为 40mm

D. 初期支护应按荷载结构法进行设计

主要解答过程：

题 48：某公路隧道采用钻爆法施工，开挖尺寸如下图所示，围岩重度为 $\gamma = 22\text{kN/m}^3$，计算摩擦角 $\varphi_c = 40°$，隧道埋深 $h = 40.5\text{m}$。根据《公路隧道设计规范　第一册　土建工程》(JTG 3370.1—2018)，求Ⅳ级围岩条件下作用在支护结构上的竖向和水平围岩压力分别为(　　)(均按均布考虑)。

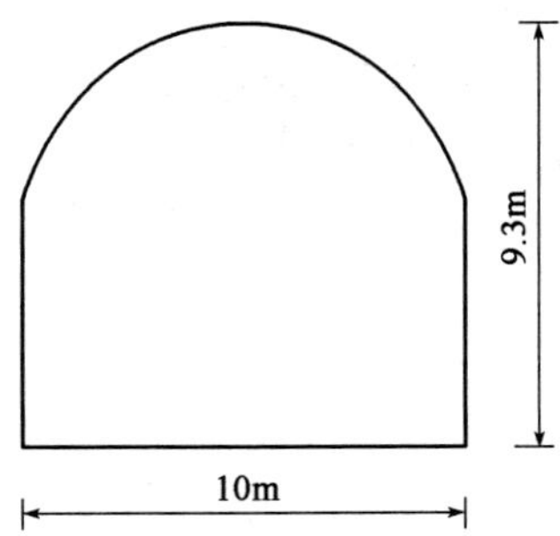

A. 119kN/m，(18 ~ 36)kN/m

B. 119kN/m，(36 ~ 60)kN/m

C. 891kN/m，(134 ~ 267)kN/m

D. 891kN/m，(267 ~ 445)kN/m

主要解答过程：

题 49：某城市主干路，设计速度为 40km/h，在某个平面交叉口处东向西进口道设置有左转专用车道(采用压缩较宽中央分隔带的方式)，已知该进口道高峰 15min 内每信号周期左转车辆的排队长度为 8 辆，直行车道排队长度为 7 辆，则设计展宽左转专用车道最小长度接近下列哪个数值(　　)。

A. 79m　　B. 86m　　C. 95m　　D. 102m

主要解答过程：

题 50:某高速公路,设计速度为 100km/h,在选择互通式立交位置时,有四个方案可选,各位置立交范围内主线纵坡、平曲线半径及与相邻互通之间的距离如下表所示。在各交叉位置方案中,最合适的方案是(　　)。

立交位置方案	主线纵坡(%)	主线平曲线半径(m)	与相邻立交的距离(km)
A. 交点 1	2.0	900	4
B. 交点 2	3.0	1100	4.5
C. 交点 3	3.5	∞	3.5
D. 交点 4	1.5	1500	2.5

主要解答过程:

题 51:已知华东某近郊一级公路三岔一般互通式立交预测期末年日平均转向交通量如下图(单位: pcu)所示,方向不均匀系数取 52%,则下列初拟的互通形式及设计参数较为适宜的是(　　)。

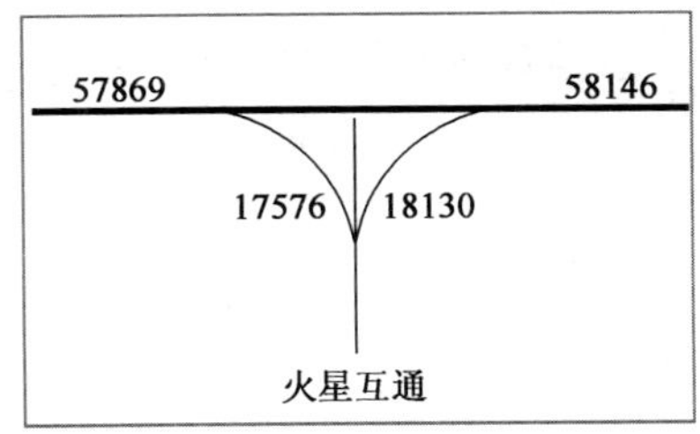

A. A 型喇叭,环形匝道最小半径为 35m
B. A 型喇叭,环形匝道最小半径为 45m
C. A 型喇叭,环形匝道最小半径为 55m
D. B 型喇叭,环形匝道最小半径为 60m

主要解答过程:

题 52:已知某基础工程由开挖、垫层、砌基础和回填夯实四个过程组成,按平面划分为四段顺序施工,各过程流水节拍分别为 12 天、6 天、9 天和 6 天,则按等步距异节奏组织流水施工的工期为(　　)天。

A. 30　　B. 36　　C. 42　　D. 48

主要解答过程:

题 53:已知某四幅式双向四车道城市主干路,设计速度为 50km/h,内侧车道专供小客车行驶,外侧车道供车辆混行,某曲线半径为 220m,则该处单方向断面加宽值为(　　)m。

A. 0.6　　B. 0.75　　C. 1.2　　D. 1.7

主要解答过程:

题 54:拟建城市快速路,设计速度为 60km/h,该路段某处基本型平曲线的设计参数如下图(尺寸单位:m)所示。机动车道路面宽度为 12.25m,中间分隔带宽度为 4m。超高过渡方式按绕中间分隔带边缘旋转,全缓和曲线超高。则该处平曲线设计中设计指标不符合规范规定的是(　　)。

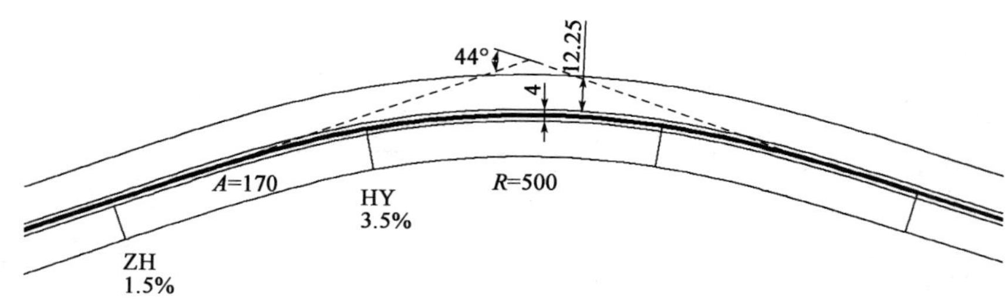

A. 缓和曲线长度　　B. 缓和曲线参数　　C. 超高值　　D. 路拱横坡

主要解答过程:

题 55:某城市主干道,设计速度为 60km/h,地形条件较好,纵断面设计如下图所示,图中尺寸单位为 m,则下列不符合规范要求的参数是(　　)。

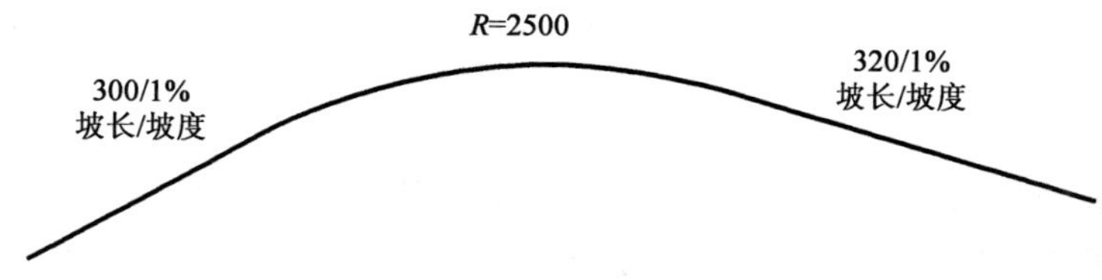

A. 下坡坡度　　B. 竖曲线半径　　C. 竖曲线长度　　D. 上坡坡长

主要解答过程：

题 56：城市中某主干路上的一座桥梁，设计速度为 60km/h，一侧设置人行道，另一侧设置防撞护栏，采用 3×40m 连续箱梁桥结构形式。该桥拟按照如下原则进行设计：

①桥梁结构的设计基准期为 100 年。　　②桥梁结构的设计使用年限为 50 年。

③汽车荷载等级为城—A 级。　　④桥梁搭板长度为 5m。

⑤污水管线在人行道内随桥敷设。

试问，以上设计原则哪一项不符合现行规范(　　)。

A. ②④⑤　　B. ②③④

C. ①②④⑤　　D. ②③④⑤

主要解答过程：

题 57：某一城市道路立交，主线设计速度为 60km/h，采用单车道出口形式，其减速车道正好处于纵坡为 3.0% 的下坡路段，那么，该段变速车道长至少应设置多长(　　)。

A. 115m　　B. 122m　　C. 129m　　D. 134m

主要解答过程：

题 58：某一级公路，设计速度为 80km/h，右侧硬路肩宽度为 2.5m，土路肩宽度为 0.75m，单向年度的预测年平均日交通量约为 8000 辆/天。该公路某直线填方下坡路段纵坡为 4.75%，填方边坡坡率为 1:1.5，路堤高度为 5.0～6.0m。该路段如果设置路侧波形梁护栏，则波形梁护栏的等级应采用(　　)级。

A. 三(A、Am)级　　B. 四(SB、SBm)级

C. 五(SA、SAm)级　　D. 六(SS、SSm)级

主要解答过程：

题 59:某二级航道河上桥梁桩基工程,预计施工工期为 86 天。桥梁设计中心线与航道航行水域相互影响区域长度约 0.8km,桥梁桩基位于内河 B 级航区。船艇值守班单价约 400 元/班,航行保障需航行船工作人员和交管专台工作人员配合工作。《公路工程机械台班费用定额》(JTG/T 3833—2018)中,内燃拖轮主机功率≤441kW 的台班单价约为 4220 元/台班,船舶人工工日单价 180 元/天。则该桥梁桩基工程的航行保障费约为(　　)万元。

A. 55.5　　B. 62.0　　C. 74.2　　D. 80.6

主要解答过程:

题 60:某城市一座人行天桥,跨越街道车行道,根据《城市人行天桥与人行地道技术规范》(CJJ 69—95)对人行天桥上部结构竖向自振频率(Hz)严格控制。试问,这个控制值的最小值应为下列何项数值(　　)。

A. 2.0　　B. 2.5　　C. 3.0　　D. 3.5

主要解答过程:

模拟试卷一(上午卷)答案

序号	1	2	3	4	5	6	7	8	9	10
答案	D	B	D	D	C	B	C	C	B	B
序号	11	12	13	14	15	16	17	18	19	20
答案	D	C	C	C	B	C	C	D	C	B
序号	21	22	23	24	25	26	27	28	29	30
答案	C	A	C	C	B	B	A	C	C	D

1. 答案(D)

(1)根据《公路工程技术标准》(JTG B01—2014)3.3.2 条,设计交通量为:$AADT = 1 \times 2500 + 1.5 \times 2680 + 2.5 \times 700 + 4.0 \times 400 + 60 \times 4 = 10110$pcu/d。

(2)根据《公路路线设计规范》(JTG D20—2017)2.2.2 条第 3 款,该公路为主要集散公路,路侧纵横干扰比较大,设计交通量大于 10000pcu/d,根据功能结合交通量,合理公路等级为一级公路。

【编者注】公路等级与公路功能、预测交通量有关,还有路侧干扰情况相关。

2. 答案(B)

根据《公路路线设计规范》(JTG D20—2017)表 3.4.1-1,高速公路设计速度 100km/h,二级服务水平对应的最大交通量为 1150pcu/(h · ln),根据 2.1.2 条文说明中式(2-4):$AADT = C_D N/(KD)$,代入题中条件可得 $52000 = (1150 \times N)/(55\% \times 8.5\%)$。

解得 $N = 2.114$,故单向需要 3 个车道,双向需要 6 个车道。

【编者注】计算车道数时,结果小数进位计;看清提问是单向还是双向车道数。

3. 答案(D)

预测末年年平均日交通量为:$AADT = 8000 + 4200 + 600 + 150 = 12950$veh/d。

根据《公路路线设计规范》(JTG D20—2017)3.3.4 条,设计小时交通量系数 $K = 0.14$。

则单向设计小时交通量为:$DDHV = AADT \times D \times K = 12950 \times 0.55 \times 0.14 = 997.15$veh/h。

【编者注】方向分布系数取不利值,高值。

4. 答案(D)

(1)根据《公路路线设计规范》(JTG D20—2017)表 3.6.2-1,中型车折算系数为 2.0,大型车为 2.5,汽车列车为 3.0,则:

$$f_{HV} = \frac{1}{1 + \sum P_i(E_i - 1)} = 1/[1 + 0.15 \times (2 - 1) + 0.2 \times (2.5 - 1) + 0.15 \times (3 - 1)]$$

$=0.571$

根据表3.6.1,设计服务水平下最大服务交通量为1800pcu/h;根据表3.6.2-2,方向分布修正系数为0.94;根据表3.6.2-3,车道宽度及路肩宽度修正系数为1.16;根据表3.6.2-4,路侧干扰修正系数为0.85。

则二级公路车道设计通行能力为:

$C_d = MSF_i \times f_{HV} \times f_d \times f_w \times f_f = 1800 \times 0.571 \times 0.94 \times 1.16 \times 0.85 = 952.6$veh/h。

【**编者注**】注意车道宽度及路肩宽度修正系数。根据《公路通行能力手册》(2006年版),采用的是两侧硬路肩之和,计算结果的单位是veh。

5. **答案**(C)

根据《公路路线设计规范》(JTG D20—2017)6.2.1、6.4.1条,车道宽度取3.5m,慢车道宽度取3.5m,土路肩取0.75m,根据6.1.3条第4款,慢车道可利用硬路肩。

正常情况下最小路基宽度 $=(0.75+3.5+3.5)\times 2=15.5$m。

【**编者注**】注意慢车道通常双侧设置。

6. **答案**(B)

根据《公路路线设计规范》(JTG D20—2017)第6章,二级干线公路断面按正常情况布置为(0.75m土路肩+0.75m硬路肩+3.5m行车道)×2m。

设计速度为60km/h,断面按正常情况布置,根据7.6.1条,二级干线公路,第3类加宽,查表7.6.1,加宽值取0.8m。

HY点K2+050设计高程为 $100-(2150-2050)\times 3\%=97.00$m。

车道超高值为6%,故内侧硬路肩与土路肩横坡度为5%,则:

K2+050点道路内侧边线高程 $=97-(0.75+0.75)\times 0.05-(3.5+0.8)\times 0.06=96.667$m。

外侧硬路肩坡度为5%,土路肩采用3%反向坡度,则:

K2+050点道路外侧边线高程 $=97+3.5\times 0.06+0.75\times 0.05-0.75\times 0.03=97.225$m。

【**编者注**】超高大于5%后,硬路肩保持5%超高,加宽部分作为车道的一部分按6%计。

7. **答案**(C)

根据《公路路线设计规范》(JTG D20—2017)6.2.1条,设计速度为80km/h,车道宽度为3.75m;根据6.4.1条及其小注,通行小客车为主,右侧硬路肩取值为2.5m,土路肩为0.75m;根据表6.3.1,左侧路缘带为0.5m。

则最小路基宽度为 $2\times(0.5+2\times 3.75+2.5+0.75)+2=24.5$m。

【**编者注**】对题中"小客车为主"等信息应充分重视,在规范中找到对应知识点。

8. **答案**(C)

根据《公路路线设计规范》(JTG D20—2017)10.1.4条第1款,平交范围内主要公路设计速度宜与路段设计速度相同,故取80km/h。则:

$R=v^2/[127\times(\mu+i)]=80\times80/[127\times(0.07+0.03)]=503.94\text{m}$

【编者注】实际过程中,经常碰到交叉口路段降低超高,以便于行车舒适性。

9. **答案**(B)

(1)根据毛细浸润面及路基工作区深度判断,路基工作区处于地下水毛细浸润面之上,路基湿度状态处于干燥类型。

查规范附录表 D.0.2,K_s 取低值,则 $K_s=\dfrac{0.73+0.70}{2}=0.715$。

(2)回弹模量计算:

$M_R=22.1CBR^{0.55}=22.1\times14.2^{0.55}=95.1\text{MPa}$

$E_0=K_sK_\eta M_R=0.715\times0.81\times96.2=55.1\text{MPa}$

10. **答案**(B)

(1)按规范 3.3.3 条,二级公路路基设计洪水频率为 50 年一遇,则该公路设计洪水位为 355.28m。

(2)计算路堤高度:

$(h_{sw}-h_0)+h_w+h_{bw}+\Delta h=(355.36-353.77)+0.5+1.2+0.5=3.79\text{m}$

$h_1+h_p=2.44+0.72=3.16\text{m}$

$h_{wd}+h_p=1.52+0.72=2.24\text{m}$

$h_f+h_p=1.20+0.72=1.92\text{m}$

取上述计算结果的最大值,可知该路堤高度应不低于 3.79m。

11. **答案**(D)

(1)沥青路面表面水渗水量:

$Q_p=K_aB=0.15\times10.5=1.575\text{m}^3/(\text{d}\cdot\text{m})$

(2)排水基层泄水能力:

$Q_{cb}\geqslant2Q_p=2\times1.575=3.15\text{m}^3/(\text{d}\cdot\text{m})$

(3)排水基层设计渗透系数:

$$k_b\geqslant\frac{Q_{cb}}{H_bi_h}=\frac{3.15}{0.15\times0.02}=1050\text{m/d}$$

12. **答案**(C)

根据《公路沥青路面设计规范》(JTG D50—2017)表 3.1.6,一级公路设计使用年限为 15 年;根据表 A.2.5,交通受非机动车和行人影响较为轻微,车道系数取 0.75。

$$N=\frac{[(1+\gamma)^t-1]\times365}{\gamma}\times AADTT\times DDF\times LDF$$
$$=\frac{[(1+0.062)^{15}-1]}{0.062}\times365\times2900\times0.55\times0.75$$
$$=1.032\times10^7\text{ 辆}$$

根据表 3.0.4,该公路属于重交通荷载等级。根据 5.3.2 条,级配砾石用于底基层时,对极重、特重和重交通等级,*CBR* 值不应小于 80。

13. **答案**(C)

(1)计算永久变形等效温度:

查规范表 G.1.2,基准等效温度 $T_{\varepsilon}=22.5℃$

$T_{\text{per}}=T_{\varepsilon}+0.016h_{\text{a}}=22.5+0.016\times140=24.74℃$

(2)计算第二分层永久变形量:

$$R_{\text{a2}}=2.31\times10^{-8}k_{\text{R2}}T_{\text{pef}}^{2.93}p_2^{1.80}N_{\text{e2}}^{0.48}\left(\frac{h_2}{h_0}\right)R_{03}$$

$$=2.31\times10^{-8}\times6.847\times24.74^{2.93}\times0.66^{1.80}\times(1.68\times10^{7})^{0.48}\times\frac{20}{50}\times4.0=4.26\text{mm}$$

14. **答案**(C)

(1)相对刚度半径:

$$D_{\text{c}}=\frac{E_{\text{c}}h_{\text{c}}^3}{12(1-\nu_{\text{c}}^2)}=\frac{29000\times0.25^3}{12\times(1-0.15^2)}=38.63\text{MN}\cdot\text{m}$$

$$r=1.21\left(\frac{D_{\text{c}}}{E_{\text{t}}}\right)^{1/3}=1.21\times\left(\frac{38.63}{125}\right)^{1/3}=0.818\text{m}$$

(2)最重轴载在面层临界荷位的最大荷载应力:

按规范式(B.2.2-1)计算设计轴载在临界荷位处产生的荷载应力:

$\sigma_{\text{pm}}=1.47\times10^{-3}r^{0.70}h_{\text{c}}^{-2}P_{\text{m}}^{0.94}=1.47\times10^{-3}\times0.818^{0.70}\times0.25^{-2}\times130^{0.94}=1.984\text{MPa}$

根据 B.2.1 条,$k_{\text{r}}=0.87$,$k_{\text{c}}=1.05$,则:

$\sigma_{\text{pm}}=k_{\text{r}}k_{\text{c}}\sigma_{\text{pm}}=0.87\times1.05\times1.984=1.81\text{MPa}$

15. **答案**(B)

根据《公路钢筋混凝土及预应力混凝土桥涵设计规范》(JTG 3362—2018)4.2.4 条,本桥支承轴线的垂直线与桥纵轴线的夹角即斜交角为 30° > 15°,且 $l/b=12/10=1.2<1.3$,故取垂直长度为计算跨径。即计算跨径为 $12\times\cos30°=10.4\text{m}$。

【编者注】知道前右角的概念:以路线前进方向,路线中心线向支撑线顺时针的转角。

16. **答案**(C)

根据《公路桥涵设计通用规范》(JTG D60—2015)1.0.3 ~ 1.0.5 条。40m 跨径桥梁属于大桥,公路桥涵结构的设计基准期为 100 年,二级公路大桥主体结构使用年限不应低于 100 年。

【编者注】注意区分设计基准期和设计使用年限。

(1)设计基准期:为确定可变作用等的取值而选定的时间参数,见规范 1.0.3 条(桥梁设计基准期 100 年,建筑为 50 年)。我们常说的 100 年一遇、50 年一遇就是基准期,基准期越长,可变作用就越大。

(2)设计使用年限:在正常设计、正常施工、正常使用和正常养护条件下,桥涵结构或结构构件不需进行大修或更换,即可按其预定目的使用的年限,见规范1.0.4条。设计使用年限与材料的耐久性有关。

17. **答案**(C)

根据《公路桥涵设计通用规范》(JTG D60—2015)1.0.5、4.1.5条:

(1)高速公路桥梁,安全等级为一级,$\gamma_0=1.1$。

(2)根据4.1.5条,计算基本组合的弯矩设计值:

$$M_{ud}=\gamma_0(\sum_{i=1}^{m}M_{Gid}+M_{Q1d}+\sum_{j=2}^{n}M_{Qjd})=1.1\times(1.2\times8000+1.4\times3000+0.75\times1.4\times600)$$

$$=15873\text{kN}\cdot\text{m}。$$

【编者注】计算跨中断面弯矩时,不用考虑车辆荷载在悬臂板根部产生的弯矩。计算桥梁弯矩设计值时,一定不要忘记重要性系数γ_0。

18. **答案**(D)

根据《公路隧道设计规范　第一册　土建工程》(JTG 3370.1—2018)1.0.4、4.2.5和4.2.6条,高速公路,隧道长度1600m,属于长隧道,则隧道设计洪水位应为100年一遇洪水位,即778.12m。

观测最高洪水位782.80m>778.12m,隧道设计洪水位应取782.80m。则该隧道洞口路肩设计高程=782.8+0.5+0.3+0.5=784.10m。

19. **答案**(C)

根据《公路隧道设计规范　第一册　土建工程》(JTG 3370.1—2018)6.2.2条和附录D.0.1条:

(1)$w=1+i(B-5)=1+0.1\times(10-5)=1.5$

(2)对于Ⅲ级围岩:

$h_q=0.45\times2^{S-1}w=0.45\times2^{3-1}\times1.5=2.7\text{m}$

(3)对于Ⅳ级围岩:

$h_q=0.45\times2^{S-1}w=0.45\times2^{4-1}\times1.5=5.4\text{m}$

两种围岩条件下,均有$h=40.5\text{m}>(2\sim2.5)h_q$,故都属于深埋隧道。

20. **答案**(B)

根据《公路路线设计规范》(JTG D20—2017)10.2.2条,主要公路在交叉范围内的纵坡应在0.15%~3%内,排除A选项;根据10.2.1条,平面交叉范围内,公路平面线形不宜采用需设超高的圆曲线,排除D选项;根据10.3.1条,交叉口满足引道视距的最小凸形竖曲线半径为2400m,排除C选项。

21. **答案**(C)

交通流线数量与交通岔数之间的关系为：$N = n(n-1) = 5 \times (5-1) = 20$ 条。

22. **答案**(A)

三岔立交，左转入口交通量为 1100pcu/h，大于单车道环形匝道设计通行能力，入口不应采用环形匝道，排除 B、D 选项。左转出口交通量和左转入口交通量大小差异较大，并且未交代主线侧条件受限，因此不适用梨形立交。宜采用 B 型喇叭，故选项 A 符合。

23. **答案**(C)

根据《公路交通安全设施设计规范》(JTG D81—2017)A.0.2 条，单向 $AADT = 12000 \times 0.6 = 7200$ 辆/日。

查图 A.0.2-1、图 A.0.2-3，计算净区宽度 $= 9.0 \times 1.15 = 10.35$m。

24. **答案**(C)

根据《城市道路工程设计规范》(CJJ 37—2012)(2016 年版)表 4.2.3，设计速度为 80km/h，一个车道提供的最大服务交通量为 1750pcu/(h · ln)，根据 4.2.4 条文说明：

$AADT = C_D N/K = 1750 \times 4/0.11 = 63636$pcu/d

【编者注】注意城市道路规范中，N 为总车道数，与公路不一致。

25. **答案**(B)

根据《城市道路工程设计规范》(CJJ 37—2012)(2016 年版)5.3.7 条，该城市次干道断面宽度为 2 ×(土路肩 + 路缘带 + 机动车道)，土路肩取 0.5m，设计速度 $V = 50$km/h 时，小客车专用车道宽度取 3.25m，路缘带宽度取 0.25m，则该城市次干道最小断面宽度 $= 2 \times (0.5 + 0.25 + 3.25) = 8$m。

【编者注】注意城市道路设置保护性土路肩与公路不同，路缘带外设置土路肩。

26. **答案**(B)

根据《城市道路工程设计规范》(CJJ 37—2012)(2016 年版)6.3.7 条，设计速度为 100km/h，故其最大合成坡度应小于或等于 7%。已知该曲线超高为 5%，根据公式 $j_r = \sqrt{i_s^2 + j^2}$，代入数据得 $7\% = \sqrt{5\%^2 + j^2}$，则 $j = 4.899\%$。

根据表 6.3.1，设计速度为 100km/h，机动车道最大纵坡极限值为 4%，故选 B。

【编者注】遇到纵坡坡度等元素时，一定要结合规范中的极限指标进行双控。

27. **答案**(A)

根据《城市桥梁设计规范》(CJJ 11—2011)(2019 版)9.2.3 条第 4 款：

(1)纵坡小于 1% 时，桥面设置排水管的截面积不宜小于 $100\text{mm}^2/\text{m}^2$。

(2)每孔应设置泄水管截面积为 $100 \times 25 \times (24 + 3 \times 2) = 75000\text{mm}^2$。

(3)共需要泄水管个数为 $75000/(3.14 \times 75^2) = 4.24$ 个。由于桥梁对称布置泄水管，共计布置 6 个。

28. **答案**(C)

主线出口连接部设置有 1 条辅助车道,则 $N_C=4$ 条,为了保证主线基本车道数连续,$N_F=3$ 条,分流连接部车道数平衡要满足 $N_C=N_F+N_E-1$,即:$4=3+N_E-1$,$N_E=2$ 条。

29. **答案**(C)

根据《无障碍设计规范》(GB 50763—2012)3.4.4 条及条文说明,在有条件的情况下将坡道做到小于 1:12 的坡度,通行将更加安全和舒适。则坡度最小长度为 $0.6\times12=7.2$m。

30. **答案**(D)

根据《城市人行天桥与人行地道技术规范》(CJJ 69—95)2.2.2 条,每端梯道(或坡道)的净宽之和应大于桥面净宽的 1.2 倍以上,梯道的最小净宽为 1.8m。

令 $b=1.2\times5/2=3\text{m}>1.8\text{m}$,应取为 3.0m。

模拟试卷一(下午卷)答案

序号	31	32	33	34	35	36	37	38	39	40
答案	C	D	D	D	A	B	B	D	D	B
序号	41	42	43	44	45	46	47	48	49	50
答案	C	C	A	B	B	C	D	A	D	B
序号	51	52	53	54	55	56	57	58	59	60
答案	C	C	B	A	C	A	B	C	C	C

31. **答案**(C)

根据公式:$i_c = \frac{v^2}{127R} - \mu = \frac{60^2}{127 \times 350} - 0.07 = 0.011$。

根据《公路路线设计规范》(JTG D20—2017)7.5.1 条第 2 款,考虑最小超高不宜小于路拱横坡,而路拱横坡为 3%,故选 C。

【编者注】遇到最小超高等时,注意计算结果与规范规定双控原则。

32. **答案**(D)

根据《公路路线设计规范》(JTG D20—2017)7.9.6 条文说明,视点位置应取车道宽度 1/2 处,紧邻中央分隔带视距不利车道为曲线外侧车道,80km/h 对应车道宽度采用 3.75m。

故其视点半径为 1000 + 3/2 + 0.5 + 3.75/2 = 1003.875m。

【编者注】不利视点要分清是内侧车道还是外侧车道,对于一级公路、高速公路是紧邻中央分隔带的外侧车道,对于二、三级公路则是临近挖方的内侧车道。

33. **答案**(D)

超高旋转过程中,旋转轴位置设计高程不变。超高旋转轴位置高程为 $5.2 - 3.5 \times 0.04 = 5.06$m。

根据《公路路线设计规范》(JTG D20—2017)8.1.1 条,设计高程为路基边缘高程,即土路肩外边缘,为未超高加宽前高程,即 $5.06 - 0.75 \times 0.02 - 0.75 \times 0.03 = 5.023$m。

【编者注】设计高程为超高加宽前的高程,与实际高程不同。

34. **答案**(D)

根据《公路路线设计规范》(JTG D20—2017)8.3.4 条,相对高差 510m 大于 500m,故平均纵坡应不大于 5%,则其路线长度最小应大于 510/0.05 = 10200m。

35. **答案**(A)

根据《公路路线设计规范》(JTG D20—2017)8.5.1 条,三级公路,设计速度为 40km/h,对应最大合成纵坡为 10%;而根据 8.5.2 条,自然横坡较陡峻的傍山路段,合成坡度应小于 8%。故该位置合成最大纵坡选 8%。

已知纵坡为 6%,则最大超高为:$j_r = \sqrt{i_s^2 + j^2} = \sqrt{8^2 + 6^2} = 5.29\%$。

【编者注】注意规范中对最大合成纵坡有 8.5.1 条、8.5.2 条两处控制。

36. **答案**(B)

根据《公路路线设计规范》(JTG D20—2017)9.2.4 条第 4 款,卵形曲线两半径之比 $R_2/R_1 = 0.2 \sim 0.8$,$R_2 = 80$,得 $R_1 = 100 \sim 400$m。

37. **答案**(B)

根据《公路路线设计规范》(JTG D20—2017)表 7.8.2,转角为 5°15′30″,则对应圆曲线长度为 700/5°15′30″ = 700/5.258 = 133.130m。

曲线长 $L = \frac{\pi}{180}\alpha R = 0.01745aR = 133.130$m,则 $R = 133.130/(0.01745 \times 5.258) = 1451$m。

又知该圆曲线为简单型圆曲线,半径应大于或等于不设超高最小半径,根据表 7.4.1,半径应大于或等于 1500m。

【编者注】遇到最小半径、最大半径等时,注意计算结果与规范规定双控原则。

38. **答案**(D)

(1)传递系数:

$$\psi_1 = \cos(\alpha_1 - \alpha_2) - \frac{\sin(\alpha_1 - \alpha_2)\tan\varphi_2}{F_s}$$

$$= \cos(35° - 15°) - \frac{\sin(35° - 15°) \times \tan 15°}{F_s} = 0.94 - \frac{0.092}{F_s}$$

(2)下滑力:

$$E_1 = W_1 \sin\alpha_1 - \frac{c_1 l_1 + W_1 \cos\alpha_1 \tan\varphi_1}{F_s}$$

$$= 580 \times \sin 35° - \frac{10 \times 10 + 580 \times \cos 35° \tan 10°}{F_s} = 332.7 - \frac{183.8}{F_s}\text{kN/m}$$

$$E_2 = W_2 \sin\alpha_2 - \frac{1}{F_s}[c_2 l_2 + W_2 \cos\alpha_2 \tan\varphi_2] + E_1 \psi_1$$

$$= 750 \times \sin 15° - \frac{1}{F_s}[15 \times 15 + 750 \times \cos 15° \times \tan 15°] + \left(332.7 - \frac{183.8}{F_s}\right) \times \left(0.94 - \frac{0.092}{F_s}\right)$$

$$= 526.8 - \frac{622.5}{F_s} - \frac{16.9}{F_s^2}$$

(3)令 $E_2 = 0$,解得 $F_s = 1.208$。

39. 答案(D)

(1)挡土墙重力对墙趾力矩:

$$G \cdot Z_G = 22 \times \frac{1}{2} \times 1.5 \times 6 \times \frac{2}{3} \times 1.5 + 22 \times 1 \times 6 \times (1.5 + \frac{1}{2}) = 363\text{kN} \cdot \text{m/m}$$

(2)抗倾覆稳定系数:

$$K_0 = \frac{GZ_G + E_y Z_x + E'_P Z_p}{E_x Z_y} = \frac{363 + 50.1 \times 2.5}{154.1 \times \frac{6}{3}} = 1.58$$

40. 答案(B)

(1)传递系数:

$\psi_i = \cos(\alpha_{i-1} - \alpha_i) - \sin(\alpha_{i-1} - \alpha_i)\tan\varphi_i$

$\psi_2 = \cos(35° - 26°) - \sin(35° - 26°) \times \tan 41.3° = 0.85$

$\psi_3 = \cos(26° - 26°) - \sin(26° - 26°) \times \tan 41.3° = 1.0$

(2)滑坡推力:

$T_i = F_s W_i \sin\alpha_i + \psi_i T_{i-1} - W_i \cos\alpha_i \tan\varphi_i - c_i L_i$

滑体①:$T_1 = 1.2 \times 5000 + 0 - 2100 = 3900\text{kN}$

滑体②:$T_2 = 1.2 \times 6500 + 0.85 \times 3900 - 5100 = 6015\text{kN}$

滑体③:$T_3 = 1.2 \times 2800 - 1.0 \times 6015 - 3500 = 5875\text{kN}$

(3)水平作用力:

$F_3 = T_3 \cos 22° = 5875 \times \cos 26° = 5280.4\text{kN}$

41. 答案(C)

根据《公路沥青路面设计规范》(JTG D50—2017)附录 B。

(1)疲劳加载模式系数:

$$k_b = \left[\frac{1 + 0.3E_a^{0.43}(VFA)^{-0.85} e^{0.024h_a - 5.41}}{1 + e^{0.024h_a - 5.41}}\right]^{3.33}$$

$$= \left[\frac{1 + 0.3 \times 10000^{0.43} \times 65^{-0.85} \times e^{0.024 \times 140 - 5.41}}{1 + e^{0.024 \times 140 - 5.41}}\right]^{3.33}$$

$= 0.807$

(2)沥青混合料层疲劳开裂寿命:

工程所在地不是季节性冻土地区,取 $k_a = 1$;查表 3.0.1,$\beta = 1.65$。

$$N_{f1} = 6.32 \times 10^{15.96 - 0.29\beta} k_a k_b k_{T1}^{-1} \left(\frac{1}{\varepsilon_a}\right)^{3.97} \left(\frac{1}{E_a}\right)^{1.58} (VFA)^{2.72}$$

$$= 6.32 \times 10^{15.96 - 0.29 \times 1.65} \times 1.0 \times 0.807 \times 1.33^{-1} \times \left(\frac{1}{107.5}\right)^{3.97} \left(\frac{1}{10000}\right)^{1.58} \times 65^{2.72}$$

$= 4.09 \times 10^6$ 轴次

42. 答案(C)

根据《公路沥青路面设计规范》(JTG D50—2017)附录 G。

(1)面层与基层当量模量、厚度之比:

$$\lambda_E = \frac{E_a^*}{E_b^*} = \frac{10000}{11500} = 0.870$$

$$\lambda_h = \frac{h_a^*}{h_b^*} = \frac{200}{360+200} = 0.357$$

(2)沥青混合料疲劳开裂,与面层、基层厚度和模量有关的函数:

$A_E = 0.76\lambda_E^{0.09} = 0.76 \times 0.870^{0.09} = 0.751$

$A_h = 1.14\lambda_h^{0.17} = 1.14 \times 0.357^{0.17} = 0.957$

$B_E = 0.14\ln(\lambda_E/20) = 0.14 \times \ln(0.870/20) = -0.439$

$B_h = 0.23\ln(\lambda_h/0.45) = 0.23 \times \ln(0.357/0.45) = -0.053$

(3)温度调整系数:

查表 G.1.2,$\hat{k}_{T1} = 1.37$。则:

$$K_{T1} = A_h A_E \hat{k}_{T1}^{1+B_h+B_E} = 0.957 \times 0.751 \times 1.37^{1-0.053-0.439} = 0.843$$

43. **答案**(A)

根据《公路水泥混凝土路面设计规范》(JTG D40—2011)附录 B。

(1)相对刚度半径:

$$D_c = \frac{E_c h_c^3}{12(1-\nu_c^2)} = \frac{31000 \times 0.30^3}{12 \times (1-0.15^2)} = 71.4\text{MN}\cdot\text{m}$$

$$D_b = \frac{E_b h_b^3}{12(1-\nu_b^2)} = \frac{27000 \times 0.18^3}{12 \times (1-0.15^2)} = 13.4\text{MN}\cdot\text{m}$$

$$r_g = 1.21\left(\frac{D_c + D_b}{E_t}\right)^{1/3} = 1.21 \times \left(\frac{71.4+13.4}{130}\right)^{1/3} = 1.049\text{m}$$

(2)最大荷载应力:

$$\sigma_{pm} = \frac{1.45 \times 10^{-3}}{1+\dfrac{D_b}{D_c}} r_g^{0.65} h_c^{-2} P_m^{0.94} = \frac{1.45 \times 10^{-3}}{1+\dfrac{13.4}{71.4}} \times 1.049^{0.65} \times 0.30^{-2} \times 250^{0.94} = 2.512\text{MPa}$$

其中,考虑接缝传荷能力的应力折减系数 k_c,因为路肩采用混凝土,且厚度与路面面层等厚,取 0.87。

综合系数 k_c,根据表 B.2.1,高速公路取 1.15。则:

$\sigma_{p,max} = k_t k_c \sigma_{pat} = 0.87 \times 1.15 \times 2.512 = 2.51\text{MPa}$

44. **答案**(B)

根据《公路桥涵设计通用规范》(JTG D60—2015) 1.0.5、4.1.5 条,不等跨径,以最大跨径为准,单孔跨径 100m,为大桥。主桥、引桥安全等级为均为一级。

45. **答案**(B)

根据《公路桥涵设计通用规范》(JTG D60—2015)4.3.2 条,冲击系数:$1.5\text{Hz} \leqslant f \leqslant 14\text{Hz}$ 时,$\mu = 0.1767\ln 4.5 - 0.0157 = 0.25$。

【编者注】计算冲击系数时,一定要看是主梁冲击系数还是局部加载(桥台,悬臂板)的冲击系数,不要一看到有基频就用公式计算。

若本题改成:假定,桥梁主梁结构自振频率(基频)$f = 4.5\text{Hz}$。试问,该桥T梁悬臂板汽车作用的冲击系数 μ 与下列何项数值(Hz)最为接近,此时应该选C。

46. 答案(C)

根据《公路钢筋混凝土及预应力混凝土桥涵设计规范》(JTG 3362—2018)8.7.3 条。

(1)支座有效承压面积(钢板面积):$A_e = \dfrac{R_{ck}}{\sigma_c} = \dfrac{950 \times 10^3}{10} = 95000\text{mm}^2$。

(2)加劲钢板与支座边缘的最小距离不应小于5mm,四边各5mm,则最大钢板长宽为支座长宽 −10mm。

(3)选项A:可提供的有效承压面积 $A_e = (450 - 10) \times (200 - 10) = 83600\text{mm}^2$。

选项B:可提供的有效承压面积 $A_e = (400 - 10) \times (250 - 10) = 93600\text{mm}^2$。

选项C:可提供的有效承压面积 $A_e = (450 - 10) \times (250 - 10) = 105600\text{mm}^2$。

选项D:可提供的有效承压面积 $A_e = (310 - 10) \times (310 - 10) = 90000\text{mm}^2$。

【编者注】板式橡胶支座里是一层钢板一层橡胶,钢板提供竖向承载力和刚度,橡胶提供纵横向剪切变形。一定要看清楚支座面积、有效支撑面积(钢板面积)、支座单层橡胶厚度、橡胶总厚度各自的概念。

47. 答案(D)

Ⅳ级软质围岩中的两车道公路隧道,根据《公路隧道设计规范 第一册 土建工程》(JTG 3370.1—2018)表8.4.1,选项A正确;根据表9.0.1,选项B正确;根据9.2.9条,选项C正确;根据9.2.5条,初期支护主要按工程类比法设计,选项D错误。

48. 答案(A)

根据《公路隧道设计规范 第一册 土建工程》(JTG 3370.1—2018)6.2.2 条和附录D.0.1 条:

(1)$w = 1 + i(B - 5) = 1 + 0.1 \times (10 - 5) = 1.5$

(2)Ⅳ级围岩 $h_q = 0.45 \times 2^{S-1} w = 0.45 \times 2^{4-1} \times 1.5 = 5.4\text{m}$

$h = 40.5m > 2.5h_q = 13.5\text{m}$,故属于深埋隧道。

(3)围岩压力:

竖向 $q = \gamma h_q = 22 \times 5.4 = 118.8\text{kN/m}$

水平 $e = (0.15 \sim 0.3)q = (0.15 \sim 0.3) \times 118.8 = (17.82 \sim 35.64)\text{kN/m}$

49. 答案(D)

渐变段长度按车辆以70%路段设计速度行驶3s侧移一个车道来计算,并且主干路上不小于 30 ~ 35m。$L_t = 40 \times 0.7 \times 3/3.6 = 23m$。城市主干路,渐变段最小取 30m。

展宽段长度 $L_d = 9N$,N 取排队较长的相邻车道排队车辆数(8 辆),则 $L_d = 9 \times 8 = 72m$。

故左转专用道长度 30 + 72 = 102m。

50. **答案**(B)

根据《公路立体交叉设计细则》(JTG/T D21—2014)5.5.1 条,设计速度 100km/h 的高速公路在互通式立交范围内,平曲线极限最小半径为 1000m,选项 A 不符合;最大纵坡为 3.0%,选项 C 不符合。根据《公路立体交叉设计细则》(JTG/T D21—2014)5.4.3 条,相邻互通式立交最小间距不宜小于 4.0km,选项 D 不符合。

51. **答案**(C)

近郊一级公路,查《公路路线设计规范》(JTG D20—2017)表 3.3.4,设计小时交通量系数 K 取 0.1。

主线入口左转匝道的设计小时交通量:$17576 \times 0.52 \times 0.1 = 914$pcu/h。

主线出口左转匝道的设计小时交通量:$18130 \times 0.52 \times 0.1 = 943$pcu/h。

两个左转弯设计小时交通量均小于 1000pcu/h,宜选择 A 型喇叭。但左转入口匝道设计小时交通量大于 900pcu/h,根据《公路立体交叉设计细则》(JTG/T D21—2014)4.5.4 条,匝道设计速度≥40km/h 才可满足设计通行能力要求,设计速度 40km/h 的匝道极限最小半径为 50m。故答案选 C。

52. **答案**(C)

等步距异节奏流水施工,$m = 4$,流水步距 K 等于各流水节拍的最大公约数,即 $K = \mathrm{MOD}[12,6,9,6] = 2$,施工队数量 $n' = 12/3 + 6/3 + 9/3 + 6/3 = 11$,流水施工工期 $T = (4 + 11 - 1) \times 3 = 42$ 天。

53. **答案**(B)

根据《城市道路路线设计规范》(CJJ 193—2012)6.5.1 条,半径 220m 对应小客车加宽值为 0.3m,铰接车加宽值为 0.45m,则单方向断面加宽值为 0.3 + 0.45 = 0.75m。

【编者注】城市道路加宽值与公路不一样,城市道路为单车道加宽值,公路为双车道加宽值。

54. **答案**(A)

根据《城市道路路线设计规范》(CJJ 193—2012)6.4.3 条:

$L_e = b \times \Delta i/\varepsilon = 12.25 \times (3.5\% + 1.5\%)/(1/125) = 76.563m$

根据《城市道路工程设计规范》(CJJ 37—2012)(2016 年版)6.2.4 条:

$\rho L = A^2, L = A^2/\rho = 170 \times 170/500 = 57.8m$

故应该增长缓和曲线,选项 A 不符合规范。

55. **答案**(C)

该处竖曲线长度为 $2500 \times (1\% + 1\%) = 50m$,根据《城市道路路线设计规范》(CJJ 193—

2012)7.5.1 条,60km/h 对应的极限竖曲线长度为 50m,而该处地形条件较好,故竖曲线长度不符合规范规定。

56. **答案**(A)

根据《城市桥梁设计规范》(CJJ 11—2011)(2019 版):

①正确:按 3.0.8 条,桥梁结构的设计基准期为 100 年。

②错误:按 3.0.2 条,3×40m 连续箱梁桥属于大桥。按 3.0.9 条,桥梁结构的设计使用年限应该为 100 年。

③正确:按 10.0.3 条,城市主干路桥梁设计汽车荷载等级为城—A 级。

④错误:按表 7.0.7,城市主干路桥梁搭板长度不宜小于 6m。

⑤错误:按 3.0.19 条,不得在桥上敷设污水管。

57. **答案**(B)

主线设计速度 60km/h,查《城市道路交叉口设计规程》(CJJ 152—2010)表 5.5.3-1,应设置变速段长度 70m。下坡减速车道,按 1.1 系数修正变速车道,修正后长度为 70×1.1=77m。另设置宽度缓和段长 45m。则变速车道总长 77+45=122m。

58. **答案**(C)

根据《公路交通安全设施设计规范》(JTG D81—2017)图 A.0.2-1,计算净区宽度为 6.7m。

根据《公路交通安全设施设计规范》(JTG D81—2017)A.0.3 条,实际净区宽度为 2.5+0.75=3.25m<6.7m,查图 6.2.4,事故严重等级为中等,应设置护栏。

根据《公路交通安全设施设计规范》(JTG D81—2017)表 6.2.10,一级公路设计速度为 80km/h,事故严重等级为中等,应采用“四(SB、SBm)级”护栏。

根据《公路交通安全设施设计规范》(JTG D81—2017)6.2.11 条,下坡段纵坡为 4.75%,接近《公路工程技术标准》(JTG B01—2014)表 4.0.20 中设计速度为 80km/h 的最大纵坡,防护等级应提高一级,故采用“五(SA、SAm)级”护栏。

59. **答案**(C)

根据《公路工程建设项目概算预算编制办法》(JTG 3830—2018)G.3.2 条。

查表 G.3.2-1,$L=0.8$km,保障船艇数量取 2 艘。

查表 G.3.2-2,内河 B 级航区,主机功率 400kW,A_t 取 4220 元/台班。

$$F_n = D \cdot [N_s \cdot (P_t \cdot A_t + P_s \cdot A_s) + N_m \cdot A_m]$$

$$= 86 \times [2 \times (0.25 \times 4220 + 2.75 \times 400) + 2 \times (6+6) \times 180] = 742180 \text{ 元。}$$

60. **答案**(C)

根据《城市人行天桥与人行地道技术规范》(CJJ 69—95)2.5.4 条,行人走路约为一秒走两步,故行人走路频率为 2Hz。为防止主梁频率和人群走路频率接近而出现共振效应,天桥的自振频率应不小于 3Hz。

模拟试卷二

(上午卷)

题 1:某规划区域所有公路总里程为450km,区域内所有公路的 VKT 之和为 3×10^6 pcu · km,其中有两条公路主要控制点相近,公路一、公路二相关信息见下表,从路网服务指数角度分析,则下列答案正确的是(　　)。

项　　目	公　路　一	公　路　二
里程(km)	18	14
交通量(pcu/d)	8000	6000

A. 公路一,次要干线功能　　B. 公路二,次要集散功能

C. 公路功能一样　　D. 公路一为次要集散道路

主要解答过程:

题 2:一级公路工可报告编制时间是2020年,交通量为3800pcu/d,年平均增长率为6%,计划2022年1月通车,预测年限末年设计交通量为(　　)。

A. 12187pcu/d　　B. 12919pcu/d　　C. 13694pcu/d　　D. 11497pcu/d

主要解答过程:

题 3:山东烟台与青岛之间某二级公路,设计速度为80km/h,预测年限末的年平均日交通量为12000pcu/d,则该公路延误率为(　　),平均运行速度为(　　)。

A. 80%,58km/h　　B. 50%,72km/h　　C. 88%,55km/h　　D. 50%,72km/h

主要解答过程:

题 4:某一级公路为双向四车道,设计速度为 80km/h,经统计其 2019 年年平均日交通量为 19500pcu/d,已知 2019 年该公路的车流方向不均匀系数为 58%,设计小时交通量系数为 12%,假定单方向车辆按车道均匀分布,则 2019 年该公路服务水平为(　　)级。

A. 二　　B. 三　　C. 四　　D. 五

主要解答过程:

题 5:某二级干线公路,设计速度为 60km/h,某长上坡路段设置爬坡车道,正常情况下,该路段最小路基宽度为(　　)。

A. 12.75m　　B. 13.5m　　C. 15.5m　　D. 16m

主要解答过程:

题 6:某高速公路,设计速度为 120km/h,中央分隔带中间设置一直径 1.5m 的桥墩,桥墩两侧设置 SB 级波形护栏,护栏宽度为 0.38m,护栏与桥墩中间预留 1.0m 的缓冲变形余宽,则正常情况下中间带最小宽度为(　　)。

A. 6.51m　　B. 6.66m　　C. 6.76m　　D. 6.38m

主要解答过程:

题 7:某一级集散公路,设计速度为 80km/h,采用双向四车道,整体式横断面中间带宽度采用 4m,正常情况下的建筑限界内半幅整体式路基最小宽度为(　　)。

A. 9.75m　　B. 10.5m　　C. 11.25m　　D. 12m

主要解答过程:

题 8:某二级公路的某段路基土石方表如下,用平均断面法计算土石方数量。路段所挖土方可用于路堤填筑,不考虑土石方损耗及纵向调配,K1 + 500 ~ K1 + 580 路段挖余数量(天然密实方)为(　　)。

提示:松方系数:松土 1.23,普通土 1.16,硬土 1.09,石方 0.92。

路基土石方数量计算表

起 讫 桩 号	普通土挖方(天然密实方)(m^3)	填方(压实方)(m^3)	本桩利用(压实方)(m^3)	填缺(压实方)(m^3)	挖余(天然密实方)(m^3)	纵向调配
K1 +500 ~ K1 +520	260	80				
K1 +520 ~ K1 +540	70	120				
K1 +540 ~ K1 +560	150	60				
K1 +560 ~ K1 +580	120	80				

A. $260m^3$　　B. $356m^3$　　C. $253m^3$　　D. $274.8m^3$

主要解答过程:

题 9: 公路自然区划Ⅲ1 区新建二级公路,采用沥青混凝土路面,根据交通调查分析为重交通荷载等级。在初步设计阶段,路基填料为低液限黏土,路基回弹模量湿度调整系数为 0.95,干湿循环和冻融循环条件下路基土模量折减系数为 0.85,该路基填料的 CBR 值最低达到(　　)才能满足要求。

A. 6.5　　B. 7.2　　C. 8.0　　D. 8.8

主要解答过程:

题 10: 山区某高速公路路基宽度 33.5m,路基平均填高 28m,当路基填方高度为 15m 时,路基左侧出现滑移,坡脚处发生隆起现象。经勘察取样试验结果,填料的重度 $\gamma = 19.0kN/m^3$,滑动面黏聚力 $c = 15kPa$,内摩擦角 $\varphi = 18°$,取某土条进行分析,土条的参数如图所示,土条底滑面的倾角为 35°。按《公路路基设计规范》(JTG D30—2015),采用简化毕肖普法计算该土条的边坡稳定性系数接近(　　)。

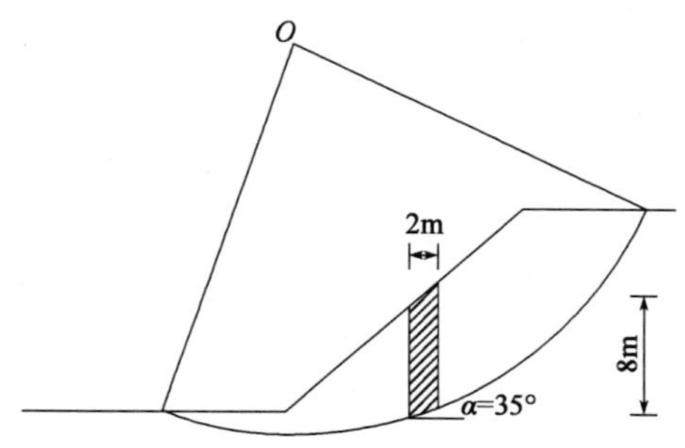

A. 0.68　　B. 0.78　　C. 0.88　　D. 0.98

主要解答过程：

题 11：某公路右侧边坡采用锚定板挡土墙支护，墙高 8m，墙背按库仑土压力理论求得主动土压力水平分力 E_x = 134.6kN/m，土压力增大系数取 β = 1.3，按《公路路基设计规范》(JTG D30—2015)，计算该锚定板的水平土压力最接近(　　)。

A. 152kN/m　　B. 164kN/m

C. 175kN/m　　D. 187kN/m

主要解答过程：

题 12：某一级公路，双向四车道，采用沥青混凝土路面，路基填土为粉质黏土，路基湿度状态为中湿。经调查，初始年双向大型客车和货车交通量为 5500 辆/日，方向系数为 0.55，交通受非机动车和行人影响较为轻微，设计使用年限内交通量按年平均增长率 7.5% 递增。请问该公路较为适合的基层和底基层的结构组合为(　　)。

A. 水稳级配碎石基层 + 水稳碎石底基层

B. 级配碎石基层 + 级配碎石底基层

C. 级配砾石基层 + 级配砾石底基层

D. 水稳级配碎石基层 + 级配碎石底基层

主要解答过程：

题 13：某高速公路路面采用沥青混凝土，其中上面层采用 4cm 厚的沥青混合料。现场取芯后，通过室内单轴试验计算上面层的贯入强度，试件直径为 100mm，试件破坏时的极限荷载为 2000N，试计算试件的贯入强度最接近(　　)。

A. 0.84MPa　　B. 0.97MPa　　C. 1.24MPa　　D. 3.14MPa

主要解答过程：

题 14:自然区划Ⅱ2 区新建一条二级公路,双向两车道,拟采用普通水泥混凝土面层,设计基准期内设计车道设计轴载累计作用次数为 182 万次,基层选用级配碎石,设计轴载在临界荷位处产生的荷载应力为 1.55MPa。路肩面层与行车道面层等厚并设拉杆相连。确定路面板的荷载疲劳应力与(　　)接近。

A. 3.20MPa　　B. 3.46MPa　　C. 3.77MPa　　D. 3.93MPa

主要解答过程:

题 15:某高速公路上的一座预应力混凝土连续箱形梁桥,在运营检测时发现在跨中底板腹板处根部出现了长度不等的纵向裂缝,如下图所示。试问,最有可能的开裂原因是(　　)。

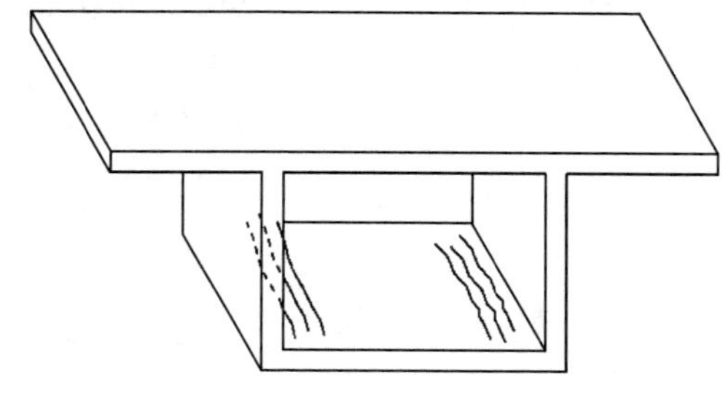

A. 箱梁跨中正弯矩引起的纵向拉应力超限

B. 预应力钢束外崩力引起的横向拉应力超限

C. 箱梁跨中正弯矩底板主拉应力超限

D. 箱梁跨中正弯矩底板和腹板主拉应力超限

主要解答过程:

题 16:湖北地区某高速公路上设计一座预应力混凝土连续箱形梁桥,设计采用悬臂浇筑工艺,总体布置见下图(图中尺寸单位:mm),跨径布置为 70m + 100m + 70m,在连梁两端各设置一道伸缩装置(A 和 B),梁体混凝土强度等级为 C50。假定,桥梁设计合龙温度在 10 ~ 15℃之间,混凝土线膨胀系数为 1.0×10^{-5},由混凝土徐变导致伸缩装置 A 处的伸缩量为 8mm,由混凝土收缩导致伸缩装置 A 处的伸缩量为 6mm,伸缩增大系数取 1.3,则设计时,伸缩缝的闭口量与(　　)最为接近。(提示:不考虑制动力引起的变形和位移)

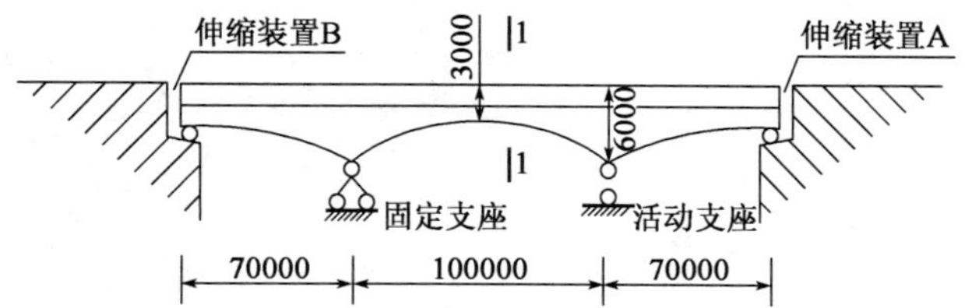

A. 40mm　　B. 53mm　　C. 60mm　　D. 71mm

主要解答过程：

题 17：某一级公路上有一座预应力混凝土变截面连续箱梁桥，跨径组成为(40 + 60 + 40)m，左右幅桥梁分离设计，单幅桥梁宽度 16m，行车道宽 12m，人行道宽 3m，两侧护栏宽 0.5m。经计算，主梁中跨跨中截面弯矩标准值如下：永久荷载(含二期铺装和防撞护栏)产生 25000kN · m，汽车荷载产生 2500kN · m(未考虑冲击作用)，冲击系数 0.2，人群荷载产生 400kN · m，支座不均匀沉降产生 500kN · m。试问，该桥主梁中跨跨中作用效应基本组合弯矩设计值(kN · m)与以下何项数值最为接近(　　)。

A. 34900　　B. 37900　　C. 38400　　D. 38700

主要解答过程：

题 18：某三车道公路隧道采用复合式衬砌，埋深 150m，其中某工程段岩体实测弹性纵波波速为 3800m/s，岩石单轴饱和抗压强度为 R_c = 72MPa，岩块弹性纵波速为 4500m/s。试确定该隧道的 BQ 值最接近下列(　　)。

A. 400　　B. 430　　C. 460　　D. 490

主要解答过程：

题 19：某三车道公路隧道采用复合式衬砌，埋深 150m，隧道开挖过程中有岩爆发生，有岩块弹出，洞壁岩体发生剥离，新生裂缝多，成洞性差。岩石单轴饱和抗压强度为 R_c = 72MPa，假定计算得到未修正 BQ 值为 460；主要软弱结构面产状影响修正系数为 0.5；洞室地下水呈点滴状，出水量为 2L/(min · m)。试确定该隧道的最小预留变形量最接近(　　)。

A. 30mm　　B. 50mm　　C. 60mm　　D. 100mm

主要解答过程：

题 20:某一级公路与二级公路平面交叉,一级公路设计速度为 80km/h,二级公路设计速度为 60km/h,采用等宽式变速车道,则在二级公路上设置的最小加速车道长度宜采用(　　)。

A. 25m　　B. 40m　　C. 65m　　D. 80m

主要解答过程:

题 21:已知浙江某城间高速公路枢纽预测期末年日平均转向交通量如下图(单位:pcu)所示,方向不均匀系数取 55%,试计算温州至诸暨方向左转匝道的设计小时交通量最接近以下哪个选项(　　)。

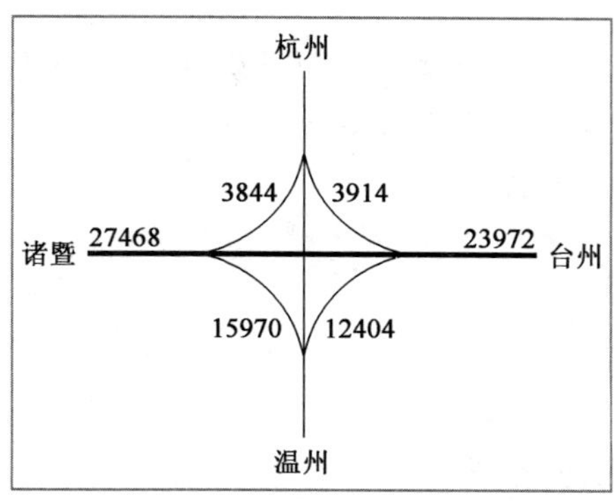

A. 1098pcu/h　　B. 2196pcu/h　　C. 747pcu/h　　D. 1494pcu/h

主要解答过程

题 22:条件同 21 题,根据上题的交通量分布情况,拟定温州至诸暨方向左转匝道的类型,以下哪种最为适宜(　　)。

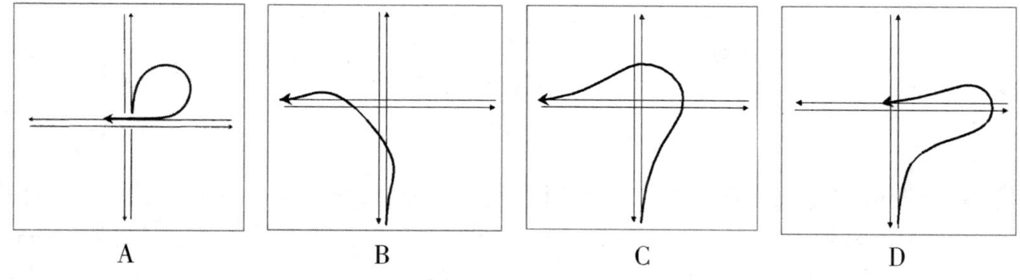

主要解答过程:

题 23:某高速公路,设计速度为 100km/h,横断面尺寸按照一般值设置,在设计过程中根据咨询单位意见引入宽容性设计理念,挖方段设置宽 2.6m(含边沟两侧护坡)的容错可恢复蝶形盖板边沟(坡率小于 1:6),挖方边坡按 1:1 放坡。该公路挖方段路侧实际净区宽度与(　　)最为接近。

A. 5m　　B. 6m　　C. 7m　　D. 8m

主要解答过程:

题 24:位于非重要地区的城市主干路,不考虑其他因素的干扰,预测路段单侧人行交通量为 2000 人/h。该路段单侧需要的最小人行道宽度应为(　　)。(计算结果取整数)

A. 1m　　B. 2m　　C. 3m　　D. 4m

主要解答过程:

题 25:某城市主干路,设计速度为 60km/h,受空间限制,某处平曲线转角为 6°,该曲线采用单圆曲线,则通常情况下圆曲线最小半径为(　　)。

A. 1000m　　B. 1115m　　C. 1200m　　D. 1500m

主要解答过程:

题 26:某城市次干路,设计速度为 40km/h,路基断面采用单幅式,请判断路段凸形竖曲线半径为(　　)能满足其会车视距要求。

A. 400m　　B. 600m　　C. 805m　　D. 1610m

主要解答过程:

题 27:某城市主干路上的一座立交匝道桥,其中一联为四孔各 30m 的简支箱梁桥,计算跨度为 29.4m,冲击系数 $\mu=0.25$。单向双车道,桥梁总宽 9.0m,其中行车道净宽度为 8.0m。上部结构采用预应力混凝土箱梁(桥面连续)。试问,该桥主梁支点截面在汽车荷载作用下的剪力标准值(kN)与下列何项数值最为接近(　　)。

A. 620　　B. 990　　C. 1090　　D. 1340

主要解答过程:

题 28:某一城市道路立交,主线设计速度为 100km/h,采用单车道口形式,其加速车道正好处于纵坡为 3.0% 的下坡路段,那么,该段加速车道最小长度应大于(　　)。

A. 180m　　B. 240m　　C. 258m　　D. 276m

主要解答过程:

题 29:某多层房屋采用扩大基础,地面高程为 ±0,基础底高程为 -3.5m,按照管线规划要求,有一直径 500mm 给水管须从该房屋旁边埋置通过,给水管管底规划高程为 -5.0m,管沟施工每侧工作面宽度为 300mm。依据地勘资料,地面以下 6m 内均为粉质黏土。试问该给水管距离房屋基础边缘最小水平距离应为(　　)。

A. 2.9m　　B. 3.0m　　C. 3.15m　　D. 3.25m

主要解答过程:

题 30:在设计某座城市过街人行天桥时,在天桥两端部按需求每端分别设置 1:2.5 人行梯道和 1:4 考虑兼顾自行车推行坡道的人行梯道,全桥共 2 个 1:2.5 人行梯道和 2 个 1:4 人行梯道。其中自行车推行方式采用梯道两侧布置推行梯道。假定人行梯道的净宽均为 1.8m,一条自行车推行梯道宽为 0.4m,在不考虑设计年限内高峰小时流量及通行能力计算时,试问,天桥主桥桥面最大净宽设计值最接近下列何项数值(　　)。

A. 3.0mm　　B. 3.7mm　　C. 4.3mm　　D. 4.7mm

主要解答过程:

模拟试卷二

(下午卷)

题31:某二级公路,设计速度为60km/h,路基宽度为(0.75m土路肩+0.75m硬路肩+3.5m车道)×2,直线路段正常公路横坡为3%,超高旋转轴为路中线,已知一曲线路段,缓和曲线长度为80m,超高值为5%,全缓和曲线超高,小桩号方向ZH点桩号为K2+300,则小桩号方向外侧车道0%超高位置桩号为( )。

A. K2+310　　B. K2+330　　C. K2+350　　D. K2+380

主要解答过程:

题32:某双车道二级干线公路,设计速度为60km/h,平曲线半径为150m,缓和曲线长度为50m,加宽过渡方式全缓和段按线性加宽,缓和曲线上距ZH点10m处加宽值为( )。

A. 0.8m　　B. 0.2m　　C. 0.4m　　D. 0.6m

主要解答过程:

题33:某二级公路,设计速度为60km/h,路基宽度为10m,行车道宽度为2×3.5m,硬路肩宽度为2×0.75m,土路肩宽度为2×0.75m,路拱横坡为2%,土路肩横坡为3%,设计高程为路基边缘高程。圆曲线某位置超高值4%,超高后中线位置高程为5.2m,超高旋转轴为内侧车道边缘线,该位置内侧路基边缘线实际高程为( )。

A. 5m　　B. 5.03m　　C. 5.0375m　　D. 5.0225m

主要解答过程:

题34:已知某二级公路某路段为连续上坡路段。某段上坡方向纵断面坡度为5%+1.5%,外侧设置爬坡车道,5%与1.5%分界位置桩号为K2+200。已知爬坡车道分流段起点桩号为K1+500,爬坡车道的终点按陡坡路段后延伸的附加长度计,则爬坡车道汇流渐变段终点桩号最小为(　　)。

A. K2 +690　　B. K2 +640　　C. K2 +590　　D. K2 +340

主要解答过程:

题 35:某三级公路,设计速度为 30km/h,其中部分纵断面设计如下图所示,对该纵断面设计图的说法,正确的是(　　)。

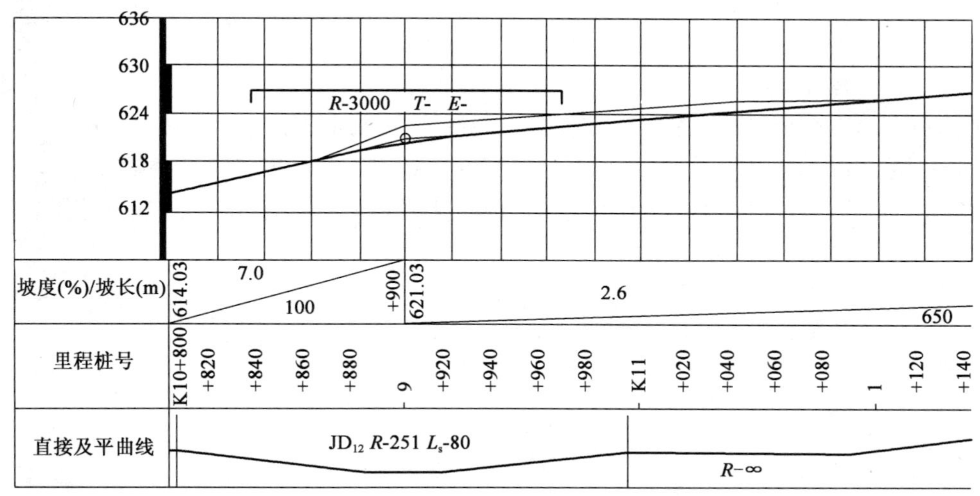

A. 最小坡长不符合规定　　B. 竖曲线外距为 0.68m

C. 回旋曲线参数 $A = 141.7$m　　D. K10 +900 的路基设计高程为 621.03m

主要解答过程:

题 36:某山区三级公路,设计速度为 40km/h,路基宽度为 0.75 +3.5 ×2 +0.75 =8.5m,行车道路拱横坡为 2%,土路肩横坡为 3%,超高旋转轴为中线。某地段采用凸形平曲线才能更好地与地形吻合,对接点曲率半径为 180m,超高值取 2%,则单侧缓和曲线长度最小应大于(　　)m。

A. 30　　B. 33　　C. 35　　D. 40

主要解答过程:

题 37:某一段新建公路,设计速度为 60km/h,JD_{15}的平曲线要素桩号为:

ZH	HY	QZ	YH	HZ
K11 +540	K11 +580.02	K11 +602.70	K11 +625.38	K11 +665.38

如果纵断面变坡点设置在 K11 +595,i_1 = +2%,i_2 = -3%,按照“平包竖,竖包圆”的要求控制竖曲线半径,竖曲线半径取值范围是(   )。

A. 1225 ~ 2200m　　B. 1400 ~ 2200m　　C. 1500 ~ 2500m　　D. 1400 ~ 2000m

主要解答过程:

题 38:用简化 Bishop 法作黏土边坡作稳定性分析。已知圆弧的半径 R = 30m,土条 i 的宽度为 2m,高度为 8m,黏土的天然重度 γ = 19kN/m^3,黏聚力 c = 20kPa,内摩擦角 φ = 25°。按《公路路基设计规范》(JTG D30—2015),试计算该土条的边坡稳定性系数与下列哪个数值最接近(   )。

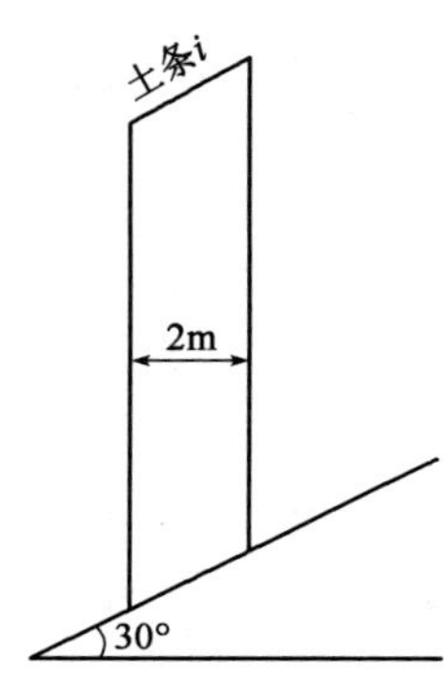

A. 0.81　　B. 0.93　　C. 1.11　　D. 1.23

主要解答过程:

题 39:某二级公路 K20 +300 ~ K20 +430 段左侧为收缩坡脚,拟设置仰斜式路肩墙,墙背填土高为 7.2m,墙背倾角为 10°,基底倾角 α_0 为 11.3°,墙身尺寸如图所示,挡墙自重为 310kN/m,重力作用点距墙前趾 x = 1.62m,墙背填料为碎石土,重度为 20kN/m^3,填料与墙背间的内摩擦角为 20°,墙背主动土压力为 125kN/m,不计车辆荷载及被动土压力。按《公路路基设计规范》(JTG D30—2015),挡土墙抗倾覆稳定性系数最接近下列哪个选项(   )。

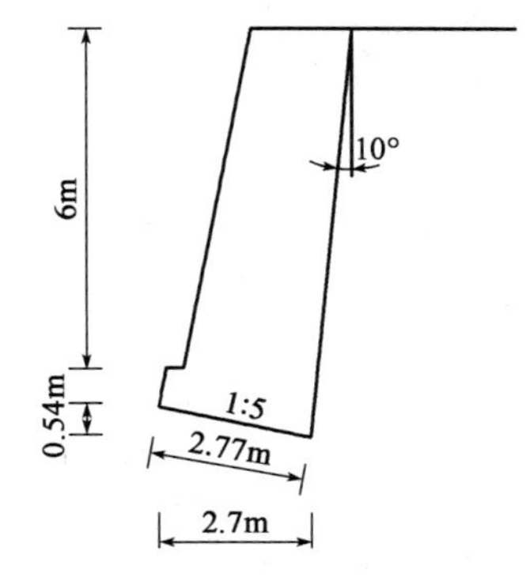

A. 1.90　　B. 2.10　　C. 2.30　　D. 2.50

主要解答过程:

题 40:某一级公路位于某岩溶区,公路路基基底为硬塑红黏土,厚度为 5m,内摩擦角 φ 取 30°。红黏土下位灰岩层,灰岩内摩擦角 φ 取 35°,灰岩层中发育有一溶洞,溶洞顶板距红黏土底面距离为 4m,为防止溶洞坍塌危及路基,根据《公路路基设计规范》(JTG D30—2015),溶洞边缘距路基坡脚的安全距离应不小于下列哪个数值(　　)。

A. 10.0m　　B. 12.0m　　C. 14.5m　　D. 17.0m

主要解答过程:

题 41:一级公路,双向四车道,路面采用沥青混凝土。经调查,交通量年平均增长率为 5.7%。开放交通后第一年双向大型客车和货车交通量为 2600 辆/日,方向系数为 0.55,交通受非机动车和行人影响较小,根据《公路沥青路面设计规范》(JTG D50—2017)该公路交通荷载等级为哪个选项(　　)。

A. 轻交通　　B. 中等交通　　C. 重交通　　D. 特重交通

主要解答过程:

题 42:西安地区新建二级公路,采用沥青混凝土路面,路面结构为 40mmAC-13 + 100mmAC-25,将沥青混合料层分为 6 个分层,40mm AC-13 上面层分为 20mm + 20mm;100mm AC-25 下面层分为 25mm + 25mm + 25mm + 25mm,根据《公路沥青路面设计规范》(JTG D50—

2017),试计算第一分层的综合修正系数最接近以下哪个选项(　　)。

A. 1.05　　B. 2.11　　C. 3.26　　D. 4.90

主要解答过程:

题 43:公路自然区划Ⅳ2 区(湿度大)新建一条一级公路,粗集料以砾石为主。拟采用0.24m厚普通混凝土面层,弯拉强度为5.0MPa,弯拉弹性模量和泊松比分别为31GPa 和0.15,基层采用0.2m 水泥稳定碎石,综合温度翘曲应力和内应力温度应力系数为0.443,试计算混凝土面层临界荷位的温度疲劳应力与以下哪一项接近(　　)。

A. 0.61MPa　　B. 0.75MPa　　C. 0.88MPa　　D. 1.56MPa

主要解答过程:

题 44:某桥处于气温区域寒冷地区,当地历年最高日平均温度34℃,历年最低日平均温度-10℃,历年最高温度46℃,历年最低温度为-21℃,该桥为正在建设的3×50m 墩梁固接的刚构式公路钢桥,施工中采用中跨跨中嵌补段完成全桥合拢。假定,该桥预计合拢时的温度在15~20℃之间,计算结构均匀温度作用效应时,升高和降低的温度(℃)与下列哪项最为接近(　　)。

A. 14,23　　B. 19,30　　C. 31,41　　D. 26,36

主要解答过程:

题 45:某一级公路上一座直线预应力混凝土现浇连续箱梁桥,其中每腹板布置预应力钢绞线6 根,沿腹板竖向布置三排,沿腹板水平横向布置两列,采用外径为90mm 的金属波纹管。试问,按后张法预应力钢束布置构造要求,腹板合理宽度与下列哪项数值最为接近(　　)。

A. 300mm　　B. 310mm　　C. 325mm　　D. 333mm

主要解答过程:

题 46:某结晶盐地区的一条一级公路上,需要修建一座桥梁。桥梁宽度38m,桥跨布置为(48+80+48)m 的预应力混凝土连续箱梁,下部结构墩柱为钢筋混凝土构件。拟按下列原则

进行设计:

①主梁采用三向预应力设计,纵桥向、横桥向用预应力钢绞线;竖向腹板采用预应力钢筋,沿纵桥向布置间距为1000mm。

②主梁按部分预应力混凝土B类构件设计。

③桥梁墩柱的最大裂缝宽度不大于0.2mm。

④桥梁墩柱混凝土强度等级采用C30。

试问,以上设计原则中不符合现行规范标准的是(　　)。

A. ①②　　B. ②③④　　C. ①③④　　D. ②③

主要解答过程:

题47:公路隧道穿越特殊地质地段时,根据《公路隧道设计规范　第一册　土建工程》(JTG 3370.1—2018),下列哪些措施是不正确的(　　)。

①瓦斯及有害气体地层隧道若基础较好,可不设仰拱。

②膨胀性岩层隧道的支护结构应按"先刚后柔,先让后顶、分层支护"的设计思想进行设计。

③黄土隧道洞口边、仰坡交界处应采用圆弧连接。

④穿越流沙地层隧道二次衬砌采用钢筋混凝土结构或混凝土结构。

⑤高地应力地层隧道轴线与最大主应力方向水平投影夹角宜小于30°。

A. ①②④　　B. ②④　　C. ①②⑤　　D. ①②

主要解答过程:

题48:某设计速度为100km/h双向六车道高速公路分离隧道,隧道长1500m,在洞身中部设置紧急停车带,根据《公路隧道设计规范　第一册　土建工程》(JTG 3307.1—2018),紧急停车带洞身建筑限界最小宽度为(　　)。

A. 17.3m　　B. 17.5m　　C. 17.7m　　D. 17.9m

主要解答过程:

题49:某城市主干道平面交叉,路段设计速度为60km/h,其右转弯车道宽度为5.0m,非机动车道宽度为2.0m,右转弯车道横坡为3%,试根据计算确定其交叉口转角半径至少采用

(　　)。(提示:横向力系数按 0.18 取值)

A. 20m　　B. 25m　　C. 30m　　D. 35m

主要解答过程:

题 50:某高速公路,设计速度为 80km/h,在某处设置互通式立交一座,在主线分流鼻前方设置有一处边坡点,相邻两段纵坡 $i_1 = 2.0\%$,$i_2 = -1.0\%$,试确定该变坡点极限最小竖曲线长度为(　　)。

A. 70m　　B. 170m　　C. 180m　　D. 240m

主要解答过程:

题 51:某高速公路,主线基本路段为双向六车道,在某互通式立交分流连接部的 4 个初步方案见下图(括号中的数字为车道数)。在各方案中,符合连接部车道平衡原则的方案是(　　)。

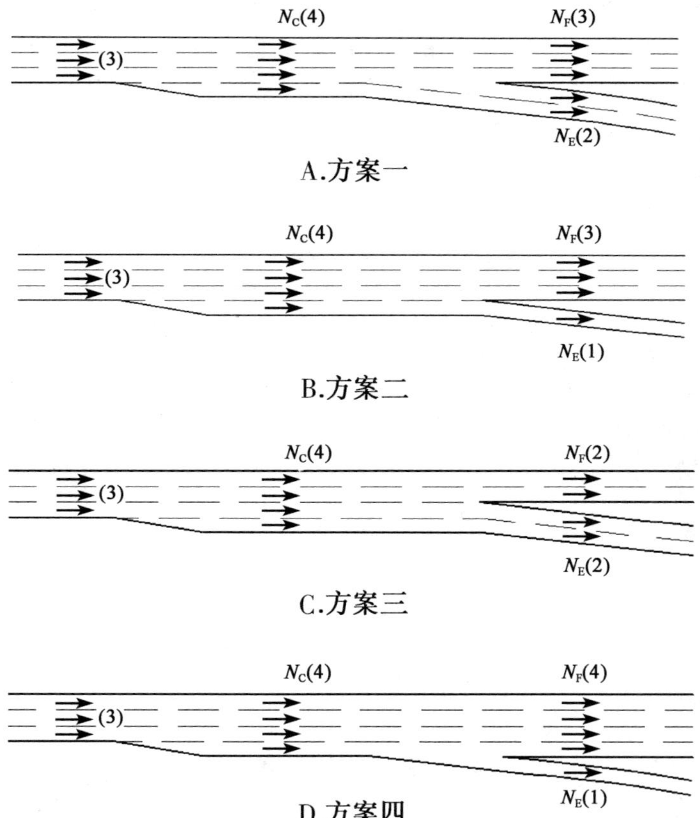

主要解答过程:

题 52:某段二级公路挖方 1000m^3(松土 200m^3、普通土 600m^3、硬土 200m^3),填方 900m^3,本段挖方可利用 900m^3(松土 100m^3、普通土 600m^3、硬土 200m^3)。天然方与压实方的换算系数:松土为 1.23、普通土为 1.16、硬土为 1.09。本段需借( )的普通土(天然密实方)。

A. 115m^3 B. 125m^3 C. 135m^3 D. 145m^3

主要解答过程:

题 53:已知某四幅式双向四车道城市快速路,设计速度为 80km/h,某曲线半径为 500m,超高值为 4%,则该路段横向力系数 μ 值为( )。

A. 0.1 B. 0.67 C. 0.061 D. 0.05

主要解答过程:

题 54:已知某城市主干路,某曲线半径采用 350m,超高值为 4%,受积雪冰冻因素影响,该路段横向力系数 μ 值不能超过 0.07,则该路段最高限速为( )。

A. 100km/h B. 80km/h C. 65km/h D. 75km/h

主要解答过程:

题 55:拟建城市快速路,设计速度为 80km/h,该路段某处基本型平曲线的设计参数如下图所示,图中尺寸单位为 m。圆曲线半径为 500m,路面宽度为 12.25m,中间分隔带宽度为 4m。超高过渡方式按绕中间分隔带边缘旋转。该处平曲线设计中设计指标不合理的是( )。

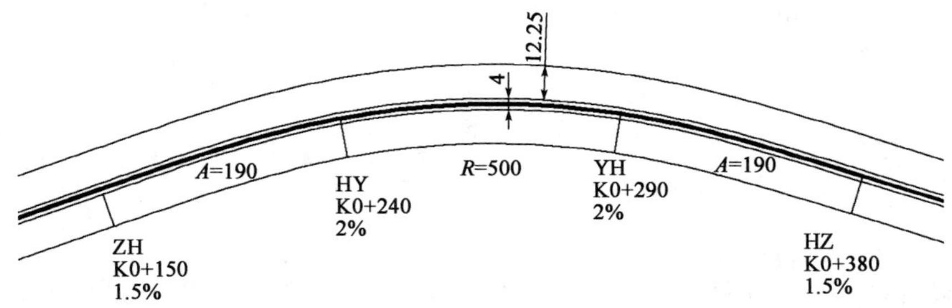

A. 缓和曲线长度　B. 缓和曲线参数　C. 圆曲线长度　D. 圆曲线超高

主要解答过程:

题 56:某城市一条小型汽车专用道路上一座跨线桥,为单跨 40m 简支梁桥,计算跨度为 39.2m,冲击系数 $\mu=0.2$。单向三车道,桥梁总宽 13m,其中行车道净宽度为 12m。上部结构采用预应力混凝土箱梁。试问,该桥主梁跨中截面在汽车荷载作用下的最小弯矩标准值与下列哪项数值最为接近(　　)。

A. 6750kN　B. 8650kN　C. 10050kN　D. 11250kN

主要解答过程:

题 57:某一城市道路立交,主线设计速度为 80km/h,在主线路线前进方向上设有 2 个连续入口匝道,其中位于小桩号的入口匝道主线汇流鼻端桩号为 K10 + 100,加速段长 240m,渐变段长 50m,则另外一个入口匝道的主线汇流鼻端桩号应设置在哪个位置较为适宜(　　)。

A. K10 + 240　B. K10 + 320　C. K10 + 340　D. K10 + 400

主要解答过程:

题 58:某一级公路,设计速度为 80km/h,右侧硬路肩宽度 2.5m,土路肩宽度 0.75m,预测单向年度的年平均日交通量约为 8000 辆/天。该公路某直线填方下坡路段纵坡为 4.75%,填方边坡坡率为 1:1.5,路堤高度为 5.0 ~ 6.0m,该下坡路段设有一单跨 18m 预应力简支梁桥。试问该桥梁护栏应采用(　　)等级。

A. 三(A、Am)　B. 四(SB、SBm)

C. 五(SA、SAm)　D. 六(SS、SSm)

主要解答过程:

题 59:某新建项目建设期为 3 年,第一年贷款 3000 万元,第二年贷款 2000 万元,第三年贷款 1000 万元,贷款年利率 7%,则建设期前两年应计利息为(　　)万元。

A. 575　　　B. 465　　　C. 395　　　D. 385

主要解答过程:

题 60:某省会城市中心火车站进行扩建改造,其中一项为增设一座跨越车站路(城市主干路)的天桥,天桥连接车站站前广场(车站路东侧)和新城街(车站路西侧),经过测算,在高峰时每小时从站前广场到新城街人流为 6800 人,其中 60% 人会选择从人行天桥过街。试问,本天桥最小净宽与下列何项最为接近(　　)。

A. 2.2m　　　B. 3.0m　　　C. 3.5m　　　D. 4.0m

主要解答过程:

模拟试卷二(上午卷)答案

序号	1	2	3	4	5	6	7	8	9	10
答案	D	B	C	A	B	C	A	D	B	A
序号	11	12	13	14	15	16	17	18	19	20
答案	C	D	B	A	B	B	C	D	C	C
序号	21	22	23	24	25	26	27	28	29	30
答案	A	C	B	B	B	D	D	B	D	B

1. **答案**(D)

根据《公路路线设计规范》(JTG D20—2017)2.1.1 条文说明,两条公路里程比率分别如下:

公路一:$R_{K1}=K_1/\sum K=18/450\times100\%=4\%$

公路二:$R_{K2}=K_2/\sum K=14/450\times100\%=3.1\%$

两条公路车里程比率分别如下:

公路一:$R_{VMT_i}=\dfrac{VKT_i}{\sum\limits_t VKT_i}\times100\%=18\times8000/(3\times10^6)\times100\%=4.8\%$

公路二:$R_{VMT_i}=\dfrac{VKT_i}{\sum\limits_t VKT_i}\times100\%=14\times6000/(3\times10^6)\times100\%=2.8\%$

已知两公路车公里比率,则路网服务指数:

公路一:$R_1=R_{VMT1}/R_{K1}=4.8\%/4\%=1.2$

公路二:$R_2=R_{VMT2}/R_{K2}=2.8\%/3.1\%=0.9$

根据《公路路线设计规范》(JTG D20—2017)2.1.1 条文说明表 2-2,公路一的路网服务指数在 1 ~5 之间,故答案选 D。

2. **答案**(B)

根据《公路路线设计规范》(JTG D20—2017)2.2.1 条,一级公路交通量预测年限为 20 年。结合公式:

$N_d=N_0(1+r)^{n-1}$,$N_d=3800\times(1+0.06)^2\times(1+0.06)^{(20-1)}=12919\text{puc/d}$

【编者注】预测交通量为小数时,通常按进位考虑。若题目给的是起始年与末年的年份,则 $N_d=N_0\cdot(1+r)^{末年-起始年}$;若题目给的是年限,则 $N_d=N_0\cdot(1+r)^{n-1}$。

3. 答案(C)

根据《公路路线设计规范》(JTG D20—2017)表 3.3.4,山东城间二级公路设计小时交通量系数为 16%,根据式(3.3.3),设计小时交通量为 $DHV = AADT \times K = 12000 \times 0.16 = 1920$pcu/h,根据 3.6 条文说明,延误率为 $DB = Q^{0.814}/(0.434Q^{0.814} + 332.864) = 1920^{0.814}/(0.434 \times 1920^{0.814} + 332.864) = 87.6\%$。

该公路平均运行速度为 $v = 85 \times e^{(-0.000225Q)} = 85 \times e^{(-0.000225 \times 1920)} = 55$km/h。

4. 答案(A)

根据《公路路线设计规范》(JTG D20—2017)式(3.3.2)知,单向设计小时交通量为:

$DDHV = AADT \times D \times K = 19500 \times 0.58 \times 0.12 = 1357.2$pch/h,则单车道最大服务交通量为 1357.2/2 = 678.6pch/h。

根据表 3.2.2-2 知,本项目五级服务水平对应的最大服务交通量为 1800pcu/(h·ln)。

则 $v/C = 678.6/1800 = 0.377$,则该公路服务水平为二级。

【编者注】没有特别说明时,单向交通量/车道数 = 单向单车道交通量。

5. 答案(B)

根据《公路路线设计规范》(JTG D20—2017)6.2.1、6.4.1 条,车道宽度取 3.5m,硬路肩取 0.75m,土路肩取 0.75m;根据 6.2.3 条,爬坡车道宽度不应小于 3.5m,所以正常情况下最小路基宽度 = 0.75 + 0.75 + 3.5 + 3.5 + 3.5 + 0.75 + 0.75 = 13.5m。

【编者注】爬坡车道只在上坡路段设置。

6. 答案(C)

根据《公路路线设计规范》(JTG D20—2017)6.3 节,路缘带选择 0.75m,根据 6.6.2 条,C 值选择 0.5m,则中间带宽度为(0.75 + 0.5 + 0.38 + 1 + 1.5/2) × 2 = 6.76m。

【编者注】注意区分答案是中央分隔带还是中间带宽度,注意不要遗漏 C 值。

7. 答案(A)

一级集散公路,设计速度为 80km/h。根据《公路路线设计规范》(JTG D20—2017)表 6.2.1,对应车道宽度为 3.75m;根据表 6.3.1,左侧路缘带宽度为 0.5m;根据表 6.4.1,对应硬路肩宽度为 1.5m,土路肩宽度为 0.75m;根据 6.6.2 条,C 值取 0.25m。建筑限界扣除土路肩宽度,中间带宽度 4m 能够满足正常情况下使用需求。则建筑限界内整体式路基半幅路基横断面的最小宽度为 1.5 + 3.75 × 2 + 0.5 + 0.25 = 9.75m。

【编者注】注意干线与集散硬路肩存在差异。

8. 答案(D)

具体计算过程见下表:

起 讫 桩 号	普通土挖方（天然密实方）(m^3)	填方（压实方）(m^3)	本桩利用（压实方）(m^3)	填缺（压实方）(m^3)	挖余（天然密实方）(m^3)	纵向调配
K1 +500 ~ K1 +520	260	80	80		167.2	
K1 +520 ~ K1 +540	70	120	60.3	59.7		
K1 +540 ~ K1 +560	150	60	60		80.4	
K1 +560 ~ K1 +580	120	80	80		27.2	

挖余合计 $=167.2+0+80.4+27.2=274.8\text{m}^3$。

9. **答案**(B)

根据《公路沥青路面设计规范》(JTG D50—2015)5.2.2 条,重交通等级公路路基顶面回弹模量$[E_0]\geqslant 50\text{MPa}$。

根据《公路路基设计规范》(JTG D30—2015)3.2.5、3.2.6 条,$E_0\geqslant[E_0]\geqslant 50\text{MPa}$。

由 $E_0=K_sK_\eta M_R$,$50=0.95\times0.85\times M_R$,得 $M_R=61.92\text{MPa}$。

当 $CBR>12$ 时,$M_R=22.1CBR^{0.55}=22.1\times12^{0.55}=86.7\text{MPa}>61.9\text{MPa}$,不满足要求。

当 $CBR\leqslant12$ 时,$M_R=17.6CBR^{0.64}$,得 $CBR=7.14$,满足要求。

10. **答案**(A)

$W=\gamma V=19.0\times2\times8=304\text{kN/m}$

$$m_{\alpha i}=\cos\alpha_i+\frac{\sin\alpha_i\tan\varphi_i}{F_s}=\cos35°+\frac{\sin35°\times\tan18°}{F_s}=0.819+\frac{0.186}{F_s}$$

$$F_s=\frac{\sum\frac{1}{m_{\alpha_i}}[c_ib_i+(W_i+Q_i)\tan\varphi_i]}{\sum(W_i+Q_i)\sin\alpha_i}$$

$$=\frac{\frac{1}{(0.819+0.186/F_s)}\times[15\times2+304\times\tan18°]}{304\times\sin35°}=\frac{0.739}{(0.819+0.186/F_s)}$$

解得 $F_s=0.675$。

11. **答案**(C)

根据《公路路基设计规范》(JTG D30—2015)附录 H.0.6,得:

$$\sigma_H=\frac{1.33E_x}{H}\beta=\frac{1.33\times134.6}{8}\times1.3=29.1\text{kPa}$$

则锚定板的水平土压力为:

$$E=\frac{1}{2}\times29.1\times4+29.1\times4=174.6\text{kN/m}$$

12. **答案**(D)

根据《公路沥青路面设计规范》(JTG D50—2017)表3.1.6,一级公路设计使用年限为15年;根据表A.2.5,交通受非机动车和行人影响较为轻微,车道系数取0.75。

$$N=\frac{[(1+\gamma)^{t}-1]\times365}{\gamma}\times AADTT\times DDF\times LDF$$

$$=\frac{[(1+0.075)^{15}-1]}{0.075}\times365\times5500\times0.55\times0.75$$

$$=21.6\times10^{6}\text{辆}$$

根据表3.0.4,该路属于特重交通。根据表4.4.2,级配碎石适用重及重以下交通等级公路的基层,B排除;级配砾石适用中等和轻交通等级公路的基层,C排除。根据4.2.4条,路基湿度状态为中湿时,宜采用粒料类底基层或设置粒料类路基改性层,A排除。水泥稳定级配碎石适用各交通等级的基层,级配碎石底基层适用于中湿类路基,D正确。

13. **答案**(B)

根据《公路沥青路面设计规范》(JTG D50—2017)F.5节,当试件直径为100mm时,贯入压头的直径采用28.5mm。

$$\sigma_{p}=\frac{P}{A}=\frac{2000}{3.14\times\frac{28.5^{2}}{4}}=3.14\text{MPa}$$

直径100mm的试件,$f_{\tau}=0.0012h+0.22=0.0012\times40+0.22=0.268$

$R_{\tau}=f_{\tau}\sigma_{p}=0.268\times3.14=0.842\text{MPa}$

根据F.5.4条,计算值还要乘修正系数1.15,即$1.15\times0.842=0.97\text{MPa}$。

14. **答案**(A)

根据《公路水泥混凝土路面设计规范》(JTG D40—2011)式(B.2.2-1)计算荷载疲劳应力:$\sigma_{pr}=k_{r}k_{f}k_{c}\sigma_{ps}$。

其中,考虑接缝传荷能力的应力折减系数k_{r},因为路肩采用混凝土,且厚度与路面面层等厚,取0.87。根据表B.2.1,综合系数k_{c}取1.05。疲劳应力系数由式(B.2.3-1)计算。根据B.2.3条,普通水泥混凝土$\lambda=0.057$,则:

$k_{f}=N_{c}^{\lambda}=(182\times10^{4})^{0.057}=2.274$

荷载疲劳应力:$\sigma_{pr}=k_{r}k_{f}k_{c}\sigma_{ps}=0.87\times2.274\times1.05\times1.550=3.22\text{MPa}$。

15. **答案**(B)

根据《公路钢筋混凝土及预应力混凝土桥涵设计规范》(JTG 3362—2018)6.1.3条文说明,在箱梁底板腹板处出现裂缝,属于预应力钢束外崩力引起的横向拉应力超限。

16. **答案**(B)

根据《公路桥涵设计通用规范》附录A和4.3.12条第2款,湖北地区属温热地区,混凝土桥梁,最高温度为34℃,最低温度为-3℃,主梁温度零点在固定支座处,A伸缩缝处变形长度为100+70=170m,安装合龙温度在10~15℃,则桥梁合龙后,可能的最大温度升高为34-10=

24℃,故主梁温度伸长 $170 \times 1000 \times (34-10) \times 1.0 \times 10^{-5} = 40.8$mm,根据《公路钢筋混凝土及预应力混凝土桥涵设计规范》8.8.2 条,伸缩缝闭口量为主梁的最大伸长量,考虑增大系数,闭口量为 $1.3 \times 40.8 = 53$mm。

17. **答案**(C)

根据《公路桥涵设计通用规范》4.1.5 条第 1 款,本桥安全等级为一级,支座不均匀沉降属于永久荷载,分项系数为 0.5,故有基本组合弯矩设计值:

$M = 1.1 \times (1.2 \times 25000 + 0.5 \times 500 + 1.4 \times 1.2 \times 2500 + 0.75 \times 1.4 \times 400) = 38357\text{kN} \cdot \text{m}$

18. **答案**(D)

根据《公路隧道设计规范　第一册　土建工程》(JTG 3307.1—2018) A.0.1 条,完整性系数 $K_v = \left(\frac{v_{pm}}{v_{pr}}\right)^2 = \left(\frac{3800}{4500}\right)^2 = 0.71$。根据 3.6.2 条,$\min(90K_v + 30 = 90 \times 0.71 + 30 = 93.9, R_c = 72)$,取 $R_c = 72$MPa。

$\min(0.04R_c + 0.4 = 0.04 \times 72 + 0.4 = 3.28, K_v = 0.71)$,取 $K_v = 0.71$。

故 $BQ = 100 + 3R_c + 250K_v = 100 + 3 \times 72 + 250 \times 0.71 = 493.5$。

19. **答案**(C)

根据《公路隧道设计规范　第一册　土建工程》(JTG 3307.1—2018) A.0.3、A.0.4 条。

(1)地下水影响系数修正:按出水量 $2 \times 10 = 20$L/(min · 10m) < 25L/(min · 10m) 和 $BQ = 460 > 450$,查表:$K_1 = 0$;

(2)主要结构面产状影响系数:$K_2 = 0.5$;

(3)初始应力状态修正:$R_c = 72 > 60$,为硬质岩,且开挖过程中有岩爆发生,有岩块弹出,洞壁岩体发生剥离,新生裂缝多,成洞性差,故为极高应力区。

$BQ = 460 > 450$,查表:$K_3 = 1.0$。

(4)根据 3.6.3 条,岩体基本质量指标修正值:$[BQ] = BQ - 100(K_1 + K_2 + K_3) = 460 - 100 \times (0 + 0.5 + 1.0) = 310$。故围岩等级为Ⅳ级。

(5)根据 8.4.1 条,三车道公路隧道,围岩等级为Ⅳ级,最小预留变形量为 60mm。

【编者注】注意出水量的单位。规范中的单位是 L/(min · 10m),若单位是 L/(min · m),转换到 L/(min · 10m) 时需要乘以 10。

20. **答案**(C)

根据《公路路线设计规范》(JTG D20—2017) 10.5.1 条,一级公路与交通量较大的二级公路平面交叉,其右转弯应设置经渠化分隔的右转弯车道。按规范 10.4.2 条第 3 款,右转弯设计速度不宜大于 40km/h,查规范表 10.5.3-1,二级公路作为次要公路,加速车道长度 25m;主线设计速度为 60km/h,渐变段长 40m。加速车道总长为 $40 + 25 = 65$m。

21. **答案**(A)

城间高速公路,查《公路路线设计规范》(JTG D20—2017)表3.3.4,设计小时交通量系数K取0.125。温州至诸暨方向左转匝道的设计小时交通量为:15970×0.55×0.125 = 1098pcu/h。

22. **答案**(C)

根据《公路立体交叉设计细则》(JTG/T D21—2014)6.3.4条,左转匝道的设计小时交通量1098pcu/h,宜选用外转弯半直连式,故选项C正确。

23. **答案**(B)

根据《公路交通安全设施设计规范》A.0.3条和《公路工程技术标准》(JTG B01—2014)表4.0.5-1,路侧实际净区宽度 = 路肩宽(含土路肩、硬路肩) +1.0×(缓于1∶6边坡宽) +0.5×(1∶6~1∶4边坡宽) =3 +0.75 +1 ×2.6 +0.5 ×0 =6.35m。

24. **答案**(B)

根据《城市道路工程设计规范》(CJJ 37—2012)(2016年版)4.5.1条,非重要区域人行道设计通行能力宜采用高值,查表4.5.1,人行道设计通行能力取值2100人/(h·m)。2000÷2100 =0.952m,取整后为1m。结合表5.3.4,各级道路人行道最小宽度取值为2.0m。

【编者注】人行道宽度具有双控性。

25. **答案**(B)

根据《城市道路工程设计规范》(CJJ 37—2012)(2016年版)6.3.4条,该处平曲线最小长度应大于或等于700/6 =116.7m。

又由于该处采用单圆曲线线形,根据公式$L = \frac{\pi}{180}\alpha R = 0.01745\alpha R$,代入数值116.7 = 0.01745 ×6 ×R,得R =1114.613m。根据表6.3.3-1,60km/h对应的不设超高半径是1000m。

【编者注】小偏角平曲线半径往往较大,注意与不设缓和曲线半径相参照。

26. **答案**(D)

根据《城市道路路线设计规范》(CJJ 193—2012)6.6节,设计速度40km/h的停车视距为40m,则其会车视距为40 ×2 =80m。据7.3条文说明,眼高h_e取1.2m,物高h_o取0.1m,则:

$$R_v = \frac{S_s^2}{2\sqrt{h_e} + \sqrt{h_o})^2} = 80^2/[2 \times (1.2^{1/2} + 0.1^{1/2})^2] = 1605.764\text{m}。$$

【编者注】注意题中给出的条件是停车还是会车视距。

27. **答案**(D)

根据《城市桥梁设计规范》(CJJ 11—2011)(2019版)10.0.2、10.0.3条:

(1)城市主干路,采用城—A级荷载,车道及车道同《公路桥涵设计通用规范》(JTG D60—2015),净宽8m,单向行驶,双车道。

(2)集中荷载 $P_k = 270 + \frac{360-270}{50-5} \times (29.4-5) = 2 \times (130+29.4) = 318.8\text{kN}$。

(3)主梁支点汽车荷载作用下的剪力标准值(含冲击系数)为:

$(1+0.25) \times [(1.2 \times 318.8 + 29.4/2 \times 10.5) \times 2] = 1342.3\text{kN}$。

28. 答案(B)

主线设计速度100km/h,查《城市道路交叉口设计规程》(CJJ 152—2010)表5.5.3-1,应设置变速段长度180m,下坡加速车道,无需修正,渐变段长度60m,变速车道总长180+60=240m。

29. 答案(D)

根据《城市工程管线综合规划规范》4.1.9、4.1.11条及条文说明,黏性土 $\alpha = 30°$。

$$L = \frac{(H-h)}{\tan\alpha} + \frac{B}{2} = \frac{(5.0-3.5)}{\tan 30°} + \frac{0.3+0.5+0.3}{2} = 3.15\text{m}$$

折算成水平净距 =3.15 −0.25 =2.9m。

查表4.1.9,给水管 $d \geqslant 200\text{mm}$ 时,最小净距为3.0m,综合两者取大值。

给水管距离房屋基础边缘最小水平距离 =3.0 +0.25 =3.25m。

30. 答案(B)

根据《城市人行天桥与人行地道技术规范》(CJJ 69—95)2.2.2条,天桥与地道每端梯道或坡道的净宽之和应大于桥面(地道)的净宽1.2倍以上。梯(坡)道的最小净宽为1.8m。

1:2人行梯道净宽为1.8m,自行车推行方式采用梯道两侧布置推行梯道,故1:4的人行梯道净宽为1.8 +2 ×0.4 =2.6m。

桥面最大净宽为(2.6 +1.8)/1.2 =3.67m。

【编者注】注意规范2.2.2条规定是梯道净宽之和,不是梯道人行部分净宽之和。主要是因为梯道属于上下坡,行进速度一般要比在平顺的桥面慢,所以梯道净宽之和要大于桥面净宽。同时,自行车也会占用桥面的宽度,所以要考虑梯道的推车道来计算桥面。

模拟试卷二(下午卷)答案

序号	31	32	33	34	35	36	37	38	39	40
答案	B	B	A	C	C	C	B	C	D	D
序号	41	42	43	44	45	46	47	48	49	50
答案	C	C	A	C	C	B	A	C	C	D
序号	51	52	53	54	55	56	57	58	59	60
答案	A	C	C	C	C	A	D	C	C	B

31. **答案**(B)

根据《公路路线设计规范》(JTG D20—2017)7.5.7 条,超高过渡方式宜采用线性过渡方式。

则小桩号的超高位置桩号为 2300 + 3/(3 + 5) × 80 = 2330。

【编者注】注意区分超高过渡方式采用线性过渡,加宽过渡方式存在多种。

32. **答案**(B)

根据《公路路线设计规范》(JTG D20—2017)表 7.6.1,干线二级公路应采用第 3 类加宽,150m 半径对应加宽值为 1.0m。加宽过渡方式按全缓和曲线线性加宽,缓和曲线上距 ZH 点 10m 处加宽值为 1 × 10/50 = 0.2m。

【编者注】注意临界半径对应加宽值在条文说明里有解释。

33. **答案**(A)

超高旋转轴位置高程为 5.2 - 3.5 × 0.04 = 5.06m,旋转过程中,该位置高程不变,该位置内侧车道边缘线高程 5.06 - 0.75 × 0.04 - 0.75 × 0.04 = 5.0m。

【编者注】注意区分内侧路基边缘设计高程与实际高程的区别。

34. **答案**(C)

根据《公路路线设计规范》(JTG D20—2017)8.4.5 条,二级公路分流渐变段长度为 50m,1.5% 对应附加段长度 300m,汇流渐变段长度为 90m。则爬坡车道汇流渐变段终点桩号最小为 2200 + 300 + 90 = 2590。

【编者注】考试时注意区分附加段终点桩号、渐变段终点桩号等概念。

35. **答案**(C)

(1)根据《公路路线设计规范》(JTG D20—2017)表 8.3.1,设计速度 30km/h 的最小坡长为 100m,最小坡长符合规定,选项 A 说法错误。

(2)坡度差:$\omega = i_2 - i_1 = 2.6\% - 7.0\% = -0.044$

曲线长:$L = R \cdot |\omega| = 3000 \times 0.044 = 132\text{m}$

切线长度:$T = \dfrac{L}{2} = \dfrac{132}{2} = 66\text{m}$

外距:$E = \dfrac{T^2}{2R} = \dfrac{66^2}{2 \times 3000} = 0.726\text{m}$

选项 B 说法错误。

(3)回旋曲线参数:$A = \sqrt{R \cdot l_s} = \sqrt{251 \times 80} = 141.70\text{m}$。选项 C 说法正确。

(4)621.03m 是变坡点高程,非路基设计高程,K10 + 900 的路基设计高程为 621.03 - 0.726 = 620.304m。选项 D 说法错误。

36. 答案(C)

根据《公路路线设计规范》(JTG D20—2017)9.2.4 条第 5 款,对接点附近 0.3v 长度范围内,应保持以对接点曲率半径确定的路拱横坡度。根据表 7.5.4,绕中线旋转,超高渐变率取 1/150,则缓和曲线长度:超高过渡段 +0.3v = 3.5 × (0.02 + 0.02)/(1/150) + 0.3v = 33m,而 40km/h 对应的缓和曲线最小长度为 35m。故答案选 C。

37. 答案(B)

(1)$W = i_2 - i_1 = -3\% - 2\% = -5\%$。为凸形竖曲线,根据《公路路线设计规范》(JTG D20—2017)表 8.6.1,其竖曲线半径最小值应大于或等于 1400m。

(2)$T_{最小} = 625.38 - 595 = 30.38$,$R_{最小} = 2T/W = 2 \times 30.38/0.05 = 1215.2\text{m}$。

(3)$T_{最大} = 595 - 540 = 55$,$R_{最大} = 2T/W = 2 \times 55/0.05 = 2200\text{m}$。

【编者注】“竖包圆”选择距离长的,“平包竖”选择距离短的。

38. 答案(C)

$W = \gamma V = 19 \times 2 \times 8 = 304\text{kN/m}$

$$m_{\alpha i} = \cos\alpha_i + \frac{\sin\alpha_i \tan\varphi_i}{F_s} = \cos 30° + \frac{\sin 30° \times \tan 25°}{F_s} = 0.866 + \frac{0.233}{F_s}$$

$$F_s = \frac{\sum \frac{1}{m_{\alpha_i}}[c_i b_i + (W_i + Q_i)\tan\varphi_i]}{\sum (W_i + Q_i)\sin\alpha_i}$$

$$= \frac{\frac{1}{(0.866 + 0.233/F_s)} \times [20 \times 2 + 304 \times \tan 25°]}{304 \times \sin 30°} = \frac{1.196}{(0.866 + 0.233/F_s)}$$

解得:$F_s = 1.112$。

39. 答案(D)

(1)水平土压力:$E_x = E_a \cos(\alpha + \delta) = 125 \times \cos(-10° + 20°) = 123.1\text{kN}$

竖直土压力：$E_y = E_a \sin(\alpha + \delta) = 125 \times \sin(-10° + 20°) = 21.7\text{kN}$

(2)水平土压力到墙趾的距离：$z_x = \dfrac{7.2}{3} - 0.54 = 1.86\text{m}$

竖直土压力到墙趾的距离：$z_y = 2.7 + \dfrac{7.2}{3} \times \tan 10° = 3.12\text{m}$

(3)抗倾覆稳定系数：

$$K_0 = \frac{GZ_G + E_y Z_x + E'_P Z_P}{E_x Z_y} = \frac{310 \times 1.62 + 21.7 \times 3.12}{123.1 \times 1.86} = 2.49$$

40. **答案**(D)

高速公路、一级公路安全系数 K 应取大值，$K = 1.25$。

$$\beta = \frac{45° + \varphi/2}{K} = \frac{45° + 35°/2}{1.25} = 50°$$

$$L \geqslant \frac{H}{\tan\beta} + hm + 5 = \frac{4}{\tan 50°} + \frac{5}{\tan 30°} + 5 = 17.0\text{m}$$

41. **答案**(C)

根据《公路沥青路面设计规范》(JTG D50—2017)表 3.0.2，一级公路设计使用年限为 15 年；根据表 A.2.5，交通受非机动车和行人影响较小，车道系数取 0.75，则：

$$N = \frac{[(1+\gamma)^t - 1] \times 365}{\gamma} \times AADTT \times DDF \times LDF$$

$$= \frac{[(1+0.057)^{15} - 1]}{0.057} \times 2600 \times 365 \times 0.55 \times 0.75$$

$$= 8.91 \times 10^6 \text{ 辆}$$

根据《公路沥青路面设计规范》(JTG D50—2017)表 3.0.4，属于重交通。

42. **答案**(C)

计算第一分层：

$$d_1 = -1.35 \times 10^{-4} h_a^2 + 8.18 \times 10^{-2} h_a - 14.50$$

$$= -1.35 \times 10^{-4} \times 140^2 + 8.18 \times 10^{-2} \times 140 - 14.50 = -5.694$$

$$d_2 = 8.78 \times 10^{-7} h_a^2 - 1.50 \times 10^{-3} h_a + 0.90$$

$$= 8.78 \times 10^{-7} \times 140^2 - 1.50 \times 10^{-3} \times 140 + 0.90 = 0.707$$

综合修正系数：

$$k_{R1} = (d_1 + d_2 \cdot i) \cdot 0.9731^{z_i} = (-5.694 + 0.707 \times 15) \times 0.9731^{15} = 3.262$$

43. **答案**(A)

湿度大时，查《公路水泥混凝土路面设计规范》(JTG D40—2011)表 3.0.10，$T_g = 86℃/\text{m}$；查表 E.0.3-2，$\alpha_c = 11 \times 10^{-6}/℃$。

最大温度应力：

$$\sigma_{t,\max}=\frac{\alpha_c E_c h_c T_g}{2}B_L=\frac{11\times10^{-6}\times31000\times0.24\times86}{2}\times0.443=1.56\text{MPa}$$

温度疲劳应力系数：

$$k_t=\frac{f_r}{\sigma_{t,\max}}\left[a_t\left(\frac{\sigma_{t,\max}}{f_r}\right)^{b_t}-c_t\right]=\frac{5.0}{1.56}\times\left[0.841\times\left(\frac{1.56}{5.0}\right)^{1.323}-0.058\right]=0.391$$

面层临界荷位的温度疲劳应力：

$$\sigma_{tr}=k_t\sigma_{t,\max}=0.391\times1.56=0.61\text{MPa}$$

44. **答案**(C)

根据《公路桥涵设计通用规范》(JTG D60—2015) 4.3.12 条,公路钢桥计算最高和最低有效温度的作用效应时,采用温度叠加覆盖的原则。取当地历年最高温度和最低温度。温度升高时:46 - 15 = 31℃,温度降低时:20 - (- 21) = 41℃。

【编者注】若本题没给历年最高温度 46℃,历年最低温度为 - 21℃的条件时,根据《公路桥涵设计通用规范》(JTG D60—2015)表 4.3.12-2,也能查出寒冷地区最高温度为 46℃,最低温度为 - 21℃。

45. **答案**(C)

根据《公路钢筋混凝土及预应力混凝土桥涵设计规范》(JTG 3362—2018)9.1.1、9.4.9 条,预应力横向布置两列,故腹板宽度 = 横向两个保护层 + 两个管道直径 D + 一个管道最小间距。D 为管道的直径 = 90mm,保护层厚度≥$D/2$ = 90/2 = 45mm。管道的净距取 max(40mm, 0.6D) = 54mm。

腹板最小厚度为 $b_{\min}=45\times2+2\times90+0.6\times90=324\text{mm}$。

46. **答案**(B)

根据《公路钢筋混凝土及预应力混凝土桥涵设计规范》(JTG 3362—2018)1.0.4 和 1.0.5 条,单跨 80m 桥梁属于大桥。使用年限 100 年。根据表 4.5.2,结晶盐地区,属于盐结晶Ⅴ类环境。

①正确:根据第 9.4.1 条,预应力混凝土梁当设置竖向预应力钢筋时,其纵向间距宜为 500 ~ 1000m。

②错误:根据第 6.4.2 条,采用钢绞线的预应力混凝土构件Ⅴ类环境禁止使用带裂缝的 B 类构件设计。

③错误:桥梁墩柱属于钢筋混凝土构件,根据第 6.4.2 条:钢筋混凝土构件,Ⅴ类环境最大裂缝宽度不应超过 0.1mm。

④错误:根据表 4.5.3,结构混凝土耐久性的基本要求:使用年限 100 年,结晶盐环境最低混凝土强度等级 C35。

【编者注】一定要注意耐久性对混凝土等级的控制。

47. **答案**(A)

根据《公路隧道设计规范　第一册　土建工程》(JTG 3307.1—2018)14.6.2 条,瓦斯及有害气体地层隧道衬砌应采用带仰拱的复合式封闭结构,与基础好坏无关,故①错。

根据该规范 14.2.2 条,膨胀性岩层隧道的支护结构应按"先柔后刚,先让后顶、分层支护"的设计思想进行设计,故②错。

根据该规范 14.5.2 条,穿越流沙地层隧道二次衬砌采用钢筋混凝土结构,故④错。

48. **答案**(C)

根据《公路隧道设计规范 第一册 土建工程》(JTG 3307.1—2018)4.4.1、4.4.6 条,

最小总宽度为 3.75×2(车道宽)+3.5(增加车道宽)+0.75(L_L)+1(L_R)+3(紧急停车带)+0.75×2(J 或 R)=17.25m。

49. **答案**(C)

右转弯速度采用道路路段设计速度的 50%,即 30km/h。

$$R_1=R-\left(\frac{B}{2}+F\right)$$

$$R=V^2/[127(\mu+i)]=30^2/[127\times(0.18+0.03)]=33.7\text{m}$$

$$R_1=33.7-(5/2+2)=29.2\text{m}$$

50. **答案**(D)

根据《公路立体交叉设计细则》(JTG/T D21—2014)5.5.3 条,主线分流鼻前方凸形竖曲线应满足识别视距要求,设计速度 80km/h,极限凸形竖曲线最小半径 8000m,此时,竖曲线长度 $L=R\times|\omega|=8000\times|-1.0\%-2.0\%|=240\text{m}$。

51. **答案**(A)

根据《公路立体交叉设计细则》(JTG/T D21—2014)5.8.3 条,分流连接部车道数需满足公式:$N_C=N_F+N_E-1$,主线在分流连接部设置有一条辅助车道 $N_C=4$,为保持基本车道数连续应 $N_F=3$,则满足分流连接部车道数平衡的 $N_E=2$,故选项 A 正确。

52. **答案**(C)

本段可利用挖方换算为压实方:$100/1.23+600/1.16+200/1.09=782\text{m}^3$

需进行借方的填方(压实方):$900-782=118\text{m}^3$

借方数量(天然密实方):$118\times1.16=137\text{m}^3$

53. **答案**(C)

根据《城市道路路线设计规范》(CJJ 193—2012)6.3.2 条文说明,$R=\dfrac{V^2}{127(\mu\pm i_h)}$,代入数据得:$500=\dfrac{80^2}{127(\mu+4\%)}$,解得 $\mu=0.061$。

54. **答案**(C)

根据《城市道路路线设计规范》(CJJ 193—2012)6.3.2 条文说明，$R=\frac{V^2}{127(\mu \pm i_h)}$，代入数据得：$350=\frac{V^2}{127\times(0.07+4\%)}$，解得 $V=69.9\text{km/h}$。

55. **答案**(C)

依据《城市道路路线设计规范》(CJJ 193—2012)6.3.4 条第 1 款，结合条文说明，圆曲线最小长度为 70m。图中圆曲线长度 =290 -240 =50m，偏短。

56. **答案**(A)

根据《城市桥梁设计规范》(CJJ 11—2011)(2019 版)10.0.2、10.0.3 条：

(1)小型汽车专用道路，最低可采用城—B 级车道荷载 ×0.6 折减系数，车道及车道同《公路桥涵设计通用规范》(JTG D60—2015)，净宽 12m，单向行驶，三车道。

(2)集中荷载 $P_k=270+\frac{360-270}{50-5}\times(39.2-5)=2\times(130+39.2)=338.8\text{kN}$

本桥采用的均布荷载为：$0.6\times0.75\times10.5=4.725\text{kN/m}$

采用的均集中荷载为：$0.6\times0.75\times338.8=152.5\text{kN}$

(3)主梁跨中汽车荷载作用下的弯矩标准值(含冲击系数)为：

$$(1+0.2)\times\left[\left(\frac{152.5\times39.2}{4}+\frac{4.725\times39.2^2}{8}\right)\times3\times0.78\right]=6745\text{kN}\cdot\text{m}$$

57. **答案**(D)

根据《城市道路交叉口设计规程》(CJJ 152—2010)5.3.5 条第 6 款，相邻匝道连续出入口净距应满足表 5.3.5-4 的要求，即最小净距大于 220m；此外，应考虑变速车道长度及标志之间需要的距离，主线设计速度 80km/h，位于小桩号的入口匝道变速车道全长 240 +50 =290m，则另外一个入口匝道的主线汇流鼻端与位于小桩号的入口匝道鼻端至少保持间距 290m，选项 D 的间距为 300m，故选项 D 正确。

58. **答案**(C)

根据《公路交通安全设施设计规范》(JTG D81—2017)表 6.3.2，一级公路设计速度 80km/h，应采用"四(SB、SBm)级"护栏。

根据《公路桥涵设计通用规范》(JTG D60—2015)表 1.0.5，该桥为小桥；根据《公路交通安全设施设计规范》(JTG D81—2017)6.3.2 条，一级公路小桥护栏防护等级宜与相邻的路基护栏相同。

根据《公路交通安全设施设计规范》(JTG D81—2017)图 A.0.2-1，路基计算净区宽度 =6.7m；根据 A.0.3 条，路基实际净区宽度 =2.5 +0.75 =3.25m <6.7m，查图 6.2.4 可知事故严重等级为中等，应设置护栏；根据表 6.2.10，一级公路设计速度为 80km/h，事故严重等级为中等，应采用"四(SB、SBm)级"护栏；根据 6.2.11 条，下坡段纵坡为 4.75%，接近《公路工程技

术标准》(JTG D01—2014)表4.0.20中设计速度80km/h的最大纵坡,防护等级提高一级,故采用“五(SA、SAm)级”护栏。

综上,该桥护栏等级采用五(SA、SAm)级。

59. **答案**(C)

根据《公路工程建设项目概算预算编制办法》(JTG 3830—2018)3.5.2条:

建设期贷款利息 = Σ(上年末付息贷款本息累计 + 本年度付息贷款额 ÷2) ×年利率

第一年建设期贷款利息 =(0 + 3000/2) ×7% = 105万元

第二年建设期贷款利息 =(3000 + 105 + 2000/2) ×7% = 287.35万元

建设期前两年应计利息之和 = 105 + 287.35 = 392.35万元

60. **答案**(B)

根据《城市人行天桥与人行地道技术规范》(CJJ 69—95)2.1.1、2.1.2条,车站、码头前的天桥设计通行能力为1850P/(h·m),高峰通过人行天桥过街的人流为6800 ×0.6 =4080P/h,省会城市中心车站,设计通行能力折减系数为0.75,故人行天桥最小净宽为4080/(1850 ×0.75) =2.94m。

模拟试卷三

(上午卷)

题1:某二级公路预测年限末年交通量为8500veh/d,各种车型比例如下:小客车20%,中型车32%,大型车45%,汽车列车3%,因特殊原因,该公路设计交通量以大型车为代表车型,则该公路设计交通量为(　　)pcu/d。

A. 11262　　B. 16363　　C. 7508　　D. 6545

主要解答过程:

题2:某一级公路,设计速度为80km/h,双向四车道,位于山东某城市近郊。设计服务水平采用四级服务水平,方向不均匀系数为56%,则该一级公路适宜的设计交通量为(　　)。

A. 44642veh/d　　B. 44643pcu/d　　C. 57142pcu/d　　D. 57143pcu/d

主要解答过程:

题3:山东烟台近郊欲修建一条二级公路,设计小时交通量系数参照平行的一条已建二级公路,该公路设计速度为80km/h,根据调查,其2020年平均日交通量为8000veh/d,设计小时交通量为1200veh/h,则2020年该公路设计小时交通量系数为(　　)%。

A. 12　　B. 15　　C. 16　　D. 18

主要解答过程:

题4:某二级公路一纵坡坡长为280m,坡度为4%,因平面移线,在该纵坡所在平面路段上设置断链K1+200~K1+210,在前后变坡点桩号、高程不变的情况下,平面移线后该纵坡坡度为(　　)%。

A. 4　　B. 3.86　　C. 4.15　　D. 4.3

主要解答过程:

题 5:某双向四级公路,设计速度为 30km/h,则正常情况下建筑限界内路基宽度最小采用(　　)m。

A. 7.0　　B. 6.5　　C. 4.5　　D. 7.5

主要解答过程:

题 6:某三级公路,设计速度为 40km/h,路基断面布置(0.75m 土路肩 +3.5m 车道)×2,车道横坡度为 2%,土路肩横坡为 3%,路面采用沥青碎石,已知直线路段某位置路基边缘设计高程为 49m,则其建筑限界上缘最低高程宜为(　　)m。

A. 53.593　　B. 53.793　　C. 53.5　　D. 53.7

主要解答过程:

题 7:某路段填方 15 万 m^3,挖方 12 万 m^3,借方 4 万 m^3,废方 1 万 m^3,则计价土石方数量为(　　)m^3。

A. 27　　B. 31　　C. 19　　D. 16

主要解答过程:

题 8:某一级公路,设计速度为 80km/h,双向四车道,路基宽度为 25.5m,车道路拱横坡为 3%。某平曲线 ZH 点桩号为 K2 +520,对应该回旋曲线参数 $A = 350$m,回旋线长度为 200m,超高过渡段取缓和曲线一部分,则以下位置适合做超高过渡段起点的最大桩号为(　　)。

A. K2 +569　　B. K2 +555　　C. K2 +650　　D. K2 +600

主要解答过程:

题 9:某地区新建二级公路位于Ⅲ2 区,路基填料为黏质土。路基填土高度为 1.6m,路面结构层厚 0.8m,路基填料 $CBR=11\%$,地下水位在地面以下 1.0m,地下毛细水上升高度为 1.8m,按《公路路基设计规范》(JTG D30—2015),计算该公路路基回弹模量设计值最接近下列哪个选项的数值(　　)。(提示:湿度调整系数取高值,折减系数取大值)

A. 54MPa　　B. 62MPa　　C. 68MPa　　D. 74Mpa

主要解答过程:

题 10:某公路软基路堤采用土工泡沫塑料轻质路堤,路面采用 26cm 水泥混凝土,级配碎石基层厚 20cm,面层下设置 10cm 钢筋混凝土板,路面结构层及钢筋混凝土板平均重度为 $23kN/m^3$,已知汽车两后轮轴距为 1.4m,后轮着地宽度为 0.6m,长度为 0.2m,汽车荷载后轴重 140kN,冲击系数取 0.3。则按《公路路基设计规范》(JTG D30—2015)计算土工泡沫塑料块体上的应力值最接近下列哪个选项的数值(　　)。

A. 40kPa　　B. 53kPa　　C. 72kPa　　D. 93kPa

主要解答过程:

题 11:二级公路土质边坡挖方路段,边坡坡率为 1:1,采用永久性预应力锚杆加固,锚杆设计锚固力为 250kN,锚孔直径 d 为 100mm,锚杆采用 3 根 $\varphi18$ 螺纹钢筋点焊成束,注浆材料选用 M30 水泥砂浆,砂浆与岩层间的黏结强度设计值为 0.2MPa,锚杆自由段伸入滑动面的长度为 1.8m,外露段长度为 0.2m,按《公路路基设计规范》(JTG D30—2015),该预应力锚杆的长度为(　　)。

A. 7.0m　　B. 8.0m　　C. 9.0m　　D. 10.0m

主要解答过程:

题 12:华北地区新建双向四车道一级公路,采用沥青混凝土路面,水泥稳定碎石基层,设计使用年限为 15 年,根据 OD 交通量分析,初始年断面 2 轴 6 轮以上的大型客车和货车交通量为 3100 辆/日,其中整体式货车比例为 35%,半挂式车货车比例为 45%,满载比例取低值,交通量年增长率为 5.9%。方向系数取 0.55,车道系数取 0.70。当需要分析的设计指标为路基顶面竖向压应变时,设计年限内设计车道上 4 类车的当量设计轴载累计作用次数最接近以下哪个选项(　　)。

A. 5.9×10^5 次　　B. 6.9×10^5 次

C. 7.9×10^5 次　　D. 8.9×10^5 次

主要解答过程:

题 13:某高速公路位于自然区划为Ⅱ2 区,大地标准冻深为 1.5m,路面结构为 22cm 沥青混凝土面层,20cm 水稳碎石基层 +20cm 级配碎石底基层,路基填料为低液限黏土,填土高度为 3m,路基为中湿状态,则该公路路面结构的最小防冻厚度最接近以下哪个选项(　　)。

A. 350 ~400mm　　B. 400 ~450mm

C. 450 ~550mm　　D. 550 ~600mm

主要解答过程:

题 14:公路自然区划Ⅳ区新建一条二级公路,粗集料以砾石为主。拟采用 0.24m 厚普通混凝土面层,弯拉强度为 4.5MPa,弯拉弹性模量和泊松比分别为 29GPa 和 0.15,基层采用 0.2m水泥稳定砂砾,弹性模量为 2000MPa,泊松比为 0.2。板底地基综合回弹模量为 125MPa。根据《公路水泥混凝土路面设计规范》(JTG D40—2011),试计算设计轴载在上层板临界荷位处产生的荷载应力最接近以下哪个选项(　　)。

A. 1.58MPa　　B. 1.69MPa

C. 1.82MPa　　D. 1.95MPa

主要解答过程:

题 15 ~16:某高速公路上一座预应力混凝土连续箱梁桥,跨径为 35m +45m +35m,混凝土强度等级为 C30。桥梁邻近城镇居住区,需要设置声屏障,如下图所示(尺寸单位:mm)。不计挂板尺寸,主梁悬臂板跨径为 1800mm,悬臂板根部厚度为 330mm。设计既需要考虑风荷载、汽车撞击效应,又需分别对防撞护栏根部和主梁悬臂板根部进行极限承载力和正常使用性能分析。

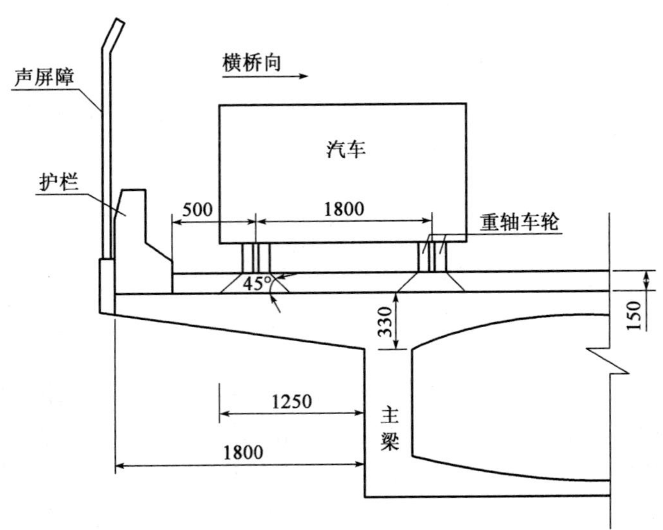

题 15:在进行主梁悬臂根部抗弯极限承载力状态设计时,假定已知如下各作用在主梁悬臂根部的每延米弯矩作用标准值:悬臂板自重、铺装、声屏障和护栏引起的弯矩作用标准值为45kN·m,按100年一遇基本风压计算的声屏障风荷载引起的弯矩作用标准值为30kN·m,汽车车辆荷载(含冲击力)引起的弯矩作用标准值为32kN·m。则主梁悬臂板根部弯矩在不考虑汽车撞击下的承载能力极限状态基本组合效应设计值(kN·m),与下列何项数值最为接近(　　)。

A. 123　　B. 136　　C. 146　　D. 150

主要解答过程:

题 16:考虑汽车撞击力下的主梁悬臂根部抗弯承载力性能设计时,假定已知汽车撞击力引起的每延米弯矩作用标准值为126kN·m,其他条件同15题。则主梁悬臂根部每延米弯矩承载能力极限状态偶然组合的效应设计值(kN·m)与下列何项数值最为接近(　　)。

A. 194　　B. 206　　C. 216　　D. 227

主要解答过程:

题 17:对某桥梁预应力混凝土主梁进行持久状况下正常使用极限状态验算时,需分别进行下列验算:①抗裂验算,②裂缝宽度验算,③挠度验算。试问,在这三种验算中,汽车荷载(作用)冲击力按(　　)选项考虑最为合理。(提示:只需定性判断)

A. ①计入,②不计入,③不计入　　B. ①不计入,②不计入,③不计入

C. ①不计入,②计入,③计入　　D. ①不计入,②不计入,③计入

主要解答过程:

题 18:某公路Ⅴ级围岩中的单线隧道,拟采用矿山法开挖施工。其标准断面衬砌顶距地面 12m,隧道开挖宽度为 13m,衬砌结构高度为 7m,围岩重度为 24kN/m^3,计算摩擦角为 45°。则该隧道水平围岩压力最小值最接近(　　)kPa。

A. 63.8　　B. 70.5　　C. 78.2　　D. 88.6

主要解答过程:

题 19:某地震加速度为 0.1g 地区修建一条双向四车道一级公路分离短隧道,隧道开挖宽度为 14m,经过地层为软弱围岩。则下列选项中,(　　)的说法不满足《公路隧道设计规范 第一册　土建工程》(JTG 3307.1—2018)的相关要求(　　)。

A. E1 地震作用下,该隧道结构无破坏,属于弹性状态

B. 该隧道应进行抗震分析和抗震验算

C. 该隧道按照 0.15g 确定抗震措施

D. 该隧道必须要设置仰拱

主要解答过程:

题 20:某一级公路与交通量较大的二级公路平面交叉,一级公路设计速度为 60km/h,则其设置的右转弯车道路面内缘最小半径宜采用(　　)。

A. 20m　　B. 25m　　C. 30m　　D. 35m

主要解答过程:

题 21:位于华东的某城间高速公路互通式立体交叉,其节点预测期末年的年平均日转向交通量如下图所示(单位 veh/d),试判别按方向连通程度的互通类型,并计算西向北转向匝道的设计小时交通量(　　)。

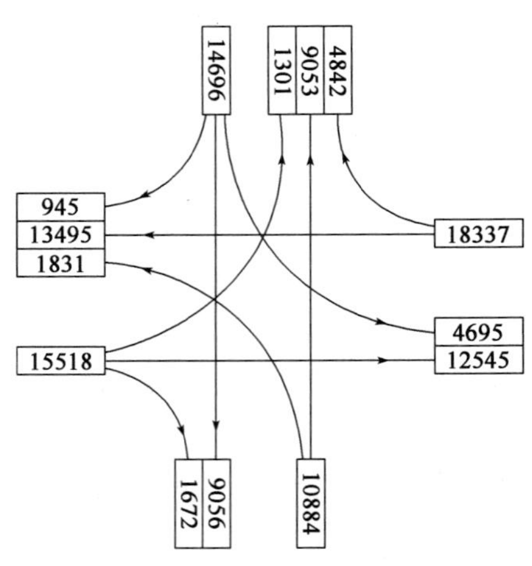

A. 完全互通型,163veh/h

B. 不完全互通型,163veh/h

C. 完全互通型,118veh/h

D. 不完全互通型,118veh/h

主要解答过程:

题 22:某高速公路立交,主线基本车道数为双向六车道,某方向主线入口匝道,设计小时交通量为 300pcu/h,分合流鼻端之间的匝道长度 600m,为了保持连接部车道平衡、连续,则合流后的主线车道数可能为(　　)。

A. 3 条

B. 4 条

C. 3 条或 4 条

D. 3 条或 4 条或 5 条

主要解答过程:

题 23:某一级公路设计速度 100km/h,路肩宽度为 2.75m,单向年平均日交通量 *AADT* 为 3000 辆/日,填方坡比 1∶1.5,路堤高 5m,路堤段地势平坦。某平面转弯处平曲线半径为 1000m,在距离路基坡脚线 5.5m 处有一高压铁搭。该路堤平曲线段车辆驶出可能发生的事故严重等级为(　　)。

A. 低　　B. 中　　C. 高　　D. 无法确定

主要解答过程:

题 24:拟建城市次干道,双向两车道,设计速度为 40km/h,远景年预测高峰小时交通量及其车型构成如下:小客车 2050veh/h、大型客车 200veh/h、大型货车 60 veh/h、铰接车 80 veh/h。如果考虑方向不均匀系数为 0.5,那么远景年预测高峰小时交通量为(　　)pcu/(h · ln)。

A. 1300　　B. 1420　　C. 2840　　D. 5680

主要解答过程:

题 25:某双向两车道城市道路,设计速度为 60km/h,因特殊原因,需经常通行一特殊车辆,该车辆前悬为 2m,轴距为(6.5 + 10.0)m,后悬为 4.2m。则该城市道路半径为 200m 的圆曲线处需设置加宽值为(　　)m。

A. 1.1　　B. 0.643　　C. 1.3　　D. 2.2

主要解答过程:

题 26:某单幅城市快速路,设计速度为 80km/h,为提高道路通行能力,现对该路段限速 90km/h,则下列能满足其停车视距要求的最小凸形竖曲线半径为(　　)m。

A. 3000　　B. 4100　　C. 4285　　D. 4500

主要解答过程:

题 27:某城市快速路,设计速度为 80km/h,需修建一座桥梁跨越另一条城市主干路。桥梁宽度 28m,桥跨布置为(48 + 80 + 48)m 的 A 类预应力混凝土连续箱梁,下部结构墩柱为钢筋混凝土构件,桥梁处于Ⅱ类环境。拟按下列原则进行设计:

①在人行道板下敷设电信管道,通信管道,自来水管和污水管。

②主梁按城—A 荷载设计。

③桥梁主梁最大裂缝宽度不大于 0.2mm,墩柱的最大裂缝宽度不大于 0.2mm。

④桥面铺装宜采用水泥混凝土铺装,铺装厚度 70 ~ 100mm。

试问,以上设计原则中不符合现行规范标准的是(　　)。

A. ①④　　B. ③④　　C. ①③④　　D. ①②④

主要解答过程:

题 28:某城市道路与高速公路的 A1 类立交,城市道路主线设计速度为 80km/h,双向六车道,其标准路段半幅路面宽度为 12.25m,则立交范围该城市道路减速车道起点处位置的半幅路面宽度一般为(　　)。

A. 15.50m　　B. 15.75m　　C. 16.0m　　D. 18.5m

主要解答过程:

题 29:如下图所示的无障碍设施设计图(尺寸单位:mm),有(　　)项不符合《无障碍设计规范》(GB 50763—2012)的相关规定。

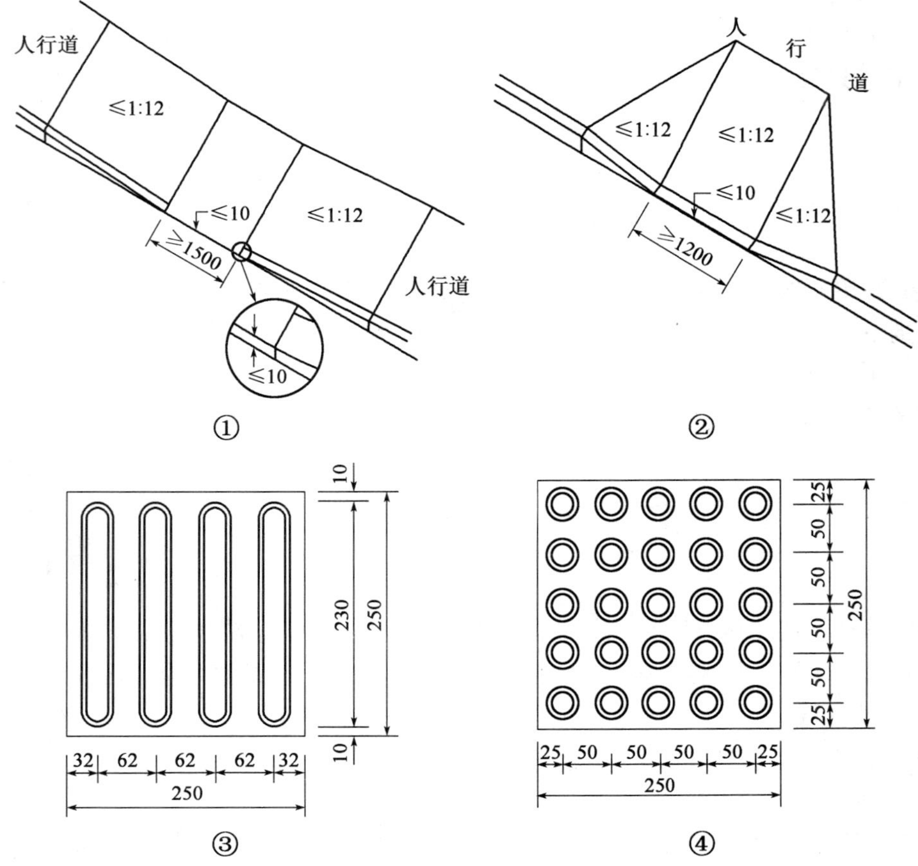

A. 0　　B. 1　　C. 2　　D. 3

主要解答过程：

题 30：某单跨简支钢箱梁人行桥，桥梁总长为 40m，计算跨径为 38m，桥面宽度 $B=5\mathrm{m}$。试问，根据《城市人行天桥与人行地道技术规范》(CJJ 69—95)，钢箱梁跨中在人群荷载作用下的最大弯矩标准值(kN · m)与下列何项最为接近(　　)。

A. 720　　B. 1500　　C. 2400　　D. 3600

主要解答过程：

模拟试卷三

(下午卷)

题31:某一级公路,设计速度为80km/h,双向四车道。其整体式路基左侧路缘带宽0.5m,路面宽度为2×3.75m,硬路肩宽度为3.0m,土路肩宽度为0.75m。行车道路拱横坡为2%,土路肩路拱横坡为3%。超高旋转轴为中央分隔带边缘,某位置圆曲线半径为600m,超高值取5%,则其超高过渡段最小长度约可采用(　　)m。

A. 115　　B. 120　　C. 250　　D. 255

主要解答过程:

题32:某单车道四级公路,设计速度为20km/h,某圆曲线半径为70m,受地形或其他特殊情况限制,采用尽可能短的加宽过渡段,则加宽过渡段插入圆曲线长度不超过(　　)m。

A. 5.25　　B. 10.5　　C. 10　　D. 5

主要解答过程:

题33:某三级公路,设计速度为30km/h,路基断面为(0.5+3.5×2+0.5)m,车道路拱横坡为2%,土路肩为3%,路基设计高程为路中线。某直线路段中有一变坡点的高程为104.5m,其相邻坡段的纵坡分别为$i_1=3.2\%$,$i_2=-1.8\%$。该变坡点处设有涵洞3×2m盖板涵一道,涵洞铺底中间高程为99.43m,盖板厚度0.4m,要求涵洞顶面填土(含路面)高度至少保证0.5m,竖曲线半径最大应是(　　)m。

A. 4500　　B. 5600　　C. 6670　　D. 6675

主要解答过程:

题34:某山区二级公路上坡路段,其纵坡设置如下:700-5%、150-3%、700-5%、150-3%、700-6%、150-3%、700-6%、150-3%、700-(-7%)、150-3%,坡度上坡为正,下坡为负。则该路

段任意连续 3km 最大平均纵坡值为(　　)。

A. 4.23%　　B. 5.08%　　C. 5.17%　　D. 5.5%

主要解答过程:

题 35:某一级公路,设计速度为 80km/h,路基断面形式为(0.75m 土路肩 +3m 硬路肩 +2×3.75m +0.5m 路缘带)×2 +2m 中央分隔带 =25.5m。车道与硬路肩横坡为 2%,土路肩横坡为 3%,超高旋转轴为中央分隔带边缘。某路段纵断面设计图如下,自上而下四栏分别为坡度/坡长、里程桩号、平曲线、超高渐变图。

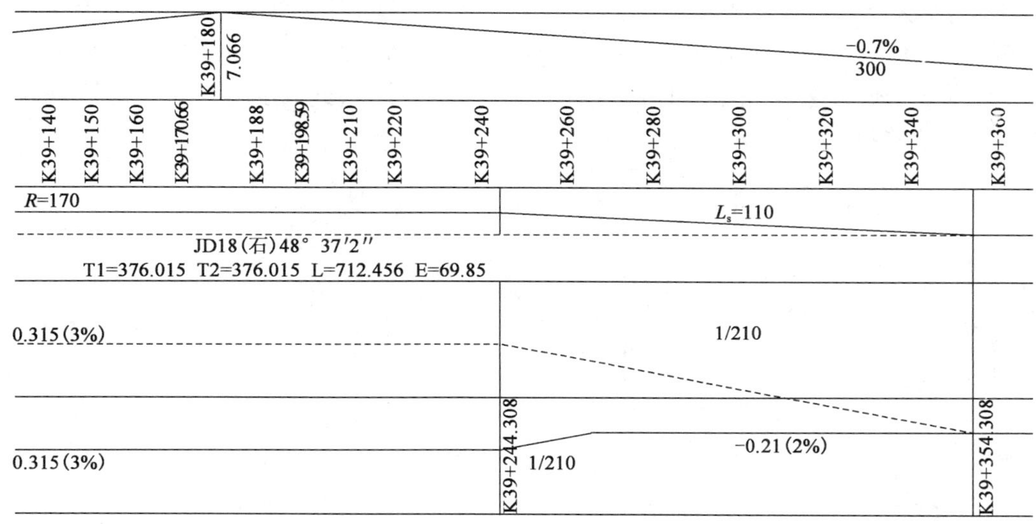

K39 +280 ~ K39 +320 左幅硬路肩外边缘纵向坡度为(　　)。

A. 0.2%　　B. 1.2%　　C. 3.08%　　D. 2%

主要解答过程:

题 36:某一级公路,设计速度为 60km/h,已知某变坡点桩号为 K2 +000,两侧纵坡分别为 +1.2% 与 -1%。隧道洞口桩号为 K2 +050,则竖曲线最小半径值为(　　)。

A. 4500　　B. 9000　　C. 9050　　D. 9100

主要解答过程:

题 37:某道路有一交点,偏角 $\alpha_1 = 12°24'20''$(左偏),圆曲线半径 $R_1 = 900$m,如第一缓和曲线、圆曲线及第二缓和曲线长度基本按 1 : 1 : 1 关系设计时,最有可能的缓和曲线长度是(　　)m。

A. 50　　B. 90　　C. 100　　D. 120

主要解答过程:

题 38:某公路设置俯斜式路肩挡土墙,墙面直立,挡土墙墙身高为 3m,顶宽为 1.0m,底宽为 1.6m,已知墙背主动土压力的水平分力 = 35kN/m,竖向分力 = 10kN/m,墙身自重 90kN/m。不计车辆荷载,则按《公路路基设计规范》(JTG D30—2015),此墙的抗倾覆稳定性系数接近下列哪个选项的数值(　　)。

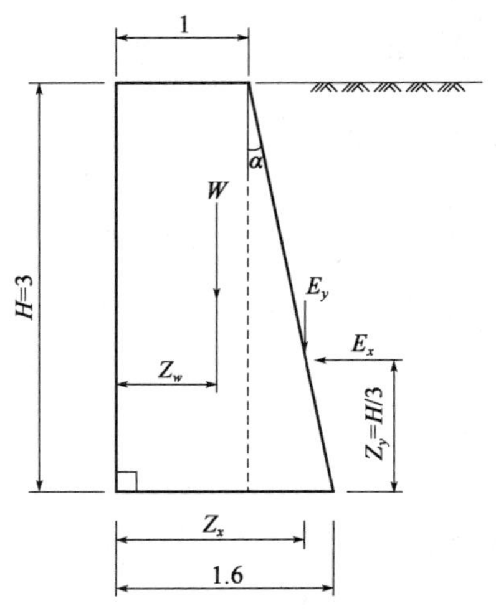

A. 1.2　　B. 1.7　　C. 2.1　　D. 2.5

主要解答过程:

题 39:某公路位于软土路段,设计采用一般预压法处理,地基处理类型系数取 0.9,公路路堤中心填高 6m,路基填料重度 $\gamma = 19\text{kN/m}^3$,加载速率修正系数 $v = 0.025$,地质因素修正系数 $Y = -0.1$,计算的主固结沉降为 50cm。则根据《公路路基设计规范》(JTG D30—2015)确定的固结度达到 60% 时的沉降量最接近的值是(　　)。

A. 35cm　　B. 40cm　　C. 45cm　　D. 50cm

主要解答过程:

题 40:华南某地区修建双车道二级公路,路基宽为 7.5m,土路肩宽为 0.5m,路面横坡为 2%,土路肩横坡为 4%,路基填料为黏土,地下水位降落曲线的平均坡度 $I_0=0.12$,毛细水上升高度为 1.0m,边沟深度为 0.6m,在边沟下设置渗沟,渗沟内水柱高度为 0.4m,根据《公路排水设计规范》(JTG/T D33—2012),则计算盲沟的埋置深度最接近(　　)。

A. 0.8m　　B. 1.3m　　C. 1.7m　　D. 2.4m

主要解答过程:

题 41:某二级公路位于季节性冻土地区,冻结指数为 500℃·d,路面采用 12cm 厚沥青混凝土,基层采用 40cm 厚水泥稳定碎石,底基层为 20cm 级配碎石,无机结合料稳定层疲劳开裂分析时温度调整系数为 1.23,弯拉强度为 1.7MPa,根据弹性层状体系理论计算得到无机结合料稳定层的层底拉应力为 0.182MPa。则该公路无机结合料层的疲劳开裂寿命最接近(　　)轴次。

A. 6.1×10^9　　B. 7.1×10^9　　C. 8.1×10^9　　D. 9.1×10^9

主要解答过程:

题 42:东部地区某公路路基交工验收时,采用的落锤式弯沉仪荷载为 50kN,荷载盘半径为 150mm。标准状态下的路基回弹模量为 100MPa,湿度调整系数为 1.06。根据《公路沥青路面设计规范》(JTG D50—2017),路基顶面验收弯沉值最接近(　　)。

A. 176(0.01mm)　　B. 190(0.01mm)　　C. 205(0.01mm)　　D. 217(0.01mm)

主要解答过程:

题 43:公路自然区划Ⅲ2 区新建一级公路,路面采用水泥混凝土。经交通调查分析得知,设计车道使用初期设计轴载日作用次数为 1500 次,设计基准期内交通量年平均增长率为 5.3%,车辆轮迹横向分布系数取大值。根据《公路水泥混凝土路面设计规范》(JTG D40—

2011),该公路的交通荷载分级为(　　)。

A. 极重交通荷载　　B. 特重交通荷载　　C. 重交通荷载　　D. 中等交通荷载

主要解答过程:

题 44:某公路立交桥中的一单车道匝道弯桥,设计行车速度为 40km/h,平曲线半径为 65m。为计算桥梁下部结构和桥梁总体稳定的需要,需要计算汽车荷载引起的离心力。假定该匝道桥车辆荷载标准值为 550kN,汽车荷载冲击系数为 0.15。试问,该匝道桥的汽车荷载离心力标准值接近(　　)kN。

A. 108　　B. 118　　C. 128　　D. 148

主要解答过程:

题 45:某高速公路预应力混凝土变截面连续梁桥,跨径组成为(50 + 80 + 50)m,采用挂篮悬臂施工,桥面总宽 12.5m,设计采用 C50 混凝土,在混凝土强度达到 90% 强度时,张拉预应力移动挂篮开始下一道工序。试问,桥梁在进行持久状况设计时,使用阶段正截面的混凝土法向压应力限值 f_a 和进行短暂状况设计时,在自重和施工荷载等荷载最不利工况作用下,混凝土法向压应力限值 f'_a 各为(　　)MPa。

A. 16.2,20.72　　B. 16.2,20.41　　C. 16.2,23.68　　D. 19.44,20.41

主要解答过程:

题 46:某高速公路预应力混凝土变截面连续梁桥,跨径组成为(50 + 80 + 50)m,采用挂篮悬臂后张法施工,桥面总宽 12.5m,设计采用 C50 混凝土,在混凝土强度达到 90% 强度时,张拉预应力移动挂篮开始下一道工序。预应力采用抗拉强度为 1860MPa 预应力钢绞线,控制张拉力为抗拉强度的 70%。顶板预应力钢束编号为 T10,长度为 78m。经过计算,墩顶断面处本根预应力钢束损失分别为:预应力钢筋与管道壁之间的摩擦损失 $\sigma_1 = 200$MPa,锚具变形、钢筋回缩和接缝压缩损失 $\sigma_2 = 20$MPa,混凝土的弹性压缩 $\sigma_4 = 40$MPa,预应力钢筋的应力松弛 $\sigma_5 = 50$MPa,混凝土的收缩和徐变 $\sigma_6 = 60$MPa。试问,T10 预应力墩顶截面经过第一批损失后的有效应力接近(　　)MPa。

A. 932　　B. 992　　C. 1017　　D. 1042

主要解答过程:

题 47:某双向四车道高速公路分离隧道,隧道长 1500m,单洞隧道开挖宽度 15m,经过勘察,隧道经过地层为 4 级围岩。岩层单轴饱和抗压强度为 25MPa,洞壁最大切向应力 18.6MPa。下列处理措施中比较合理的是(　　)。

A. 初期支护可采用钢筋网喷混凝土或纤维喷混凝土、系统锚杆、超前锚杆等联合处置措施

B. 可对掌子面及附近围岩喷洒水或对围岩及前方掌子面打设注水孔注水,可增设格栅钢架

C. 可对掌子面及附近围岩喷洒水或对围岩打设注水孔注水、在掌子面上打应力释放孔,可采取钢筋网喷混凝土或纤维喷混凝土、系统锚杆、多排超前锚杆、加强钢架支护等综合治理措施

D. 应采用可屈服的支护系统,并应采取超前应力解除、高压注水等降低地应力量级的措施

主要解答过程:

题 48:两车道公路隧道埋深为 15m,开挖高度和宽度分别为 10m 和 12m。围岩重度为 $22kN/m^3$ 岩石单轴饱和抗压强度为 30MPa,岩体和岩石的弹性纵波速度分别为 2400m/s 和 3500m/s。则该隧道围岩分类属于(　　)。

A. Ⅱ级　　B. Ⅲ级　　C. Ⅳ级　　D. Ⅴ级

主要解答过程:

题 49:某城市主干路,设计速度为 50km/h,交通量大,在某个平面交叉口处设置有出口道展宽,出口道还设置有公交停靠站,公交站台长 35m。则展宽的出口车道最小长度宜采用(　　)。(提示:渐变段长度按 20m 考虑)

A. 80m　　B. 110m　　C. 130m　　D. 140m

主要解答过程：

题 50：某高速公路，设计速度为 100km/h，双向六车道，在上行方向某处设置一座隧道，隧道中心桩号 K10 +500，隧道长度 400m。隧道前方需布置一处互通式立体交叉，现场地形条件严格受限，则隧道前方出口匝道的渐变段起点桩号至少应设置为(　　)。

A. K10 +900　　B. K11 +100　　C. K11 +300　　D. K11 +700

主要解答过程：

题 51：某四岔互通式立交各流向的设计小时交通量(单位：pcu/h)如下图所示，则该立交设计方案最合理的是(　　)。

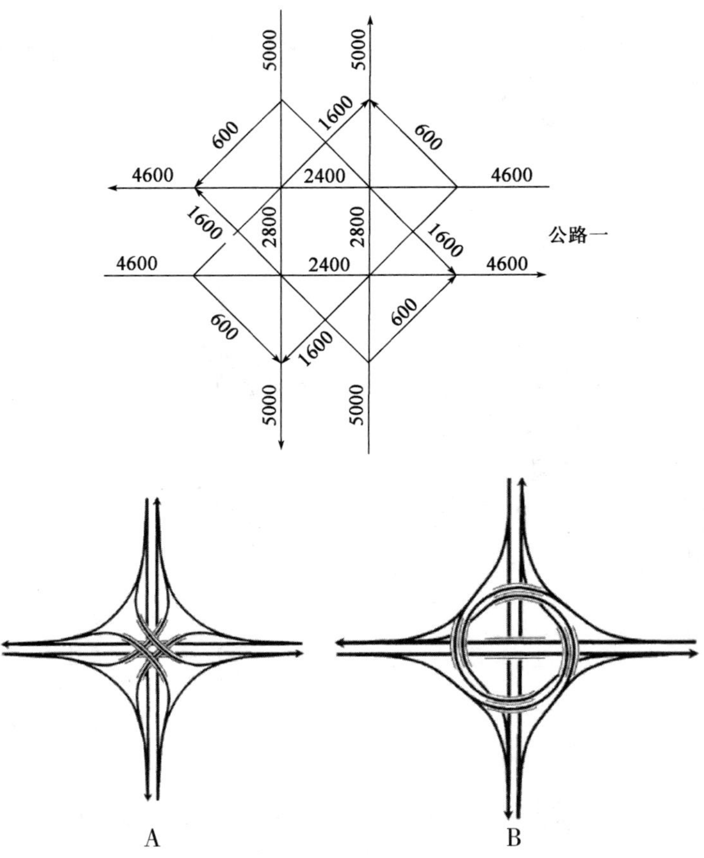

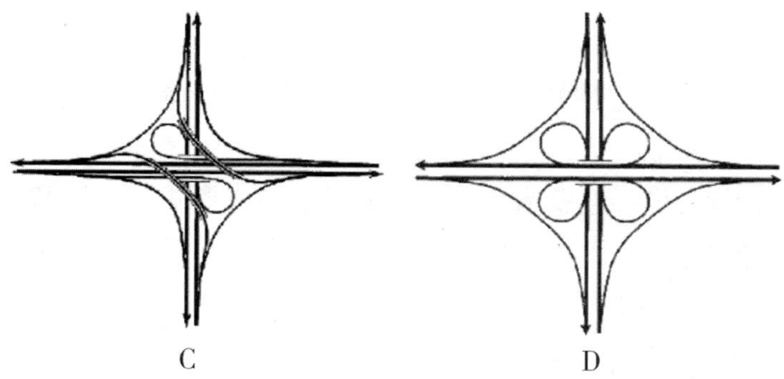

主要解答过程:

题 52:某路面工程用桶装石油沥青,调查价格为 5000 元/t,运价为 1.2 元/(t · km),装卸费为 24.0 元/t,运距为 80km,回收沥青桶按 200 元/t 计,场外运输损耗率为 3%,料毛重系数为 1.17。则石油沥青的预算价格与(　　)最为接近。

A. 5200 元/t　　B. 5250 元/t　　C. 5300 元/t　　D. 5350 元/t

主要解答过程:

题 53:已知某城市主干路,道路两侧建筑物之间水平距离为 50m,建筑物高度为 25m,则该道路空间尺度为(　　)。

A. 0.5　　B. 1　　C. 1.5　　D. 2

主要解答过程:

题 54:已知某城市快速路,设计速度 80km/h,单方向机动车道路面宽度为 12.25m,路拱横坡为 1.5%,某曲线半径采用 250m,超高绕中央分隔带边缘旋转,全缓和曲线超高。则该路段缓和曲线最小长度为(　　)m。

A. 70　　B. 85　　C. 140　　D. 190

主要解答过程:

题 55:某城市次干道,设计速度为 40km/h,采用单幅路形式,非机动车道与机动车道共面,纵断面设计如下图所示(尺寸单位:m)。则下列不符合规范要求的参数是(　　)。

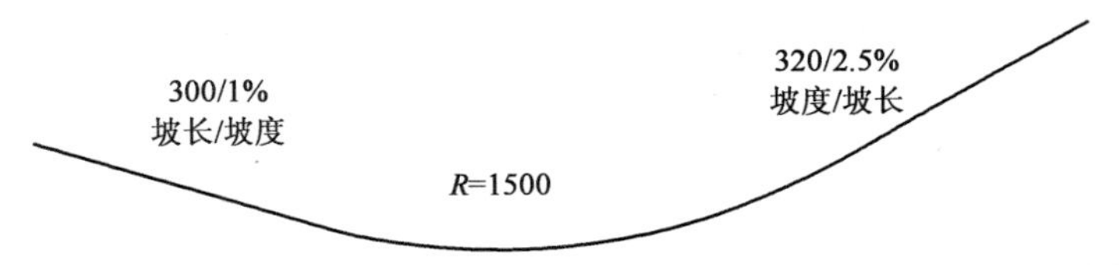

A. 下坡坡度　　B. 竖曲线长度　　C. 上坡坡长　　D. 上坡坡度

主要解答过程:

题 56:某城市一跨 20m 桥梁,桥梁总宽为 15m,桥梁两侧各为 3m 人行道,人行道外侧采用仿古栏杆,栏杆每隔 2.5m 设置一根栏杆柱,如下图所示(尺寸单位:mm)。试问,根据《城市桥梁设计规范》(CJJ 11—2011)(2019 年版),验算栏杆扶手荷载时,在扶手荷载作用下单个栏杆柱底水平向外剪力标准值与(　　)kN 最为接近。

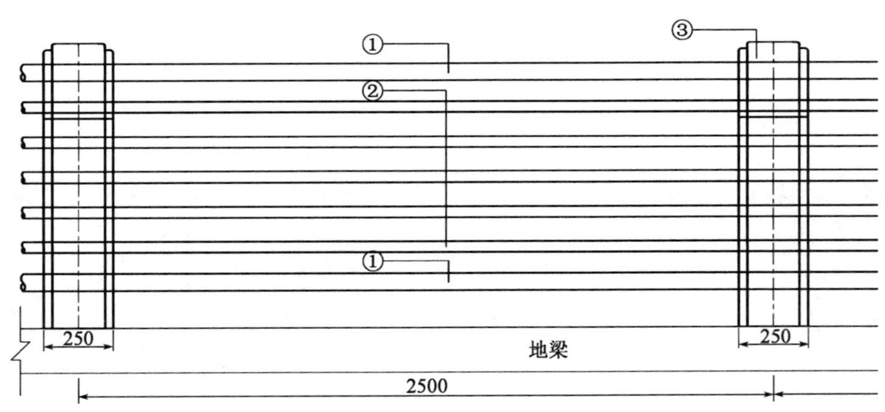

A. 2.5　　B. 5.0　　C. 6.3　　D. 50

主要解答过程:

题 57:某城市快速路与快速路交叉的完全苜蓿叶立交,两条道路均为双向八车道,设计速度为 80km/h,直行均设有附加车道;匝道设计速度 40km/h,均为单车道匝道。主线一条车道的设计通行能力为 1750pcu/h,则该立交设计通行能力为(　　)。

A. 21000pcu/h　　B. 24740pcu/h　　C. 27800pcu/h　　D. 28000pcu/h

主要解答过程:

题 58:高速公路平曲线段圆曲线半径为 700m,中央分隔带采用的防眩板宽度为 20cm,假定驾驶员与防眩板横向距离为 3.5m,则防眩板能最大间距为(　　)。(提示:按满足最小遮光角计算)

A. 1.0m　　B. 1.5m　　C. 2.0m　　D. 2.5m

主要解答过程:

题 59:某公路路面施工长度为 28km,其中隧道工程长 4km,为避免降雨干扰,项目公司选择在雨量较少的秋季施工。经预算分析其预算人工费为 12000 万元,材料费为 28000 万元,机械使用费为 7000 万元,定额费用为预算费用的 95%。该工程雨季期 3.5 个月,雨量区为Ⅱ区。则该工程的雨季施工增加费为(　　)万元。

A. 115　　B. 105　　C. 100　　D. 90

主要解答过程:

题 60:某高速公路互通有一钢结构桥梁,桥梁为 50m 单跨简支梁,计算跨径为 49.2m。根据《公路钢结构桥梁设计规范》(JTG D64—2015),采用疲劳—Ⅰ模型对钢结构进行疲劳设计验算时,疲劳等效车道荷载时均布力和集中力各为(　　)。

A. 10.5kN/m,360kN　　B. 10.5kN/m,250.9kN

C. 3.2kN/m,360kN　　D. 3.2kN/m,250.9kN

主要解答过程:

模拟试卷三(上午卷)答案

序号	1	2	3	4	5	6	7	8	9	10
答案	D	D	B	C	A	B	D	B	D	B
序号	11	12	13	14	15	16	17	18	19	20
答案	D	D	C	A	D	C	B	A	B	C
序号	21	22	23	24	25	26	27	28	29	30
答案	B	C	B	B	C	C	C	D	A	B

1. 答案(D)

根据《公路工程技术标准》(JTG B01—2014)3.3.2 条,8500 ×(20% +32% ×1.5 +45% ×2.5 +3% ×4)=16362.5pcu/d。

又知大型车与小型车的转换系数是 2.5,则 16362.5/2.5 =6545pcu/d。

2. 答案(D)

(1)根据《公路路线设计规范》(JTG D20—2017)表 3.4.1-2,一级公路,设计速度 80km/h,四级服务水平下对应的单车道服务交通量 C_D =1600pcu/(h · ln),单方向车道数 $N=2$;方向不均匀系数 $D=0.56$;查《公路路线设计规范》(JTG D20—2017)表 3.3.4,设计小时交通量系数 $K=0.1$。

(2)根据《公路路线设计规范》(JTG D20—2017)2.1.2 条文说明 $AADT=C_DN/(KD)$,设计交通量 =1600 ×2/(0.1 ×0.56)=57143pcu/d。

【编者注】一级公路中,N 为单向车道数,与城市道路不同。

3. 答案(B)

根据《公路路线设计规范》(JTG D20—2017)3.3.3 条,设计小时交通量系数 $K=DHV/AADT$ =1200/8000 =15%。

4. 答案(C)

路线总里程 = 原纵坡长度 + 断链长度 =280 +(1200 -1210)=270m。

调整后纵坡坡度 = 变坡点高差/坡长 =280 ×0.04/270 =4.15%。

5. 答案(A)

根据《公路路线设计规范》(JTG D20—2017)6.2.1 及 6.4.1 条,正常情况下最小路基宽度 =0.5 +3.25 +3.25 +0.5 =7.5m。

根据6.6节公路建筑限界规定,三四级公路侧向宽度为路肩宽度减去25cm,则建筑限界内路基宽度 =7.5 −0.25 ×2 =7m。

【编者注】注意题中是路基宽度还是建筑限界内路基宽度。

6. **答案**(B)

根据《公路路线设计规范》(JTG D20—2017)6.6.4条第2款,三级公路路面采用沥青贯入、沥青碎石、沥青表面处治或砂石路面时,净空高度宜预留20cm。净空高度为4.5 +0.2 =4.7m,则其建筑限界上缘高程为49 +0.75 ×0.03 +3.5 ×0.02 +4.7 =53.7925m。

7. **答案**(D)

计价土石方 = 挖方 + 借方 =12 +4 =16 万 m^3。

8. **答案**(B)

超高过渡段取缓和曲线一部分,则其起点范围应在ZH点与缓和曲线范围不设超高半径之间。根据《公路路线设计规范》(JTG D20—2017)表7.4.1,本项目不设超高的最小半径为3350m。

根据 $rL = A^2$,$L = 350 \times 350/3350 = 36.6$m,对应桩号为2520 +36.6 =2556.6。

9. **答案**(D)

路床顶高程为1.6 −0.8 =0.8m,毛细水高度为 −1.0 +1.8 =0.8m,达到路基工作区顶面,判断为潮湿类路基。

查表D.0.1,湿度调整系数取高值,顶部 $K_{s1} = 1.0$,$K_{s2} = 0.9$,$K_s = \frac{1.0 + 0.9}{2} = 0.95$。折减系数取大值,$K_\eta = 0.95$。

$M_R = 17.6CBR^{0.64} = 17.6 \times 11^{0.64} = 81.7\text{MPa}$

$E_0 = K_s K_\eta M_R = 0.95 \times 0.95 \times 81.7 = 73.7\text{MPa}$

10. **答案**(B)

$h = 0.26 + 0.2 + 0.1 = 0.56\text{m}$

$$\sigma_z = \frac{p(1+\delta)}{(B + 2h\tan\theta)(L + 2h\tan\theta)} + \gamma h$$

$$= \frac{\frac{140}{2} \times (1 + 0.3)}{(0.6 + 2 \times 0.56 \times \tan 45^\circ) \times (0.2 + 2 \times 0.56 \times \tan 45^\circ)} + 23 \times 0.56 = 53.0\text{kPa}$$

11. **答案**(D)

查《公路路基设计规范》(JTG D30—2015)表5.5.6-4,$K_2 = 2.0$。

(1)按地层与注浆体间黏结长度计算:

$$L_r = \frac{K_2 P_d}{\pi d f_{rb}} = \frac{2.0 \times 250}{3.14 \times 0.1 \times 0.2 \times 10^3} = 7.96\text{m}$$

(2)按锚杆杆体与注浆体间黏结长度计算:

3 根钢筋点焊成束,M30 水泥砂浆,查规范表 5.5.6-3,$f_b = 0.7 \times 2.4 = 1.68\text{MPa}$

$$L_g = \frac{K_2 P_d}{n\pi d_g f_b} = \frac{2.0 \times 250}{3 \times 3.14 \times 0.018 \times 1.68 \times 10^3} = 1.76\text{m}$$

取锚固段长度为 7.96m,满足规范 3 ~ 10m 要求取大值,锚杆长 = 7.96 + 1.8 + 0.2 = 9.96m。

12. **答案**(D)

根据《公路沥青路面设计规范》(JTG D50—2017)。

(1)4 类车的车辆类型分布系数:

查表 A.2.6-1,整车货车比例为 35%,半挂车货车比例为 45%,该公路 TTC 分类为 TTC2 类。

查表 A.3.1-2,4 类车满载车比例 $PER_{2h} = 0.30$,非满载比例 $PER_{2l} = 0.70$。

查表 A.3.1-2,$EALF_{2l} = 0.9$,$EALF_{2h} = 8.8$,则:

$EAFM_m = EALF_{ml} \times PER_{ml} + EALF_{mh} \times PER_{mh} = 0.70 \times 0.9 + 0.30 \times 8.8 = 3.27$。

查表 A.2.6-2,4 类车的车辆类型分布系数为 2.7%。

(2)初始年设计车道 4 类车的日平均当量轴次:

$$N_1 = AADTT \times DDF \times LDF \times \sum_{m=2}^{2} (VCDF_m \times EALF_m)$$
$$= 3100 \times 0.55 \times 0.7 \times (0.027 \times 3.27)$$
$$= 105.4 \text{ 次}$$

(3)设计年限内设计车道上 4 类车的当量设计轴载累计作用次数:

$$N_e = \frac{[(1+\gamma)^t - 1] \times 365}{\gamma} N_1 = \frac{[(1+0.059)^{15} - 1] \times 365}{0.059} \times 105.4 = 8.89 \times 10^5 \text{ 次}$$

13. **答案**(C)

路基湿度处于中湿状态,查《公路沥青路面设计规范》(JTG D50—2017)表 B.6.1-2,$b = 0.95$。

由表 B.6.1-3 得 $c = 1.05$。

$$a = \frac{1.35 \times 22 + 1.4 \times 40 + 1.45 \times 20 + 1.05 \times 68}{150} = 1.241$$

$Z_{max} = abcZ_d = 1.241 \times 0.95 \times 1.05 \times 1.5 = 1.86\text{m}$

查表 B.6.2,最小防冻厚度为 450 ~ 550mm。

14. **答案**(A)

混凝土面层板的弯曲刚度 $D_c = \frac{E_c h_c^3}{12(1-\nu_c^2)} = \frac{29000 \times 0.24^3}{12 \times (1-0.15^2)} = 34.2\text{MN} \cdot \text{m}$

半刚性基层板的弯曲刚度 $D_b=\frac{E_b h_b^3}{12(1-\nu_b^2)}=\frac{2000\times 0.20^3}{12\times(1-0.20^2)}=1.39\text{MN}\cdot\text{m}$

路面结构总相对刚度半径 $r_g=1.21\left(\frac{D_c+D_b}{E_t}\right)^{1/3}=1.21\times\left(\frac{34.2+1.39}{125}\right)^{1/3}=0.796\text{m}$

则上层板临界荷位的荷载应力为：

$$\sigma_{ps}=\frac{1.45\times 10^{-3}}{1+D_b/D_c}r_g^{0.65}h_c^{-2}P_c^{0.94}=\frac{1.45\times 10^{-3}}{1+1.39/34.2}\times 0.796^{0.65}\times 0.24^{-2}\times 100^{0.94}=1.582\text{MPa}$$

15. **答案**(D)

根据《公路桥涵设计通用规范》(JTG D60—2015)4.1.5 条,高速公路上的桥梁,设计安全等级为一级,$\gamma_0=1.1$。计算悬臂根部,属于局部计算,车辆荷载的分项系数取 1.8。

基本组合设计值 $M_{ud}=1.1\times(1.2\times 45+1.8\times 32+0.75\times 1.1\times 30)=150\text{kN}\cdot\text{m}$。

16. **答案**(C)

根据《公路桥涵设计通用规范》(JTG D60—2015)式(4.1.5-3),偶然组合 $S_{ad}=45+126+0.7\times 32+0.75\times 30=215.9\text{kN}\cdot\text{m}$。

【编者注】本题有两个疑点:(1)式(4.1.5-3)规定采用偶然荷载的设计值,题目给的是标准值,怎么计算?(2)式(4.1.5-3)中,对于第一可变荷载,到底采用频遇系数还是准永久系数,规范是写的“或”,如何取舍?

(1)根据《建筑结构荷载规范》(GB 50009—2012)3.2.6 条文说明,偶然荷载效应组合的表达式主要考虑到:①由于偶然荷载标准值的确定往往带有主观和经验的因素,因而设计表达式中不再考虑荷载分项系数,而直接采用规定的标准值为设计值;②对偶然设计状况,偶然事件本身属于小概率事件,两种不相关的偶然事件同时发生的概率更小,则不必同时考虑两种或两种以上偶然荷载……所以,可以直接采用偶然组合标准值作为设计值计算。就算考场上无法查到上述条文说明,考生也应知道,没有给分项系数就用 1.0。如果采用 1.2 分项系数,计算答案远大于 D 选项数值,那么经多方验证只能用标准值。对于此种情况,不要纠结,不要处女座强迫症,虽然解题过程不完美,但是对了就行。

(2)至于是采用频遇系数,还是准永久系数,在规范没有明确的情况下,考试时一般采用较大值。

17. **答案**(B)

(1)根据《公路桥涵设计通用规范》(JTG D60—2015)4.1.6 条,对于正常使用极限状况验算,不计入汽车荷载冲击力。

(2)抗裂验算、裂缝宽度验算和挠度验算均属于正常使用极限状态验算。故选 B。

18. **答案**(A)

据《公路隧道设计规范　第一册　土建工程》(JTG 3370.1—2018)第 6.2.2 条,可得:

(1)深埋浅埋隧道判别

$\omega = 1 + i(B - 5) = 1 + 0.1 \times (13 - 5) = 1.8$

$h = 0.45 \times 2^{S-1}\omega = 0.45 \times 2^{5-1} \times 1.8 = 12.96\text{m}$

在矿山法施工的条件下,Ⅳ～Ⅵ级围岩取 $H_P = 2.5h = 2.5 \times 12.96 = 32.4\text{m}$

隧道覆盖层厚度 12m < 12.96m,判定为超浅埋隧道。

(2)水平均布压力计算

Ⅴ级围岩,水平均布压力 $e = \gamma\left(H + \frac{H_t}{2}\right)\tan^2\left(45° - \frac{\varphi_c}{2}\right) = 24 \times \left(12 + \frac{7}{2}\right) \times \tan^2(45° - 45°/2) = 63.8\text{kPa}$。

19. **答案**(B)

根据《公路隧道设计规范　第一册　土建工程》(JTG 3307.1—2018)表 16.1.1,本隧道属于 B 类抗震设防隧道。

(1)根据规范表 16.1.2,选项 A 对;

(2)根据规范 16.1.3 条,0.1g 地区 B 类隧道可只进行抗震措施,不一定非得抗震分析和验算,选项 B 错;

(3)根据规范 16.1.4 条,B 类隧道应按高于本地区地震动峰值加速度一级的要求加强其抗震措施,故选项 C 对;

(4)根据规范 16.4.7 条,软弱围岩段的隧道衬砌应采用带仰拱的曲墙式衬砌,故选项 D 对。

20. **答案**(C)

根据《公路路线设计规范》(JTG D20—2017)10.5.1 条,一级公路与交通量较大的二级公路平面交叉,其右转弯应设置经渠化分隔的右转弯车道。按规范 10.4.2 条第 3 款,右转弯设计速度不宜小于主路设计速度的 50%,即 30km/h。查规范表 10.4.3,最小半径应采用 30m。

21. **答案**(B)

根据节点交通量转向情况,东、南方向交通流未被连通,为不完全互通型立交。西向北转向匝道的年平均日交通量为 1301veh/d,查《公路路线设计规范》(JTG D20—2017)表 3.3.4,设计小时交通量系数 K 取 0.125,$DDHV = 1301 \times 0.125 = 163\text{veh/h}$。

22. **答案**(C)

按题意,匝道长度大于 500m,交通量小于 400pcu/h,匝道采用Ⅱ型,此时为单车道出入口,即 $N_E = 1$。合流连接部车道数平衡要满足 $N_C = N_F + N_E - 1$ 或 $N_C = N_F + N_E$,则 $N_C = 3 + 1 - 1 = 3$ 条或 $N_C = 3 + 1 = 4$ 条。

23. **答案**(B)

根据《公路交通安全设施设计规范》(JTG D81—2017)可得:

根据图 A.0.2-1,计算净区宽度 = 7.6 × 1.0 = 7.6m。

根据6.2.3条,高压铁塔距处实际净宽距离 $=2.75+1.5\times5+5.5=15.75\text{m}>7.6\text{m}$,高压铁塔不在计算净区宽度范围内,可不考虑高压铁塔对事故等级的影响。且 $2.75\text{m}<7.6\text{m}$,路堤边坡在计算净区范围内。查图6.2.4,属于Ⅱ区,则事故严重等级为"中等" 。

24. **答案**(B)

依据《城市道路工程设计规范》(CJJ 37—2012)(2016年版)4.1.2条,小客车、大客车、大货车及铰接车的换算系数分别为1、2、2.5、3,则 $2050\times1+200\times2+60\times2.5+80\times3=2840\text{pcu/d}$,方向不均匀系数为0.5,则那么远景年高峰小时预测交通量 $2840\times0.5=1420\text{pcu/(h}\cdot\text{ln)}$。

25. **答案**(C)

根据《城市道路路线设计规范》(CJJ 193—2012)6.5节条文说明,根据车辆轴距条件,可知该车可化为铰接车范围,则:

$$b'_{\text{w}}=b'_{\text{w1}}+b'_{\text{w2}}=\frac{a_{\text{gc}}^2+a_{\text{cr}}^2}{2R}+\frac{0.05V}{\sqrt{R}}$$

$$=[(2+6.5)^2+10^2]/(2\times200)+0.05\times60/200^{1/2}=0.431+0.212=0.643\text{m}$$

则两车道加宽值为 $0.643\times2=1.286\text{m}$,向上取整为1.3m。

26. **答案**(C)

根据《城市道路路线设计规范》(CJJ 11—2011)6.6.1条文说明,90km/h对应的停车视距按下式求得:

$$S_{\text{S}}=\frac{Vt}{3.6}+\frac{\beta_{\text{s}}V^2}{254(\mu_{\text{s}}\pm i)}+S_{\text{a}}=\frac{90\times1.2}{3.6}+\frac{1.2\times90^2}{254\times0.4}+5=130.669$$

根据7.5节条文说明:

$$R_{\text{v}}=\frac{S_{\text{s}}^2}{2(\sqrt{h_{\text{e}}}+\sqrt{h_{\text{o}}})^2}=\frac{130.669^2}{2(\sqrt{1.2}+\sqrt{0.1})^2}=4283.975$$

27. **答案**(C)

根据《城市桥梁设计规范》(CJJ 11—2011)(2019版)3.0.19条,不得在桥上敷设污水管,①不对。

根据9.1.2条,当为快速路、主干路桥梁和次干路上的特大桥、大桥时,桥面铺装宜采用沥青混凝土材料,④不对。

根据A类预应力知识,主梁不容许出现裂缝,③不对。

根据表10.0.3,②正确。

28. **答案**(D)

根据《城市道路交叉口设计规程》(CJJ 152—2010)5.5.3条第4款,与高速公路相连时,减速车道起点处位置的半幅路面宽度包括主线行车道及变速车道、紧急停车带,变速车道宽度为 3.5m,紧急停车带宽度为 2.75m,此时,半幅路面宽度为 $12.25+3.5+2.75=18.5$m。

29. **答案**(A)

根据《无障碍设计规范》(GB 50763—2012)3.1.1、3.2.1 条文说明,①~④均正确。

30. **答案**(B)

根据《城市人行天桥与人行地道技术规范》(CJJ 69—95)3.1.3 条,加载长度为 38m,半桥宽 $5/2=2.5$m,$W=\left(5-2\times\frac{L-20}{80}\right)\times\left(\frac{20-B}{20}\right)=\left(5-2\times\frac{38-20}{80}\right)\times\left(\frac{20-2.5}{20}\right)=3.98$kPa。

故人行天桥线荷载为 $3.98\times5=19.9$kN/m,人行荷载作用下弯矩 $M=\frac{19.9\times38^2}{8}=3592$kN·m。

模拟试卷三(下午卷)答案

序号	31	32	33	34	35	36	37	38	39	40
答案	B	D	C	C	B	D	C	C	C	C
序号	41	42	43	44	45	46	47	48	49	50
答案	D	A	C	C	A	D	C	C	C	C
序号	51	52	53	54	55	56	57	58	59	60
答案	A	A	D	C	C	C	D	C	C	D

31. 答案(B)

根据《公路路线设计规范》(JTG D20—2017)7.5.7 条文说明,$L_C = \Delta_i \cdot B/P$。

根据 7.5.4 条文说明,硬路肩纳入 B 值中,则根据题中条件可得,$L_C = (0.02 + 0.05) \times (0.5 + 2 \times 3.75 + 3)/(1/150) = 115.5\text{m}$。分析答案,最小值取 120m。

【编者注】硬路肩是否纳入宽度计算,规范 7.5.4 与 7.5.7 的条文说明存在一定出入,具体考试时可根据题目实际条件判断。

32. 答案(D)

根据《公路路线设计规范》(JTG D20—2017)7.6.1 条,加宽值为 0.7m,考虑是单车道四级公路,则加宽值为 0.7/2 = 0.35m。根据 7.7.2 条,加宽渐变段为 0.35 × 15 = 5.25m,取最小值为 10m。

根据 7.7.3 条,插入圆曲线长度不超过 10/2 = 5m。

【编者注】表 7.6.1 为双车道路面加宽值,而城市道路为单车道路面加宽值,临界半径参照其后的条文说明算入高一级加宽栏中。

33. 答案(C)

(1)坡度角 $\omega = i_2 - i_1 = -1.8\% - 3.2\% = -0.05$,为凸形竖曲线。

(2)要求的设计高程 = 99.43 + 2 + 0.4 + 0.5 + 0.5 × 0.03 + 3.5 × 0.02 = 102.415m,外距 $E = 104.5 - 102.415 = 2.085$。

(3)竖曲线半径 $R = \dfrac{8E}{\omega^2} = \dfrac{8 \times 2.085}{0.05^2} = 6672\text{m}$。

【编者注】该部分知识在《道路勘测设计》中。

34. 答案(C)

根据《公路路线设计规范》(JTG D20—2017)8.3.4 条,700-(−7%)为下坡,故其后纵坡不纳入考虑,其前任意3km取最大高差为700×0.06×2+150×0.03×3+700×0.05+450×0.05=155m,则任意3km最大平均纵坡值为155/3000=5.17%。

【编者注】选出高差最大的组合,通常按"取范围、算总长、定中间、取头尾"来进行。

35. 答案(B)

由题图可知,该路段超高渐变率及附加纵坡为1/210=0.5%,K39+280~K39+320左侧硬路肩外边缘合成纵坡=0.5%+0.7%=1.2%。

【编者注】当所求两点因超高产生的高差坡度与纵坡方向一致时为"+",否则为"-"。

36. 答案(D)

洞口出两侧纵坡坡差为-1%-1.2%=-2.2%,洞口为凸形出曲线。根据《公路路线设计规范》(JTG D20—2017)9.6.2条,隧道洞口内外侧不小于3s设计速度行程长度范围的平、纵线形应一致,故隧道竖曲线部分最小长度为60/3.6×3=50m。

则竖曲线T为2050-2000+50=100m。又纵断面半径$R=2T/\omega=2\times100/2.2\%=9090$m,向上取整为9100m。

【编者注】对于竖曲线长度,隧道洞内内外是否要满足3s行程长度一致,各设计院提法不一。本题按竖曲线长度也许满足隧道内外3s行程长度一致来定义。

37. 答案(C)

由$R\frac{\pi}{180°}\theta+L_h=R\frac{\pi}{180°}(\theta-2\beta_0)+2L_h$,得$R\frac{\pi}{180°}(2\beta_0)=L_h$,又$L_y=R\frac{\pi}{180°}(\theta-2\beta_0)$,则当缓和曲线与圆曲线比例是1:1:1,即$2\beta:(\theta-2\beta)=1:1$,得$\beta=\theta/4$。

$L_h=R\times2\beta\times\pi/180=1200\times2\times(12°24'20'')/4\times\pi/180=97.436\text{m}$

所以缓和曲线长度取整为100m。

【编者注】若缓和曲线:圆曲线:缓和曲线=1:n:1,则缓和曲线角与转角之间关系是1:$(2n+2)$。

38. 答案(C)

(1)挡墙自重到墙趾的距离:

$\frac{1}{2}\times1\times(1+1.6)\times3\times z_w=1\times3\times0.5+\frac{1}{2}\times(1.6-1)\times3\times\left(\frac{1.6-1}{3}+1\right)$,求解得$z_w=0.66\text{m}$。

(2)水平土压力到墙趾的距离$z_y=\frac{1}{3}\times3=1\text{m}$。

(3)竖直土压力到墙趾的距离$z_x=1.6-\frac{1.6-1}{3}=1.4\text{m}$。

(4)抗倾覆稳定性系数$K_0=\frac{GZ_G+E_yZ_x+E_P'Z_P}{E_xZ_y}=\frac{90\times0.66+10\times1.4}{35\times1}=2.10$。

39. **答案**(C)

根据《公路路基设计规范》(JTG D30—2015)7.7.2 条可得:

(1)沉降系数

$m_s = 0.123\gamma^{0.7}(\theta H^{0.2} + vH) + Y = 0.123 \times 19^{0.7} \times (0.90 \times 6^{0.2} + 0.025 \times 6) - 0.1 = 1.289$

(2)60% 固结度时地基的沉降量

$S_t = (m_S - 1 + U_t)S_c = (1.289 - 1 + 0.6) \times 50 = 44.5\text{cm}$

40. **答案**(C)

根据《公路排水设计规范》(JTG/T D33—2012),可得:

(1)路基范围内水力降落曲线

$$f = \frac{B_0}{2}I_0 = \frac{7.5}{2} \times 0.12 = 0.45\text{m}$$

(2)自路基中线顶高计算的边沟

$$h_1 = 0.5 \times 4\% + \left(\frac{7.5}{2} - 0.5\right) \times 2\% + 0.6 = 0.685\text{m}$$

(3)渗沟埋置深度

$h_2 = Z + p + \varepsilon + f + h_3 - h_1 = 0 + 0.5 + 1.0 + 0.45 + 0.4 - 0.685 = 1.665\text{m}$

41. **答案**(D)

根据《公路沥青路面设计规范》(JTG D50—2017)。

查表 B.2.1-2,$c_1 = 14.0$,$c_2 = -0.007$,$k_c = c_1 e^{c_2(h_a + h_b)} + c_e = 14.0 \times e^{-0.0076 \times (120 + 400)} - 1.47 = -1.201$。

查表 B.2.1-1,$a = 13.24$,$b = 12.52$;查表 B.1.1,采用内插法得 $k_a = 0.88$;查表 3.0.1,$\beta = 1.04$。则:

$$N_{f2} = k_a k_{T2}^{-1} 10^{a - b\frac{\sigma_t}{R_s} + k_c - 0.57\beta}$$

$$= 0.88 \times 1.23^{-1} \times 10^{13.24 - 12.52 \times \frac{0.182}{1.7} - 1.201 - 0.57 \times 1.04} = 9.13 \times 10^9 \text{ 轴次}$$

42. **答案**(A)

根据《公路沥青路面设计规范》(JTG D50—2017)B.7.1 条可得:

$E_0 = K_S \cdot M_R = 1.06 \times 100 = 106\text{MPa}$

$$p = \frac{P}{A} = \frac{50 \times 10^3}{3.14 \times 150^2} = 0.708\text{MPa}$$

$$l_g = \frac{176pr}{E_0} = \frac{176 \times 0.708 \times 150}{106} = 176.3(0.01\text{mm})$$

43. **答案**(C)

根据《公路水泥混凝土路面设计规范》(JTG D40—2011)A.2.4. 条可得:

$$N_e=\frac{N_s\times[(1+g_r)^t-1]\times365}{g_r}\times\eta=\frac{1500\times[(1+0.053)^{30}-1]\times365}{0.053}\times0.22$$

$=8.43\times10^6$ 次,为重交通荷载。

44. **答案**(C)

根据《公路桥涵设计通用规范》(JTG D60—2015)4.3.3 条第 1 款,汽车荷载离心力标准值为车辆荷载标准值乘以离心力系数 $C=\frac{v^2}{127R}$。

根据 4.3.3 第 2 款和表 4.3.1-5,单车道匝道、横向车道系数 1.2。

汽车荷载离心力标准值 $=1.2\times550\times\frac{40^2}{127\times65}=127.9$kN。

【编者注】离心力是按照车辆荷载来计算,离心力是水平力,一般和制动力(水平力)叠加,不与车道荷载(竖向力)同时组合。注意制动力和离心力同时组合时,制动力要按 70% 考虑。

45. **答案**(A)

预应力混凝土连续梁桥,根据《公路钢筋混凝土及预应力混凝土桥涵设计规范》(JTG 3362—2018)式(7.1.5-1),持久状况设计时,使用阶段正截面的混凝土法向压应力限值 $f_a=0.5f_{ck}=0.5\times32.4=16.2$MPa。根据 7.2.8 条,短暂状况设计 $f'_a=0.7f'_{ck}=0.7\times29.6=20.72$ MPa。根据式(7.2.4-2)符号解释,f'_{ck}为施工阶段相应于混凝土立方体抗压强度f'_{cu}的混凝土轴心抗压强度标准值,按表 3.1.3 以直线内插取用。故 C50 混凝土在混凝土强度达到 90% 拆模受力,则相当于 C45 混凝土,查表得 $f'_{ck}=29.6$MPa。或根据公式得 $32.4\times0.9=29.16$MPa。

46. **答案**(D)

对于预应力混凝土连续梁桥,根据《公路钢筋混凝土及预应力混凝土桥涵设计规范》(JTG 3362—2018)表 6.2.8,后张预应力第一批损失为 σ_1、σ_2、σ_4,故扣除第一批损失后有效应力为 $1860\times0.7-200-20-40=1042$MPa。

47. **答案**(C)

根据《公路隧道设计规范 第一册 土建工程》(JTG 3307.1—2018)14.8.2 及 14.8.3 条,$\sigma_{\theta max}/R_b=18.6/25=0.744$,属于强烈岩爆,故处理措施选 C。

48. **答案**(C)

根据《公路隧道设计规范 第一册 土建工程》(JTG 3370.1—2018)附录 A。

(1)完整性指数:$K_v=\left(\frac{v_{pm}}{v_{pr}}\right)^2=\left(\frac{2400}{3500}\right)^2=0.47$,$R_c=30$MPa。

(2)基本质量指标 BQ 计算:

$90K_v+30=90\times0.47+30=72.3>R_c=30$,取 $R_c=30$MPa 计算;

$0.04R_c+0.4=0.04\times30+0.4=1.6>K_v=0.47$,取 $K_v=0.47$ 计算;

$BQ = 90 + 3R_c + 250K_v = 90 + 3 \times 30 + 250 \times 0.47 = 307.5$。

(3)查规范表3.6.4,围岩分级为Ⅳ级。

49. **答案**(C)

按《城市道路交叉口设计规程》(CJJ 152—2010)4.2.16、4.4.6条,交通量大的主干路展宽段取60m,出口道还设置有公交停靠站,停靠站应设置在展宽段向前不小于20m,站台不小于35m,渐变段按20m考虑,则出口道最小长度为:60 + 20 + 35 + 20 = 135m。

50. **答案**(C)

根据题意,隧道出口桩号为K10 + 700,现场地形条件受限,隧道与前方主线出口之间的间距查《公路立体交叉设计细则》(JTG/T D21—2014)表5.4.5-1,主线双向六车道,净距不小于600m。则主线出口匝道渐变段起点桩号为K11 + 300。

51. **答案**(A)

四岔立交,左转交通量为1600pcu/h,大于1500pcu/h,所以左转弯匝道均宜采用内转弯半直连式匝道,只有选项A符合条件。

52. **答案**(A)

根据《公路工程建设项目概算预算编制办法》(JTG 3830—2018)3.1.2条:

单位运杂费 = (1.2 × 80 + 224) × 1.17 = 140.4元/t。

石油沥青的采购及保管率为2.06%。则:

材料预算价格 = (材料原价 + 运杂费) × (1 + 场外运输损耗率) × (1 + 采购及保管费率) − 包装品回收价值 = (5000 + 140.4) × (1 + 0.03) × (1 + 0.0206) − 200 = 5203.68元/t。

53. **答案**(D)

根据《城市道路路线设计规范》(CJJ 193—2012)8.5节条文说明,道路空间尺度 = 道路空间宽度 D/建筑物高度 $H = 50/25 = 2$。

54. **答案**(C)

根据《城市道路路线设计规范》(CJJ 193—2012)6.3.2条,结合表6.4.1可知,250m对应超高值为6%。再根据表6.4.3,可知超高渐变率取1/150,则 $L_e = 12.25 \times (6\% + 1.5\%)/(1/150) = 137.813$m。

【编者注】本题主要用到“80km/h极限最小半径为250m、最大超高为6%”这一隐形对应关系。

55. **答案**(C)

根据《城市道路路线设计规范》(CJJ 193—2012)7.3.3条,非机动车道纵坡2.5%对应的最大坡长为300m。已知非机动车道与机动车道共面,故其纵坡受非机动车道纵坡坡长限制。

【**编者注**】城市道路纵断面应注意非机动车道的隐性限制。

56. 答案(C)

根据《城市桥梁设计规范》(CJJ 11—2011)(2019 版)10.5.7 条,柱底水平向外荷载剪力为 $2.5\times2.5=6.25$kN。

57. 答案(D)

根据题意 $N_S=1750$pcu/h,直行有附加车道,则立交通行能力 $N=1750\times8+1750\times8=28000$pcu/h。

58. 答案(C)

根据《公路交通安全设施设计规范》(JTG D81—2017)10.1.1 条及条文说明:

$\beta=\cos^{-1}\{(700-3.5)/700\times\cos[\tan^{-1}(0.2/L)]\}=8$

解得 $L=2.04$m。

59. 答案(C)

根据《公路工程建设项目概预算编制办法》(JTG 3830—2018)3.1.6 条第 2 款 3),雨季施工增加费采用全年摊销法。根据 3.1.4 及条文说明,路面工程包含隧道路面。则雨季施工增加费 $=(12000+7000)\times0.95\times0.634\%=114.44$ 万元。

60. 答案(D)

根据《公路钢结构桥梁设计规范》(JTG D64—2015)5.2.2 条,疲劳—Ⅰ模型集中荷载为 $0.7P_k$,均布荷载为 $0.3q_k$。

故 $0.7\times2\times(130+49.2)=250.9$kN,$0.3q_k=0.3\times10.5=3.2$kN/m。

模拟试卷四

(上午卷)

题1:某公路 2019 年交通量观测数据如下表,问该公路交通量折算为小客车,合计为(　　)。

车型		车辆交通量(辆/日)
客车	座位≤19 座	800
	座位 > 19 座	400
货车	载重量≤2t	650
	2t < 载重量≤7t	700
	7t < 载重量≤20t	400
	载重量 > 20t	520

A. 5400pcu/d　　B. 5980pcu/d　　C. 6180pcu/d　　D. 6505pcu/d

主要解答过程:

题2:河北省某地区城间二级公路,设计速度为 80km/h,其预测末年设计通行能力为 1800pcu/h,方向分布为 60/40,则该公路预测末年设计交通量为(　　)。

A. 6968pcu/d　　B. 10917veh/d　　C. 6968pcu/d　　D. 10917pcu/d

主要解答过程:

题3:已知一级集散公路,设计速度为 60km/h,采用三级服务水平,其交通组成修正系数为 0.7,路侧干扰等级为 2 级,驾驶人总体特征修正系数为 0.98,则该公路的设计通行能力为(　　)veh/(h · ln)。

A. 958　　B. 868　　C. 716　　D. 749

主要解答过程:

题 4:某段路线起点桩号为 K1 +200,终点桩号为 K3 +800,中间有两处断链,一处长链 22.43m,一处短链 32.58m,则该路线总长为(　　)m。

A. 2655.01　　B. 2610.15　　C. 2589.85　　D. 2544.99

主要解答过程:

题 5:某单车道四级公路,设计速度为 30km/h,则正常路段建筑限界内路基宽度应采用(　　)m。

A. 4.0　　B. 6.5　　C. 4.5　　D. 4.25

主要解答过程:

题 6:某高速公路整体式路基标准路段,设计速度为 120km/h,中间带宽度为 4.5m,中央分隔带宽度为 3m,则其建筑界限左顶角宽度 E_1 为(　　)m。

A. 1.5　　B. 1.25　　C. 1　　D. 0.75

主要解答过程:

题 7:已知桩号 K1 +050 的填方断面面积为 $70m^2$,K1 +080 的填方断面面积为 $60m^2$,设置断链 K1 +070 = K1 +075,则两桩号之间的填方体积为(　　)。

A. $1300m^3$　　B. $1950m^3$　　C. $1625m^3$　　D. $325m^3$

主要解答过程:

题 8:某一级公路,设计速度为 80km/h,某特殊路段,因控制因素限制,两同向圆曲线采用直线相连,则其间最小直线长度以不小于(　　)m 为宜。

A. 20　　B. 198　　C. 360　　D. 480

主要解答过程:

题 9:某地区新建一级公路,路基平均填高为 8m,地下水浸润面位于地面以上 0.8m,路基填料为黏土质砂,细粒土含量高,塑性指数大,湿度指标 *TMI* 值为 -15。在初步设计阶段,经试验测得路基填料在标准状态下的回弹模量为 75MPa,按《公路路基设计规范》(JTG D30—2015),该公路平衡湿度状态下路基回弹模量设计值最接近以下哪个选项(　　)。(干湿循环或冻融循环条件下路基土模量折减系数取大值)

A. 50MPa　　B. 56MPa　　C. 64MPa　　C. 72MPa

主要解答过程:

题 10:某公路 K1 +400 ~ K1 +520 段为软土地基,拟采用土工泡沫塑料(EPS 块)进行路堤填筑。路面结构层及钢板总厚 65cm,土压合力的水平分量及水平地震力合力为 166.7kN,总的竖直方向力为 600kN。按照《公路路基设计规范》(JTG D30—2015),若不计底板与基础间的黏聚力,则底板与基础间的摩擦系数应不小于(　　)。

A. 0.20　　B. 0.28　　C. 0.36　　D. 0.42

主要解答过程:

题 11:某二级公路 K20 +300 ~ K20 +430 段左侧为收缩坡脚,拟设置仰斜式路肩墙,墙背填土为 7.2m,墙背倾角为 10°,基底倾角 α_0 为 11.3°,基底与地基间的摩擦系数为 0.35,墙身尺寸如下图所示,挡墙自重为 310kN/m,墙背填料重度为 20kN/m^3,填料与墙背间的内摩擦角 $\delta = 20°$,墙背主动土压力为 125kN/m,被动土压力水平分量为 80kN/m,不计车辆荷载,按《公路路基设计规范》(JTG D30—2015),挡土墙抗滑移稳定性系数最接近下列哪个选项(　　)。

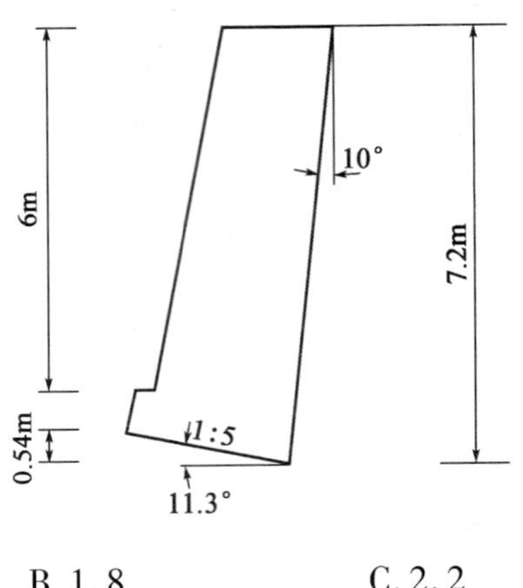

A. 1.6　　B. 1.8　　C. 2.2　　D. 2.6

主要解答过程:

题 12:华南地区对某双向四车道一级公路进行改建,采用沥青混凝土路面,基层为水泥稳定碎石。采用称重设备连续采集车辆数据,设计车道上车辆类型主要为 4 类车,该类车各种轴型轴重分布系数和该类车辆各种轴型在不同轴重区间的当量设计轴载换算系数如下表所示。试计算在分析无机结合料稳定层层底拉应力时,该公路 4 类车辆的当量设计轴载换算系数最接近以下哪个选项(　　)。

轴重分布系数

轴　型	单轴单胎		双联轴	
单轴重(kN)	47.5	50	135	144
比例	0.60	0.40	0.55	0.45

4 类车辆各种轴型在不同轴重区间的当量设计轴载换算系数

轴　型	单轴单胎		双联轴	
单轴重(kN)	47.5	50	135	144
换算系数	2.82×10^{-4}	5.49×10^{-4}	128.62	297.64

A. 148　　B. 175　　C. 192　　D. 205

主要解答过程:

题 13:华中地区某一级公路采用沥青混凝土路面,面层厚度为 150mm,基层采用级配碎石,厚度为 300mm,该地区月平均气温大于 0℃的月份气温平均值为 17.3℃,设计车道当量设计轴载累计作用次数为 1.38×10^7 次,荷载等级为重交通荷载等级。满足该路面结构沥青混合料层容许永久变形量的贯入强度不应小于下列哪个选项(　　)。

A. 0.57MPa　　B. 0.66MPa　　C. 0.75MPa　　D. 0.83MPa

主要解答过程:

题 14: 自然区划Ⅱ区新建一条二级公路,双向两车道,拟采用普通水泥混凝土面层,弯拉强度要求为4.5MPa,泊松比为0.15,厚0.25m;基层选用级配碎石。板底地基当量回弹模量为125MPa,设计荷载为100kN。根据《公路水泥混凝土路面设计规范》(JTG D40—2011),设计轴载在四边自由板临界荷位产生的荷载应力与以下哪一项接近(　　)。

A. 1.45MPa　　B. 1.55MPa　　C. 1.65MPa　　D. 1.75MPa

主要解答过程:

题 15: 湖南某地区高速公路上有一座计算跨径为40m 的预应力混凝土箱形简支梁桥,设计行车速度为100km/h,双向六车道,汽车荷载采用公路—Ⅰ级,采用上、下双幅分离式横断面形式。混凝土强度等级为 C50。横断面布置如下图所示。桥面铺装为8cm 混凝土调平层 + 10cm 沥青铺装,铺装总厚度为18cm。试问,在计算本桥温度梯度作用时,距铺装桥面往下30cm 处,竖向温度反温差为(　　)℃。

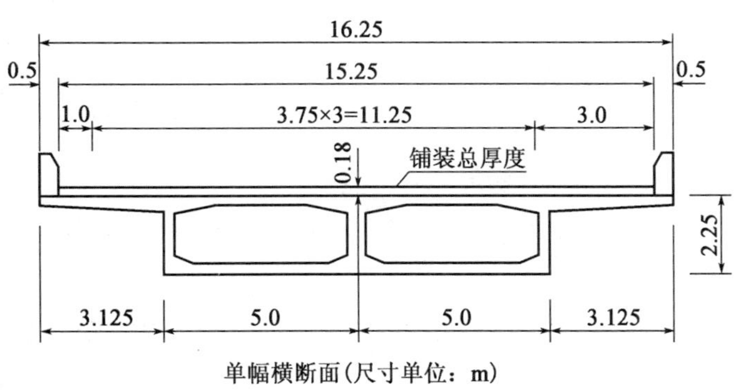

单幅横断面(尺寸单位:m)

A. −5.5　　B. −3.5　　C. −2.6　　D. −1.7

主要解答过程:

题 16:在平原一顺直微弯河段,设计一座公路桥梁,桥墩均采用直径 1.6m 的圆柱桥墩,桥台采用 U 形桥台,台背前缘线至前墙前缘(台身前缘)0.5m,桥墩桥位处河槽宽 84m,设计流量 $1000m^3/s$,其中河滩流量 $280m^3/s$,则本桥桥孔布跨最为合理的是(　　)。

提示:不考虑其他因素,仅按照洪水控制设计桥梁布跨。

A. 一联 3×30m　　B. 一联 3×32m　　C. 一联 4×25m　　D. 一联 3×35m

主要解答过程:

题 17:某有腐蚀环境山区采用半路半桥结构,桥梁为锚固在山里的悬臂梁结构,主梁采用 C40 混凝土,悬臂梁顶部受拉主筋为直径 28mm 的 HRB400 钢筋,为防止腐蚀,主筋采用环氧涂层。同时,由于附近有采石场,施工时容易受到振动,试问,当采用直锚时,主筋锚固长度最小为(　　)mm。

A. 840　　B. 1050　　C. 1100　　D. 1320

主要解答过程:

题 18:某双向六车道高速公路拟建隧道,隧道总长 1600m,采用分离隧道,隧道起点桩号为 K16+500,入口处隧道如下图所示,其中明洞段长度 6m,洞口段长度 9m。根据《公路隧道设计规范　第一册　土建工程》(JTG 3370.1—2018),本隧道入口加强衬砌的终止桩号至少应为(　　)。

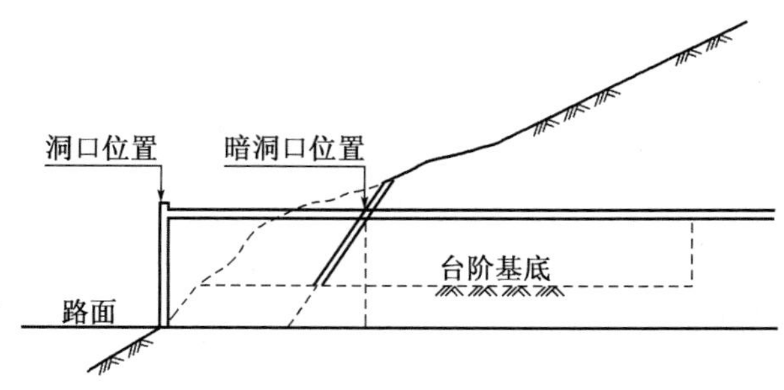

A. K16+506　　B. K16+515　　C. K16+518　　D. K16+521

主要解答过程:

题 19:某一条二级公路一座隧道 A 为短隧道,围岩 $BQ=420$,隧道均采用钻爆法开挖施工。隧道开挖宽度 10m,衬砌总结构高度 7m,围岩重度 $24kN/m^3$,计算摩擦角 45°,隧道顶至原始地面为 6m。试问根据《公路隧道设计规范　第一册　土建工程》(JTG 3370.1—2018),考虑围岩级别修正计算,隧道属于浅埋隧道还是深埋隧道(　　)。

A. 隧道为超浅埋隧道　　B. 隧道为浅埋隧道但非超浅埋隧道

C. 隧道为深埋隧道　　D. 无法确定

主要解答过程:

题 20:某一级公路与二级公路平面交叉,一级公路设计速度为 60km/h,左转交通量较大,其在一级公路上进口道渠化方案如下图,则设置的左转弯车道长度最小宜采用(　　)。

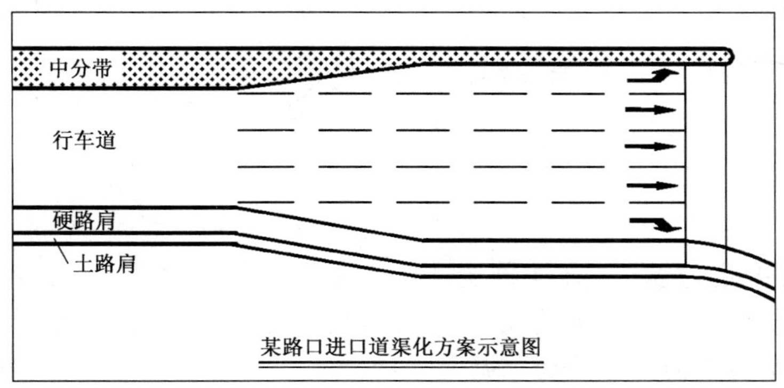

某路口进口道渠化方案示意图

A. 70m　　B. 90m　　C. 100m　　D. 110m

主要解答过程:

题 21:某公路立交,主线设计速度为 80km/h,基本路段为双向六车道,右侧硬路肩宽度 2.5m,某方向右侧出口匝道设计速度 60km/h,为紧急停车带的双车道匝道。根据《公路立体交叉设计细则》(JTG/T D21—2014),则分流鼻处匝道的左侧硬路肩最小宽度应为(　　)。

A. 0.75m　　B. 1.0m　　C. 1.35m　　D. 1.6m

主要解答过程:

题 22:某公路互通式立体交叉,主线设计速度 100km/h,受地形条件限制,某入口匝道 A 的平纵面指标不高,位于主线纵坡 2% 的上坡路段,匝道设计速度 35km/h。根据《公路路线设计规范》(JTG D20—2017),则该入口匝道变速车道至少应设置多长(　　)。

A. 280m　　B. 310m　　C. 320m　　D. 356m

主要解答过程:

题 23:某高速公路设计速度为 100km/h,长下坡段纵坡为 4%。为保证行车安全,拟在该路段设置一避险车道,避险车道制动床采用豆砾石(滚动阻力系数 0.25),试问若采用单一纵坡(10%)的制动车床,其制动车床长度至少为(　　)。

A. 115m　　B. 135m　　C. 255m　　D. 285m

主要解答过程:

题 24:某城市快速路,设计速度为 100km/h,预测年度的双向年平均日交通量为 62000pcu/d,设计小时交通量系数为 0.09,如该快速路的一个车道设计通行能力为 2000pcu/(h·ln),试问该快速路需要的车道数为(　　)。

A. 2　　B. 3　　C. 4　　D. 6

主要解答过程:

题 25:已知某城市主干路,设计速度为 60km/h,双向四车道,为混行车道。某路段隧道路段采用分离式隧道,单幅隧道内设置检修道,考虑运营安全,间隔设置港湾式应急停车道。则分离式隧道设置应急停车道路段最小车行道路面宽度为(　　)m。

A. 8　　B. 10.5　　C. 11　　D. 11.5

主要解答过程:

题 26:某城市位于海拔 3500m 的高原地区,某次干路,设计速度为 50km/h,则其最大纵坡一般值通常可采用(　　)。

A. 4.5%　　B. 5%　　C. 5.5%　　D. 6%

主要解答过程:

题 27:某城市一座主干路上的跨河桥跨越一通航河流,河流通航净宽×净高=60m×8m,桥墩长×宽=8m×2m,如下图所示(尺寸单位:cm)。试问为保证通航安全,设计桥梁最小主跨跨径与下列哪个值最为接近(　　)。

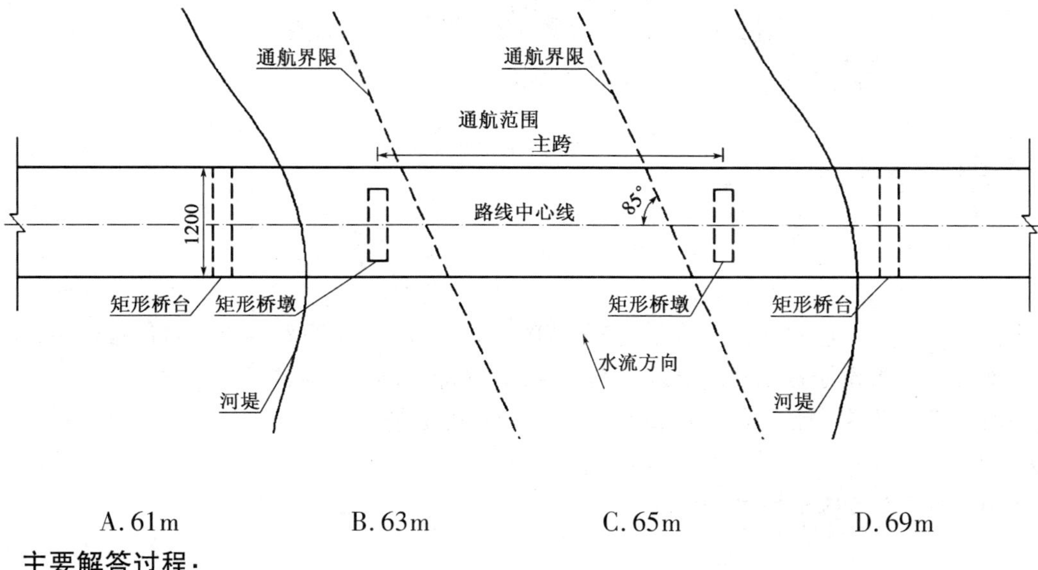

A. 61m　　B. 63m　　C. 65m　　D. 69m

主要解答过程:

题 28:某一城市道路 A1 类立交主线出口匝道,主线设计速度 80km/h,匝道设计速度 40km/h,采用单车道口形式,匝道路面宽 7m(含紧急停车带),左侧路缘带宽 0.5m,出口分流鼻处行车道边缘设置偏置加宽,则匝道偏置过渡段至少应设置多长(　　)。

A. 1m　　B. 4.2m　　C. 6m　　D. 10m

主要解答过程:

题 29:下图为某城市支路人行道设计图(尺寸单位:cm)。图中,有(　)项不符合《无障碍设计规范》(GB 50763—2012)的相关规定。

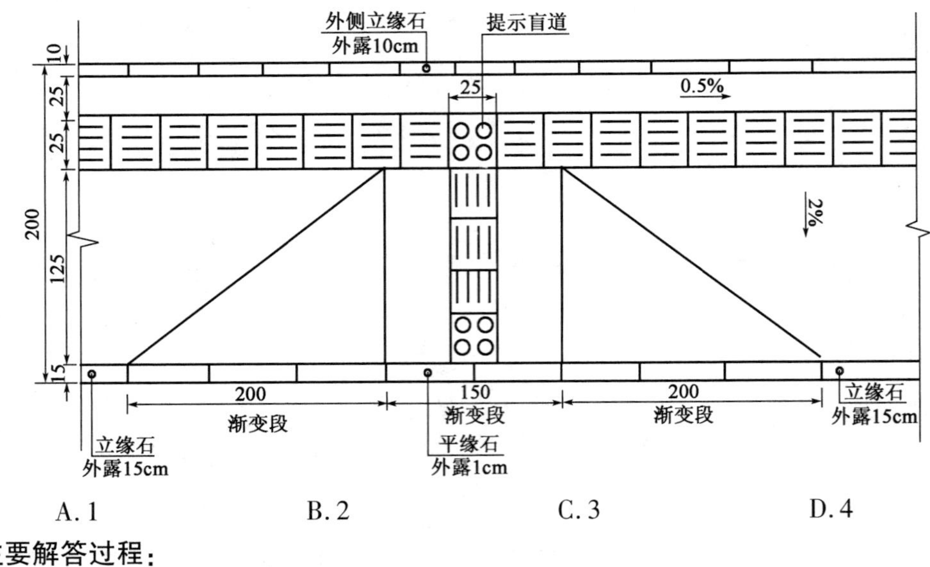

A. 1　　　　B. 2　　　　C. 3　　　　D. 4

主要解答过程：

题 30：某城市一座过街人行天桥，其两端的两侧(即四角)、顺人行道方向各修建一条梯道(如下图所示)，天桥净宽 5.0m、全宽 5.6m。梯道顶高程为 26.3m，梯道底高程为 20.0m，由于梯道场地限制，应尽可能减少梯道水平长度。试问，梯道最小水平长度 L(m) 应与下列哪个数值最为接近(　　)。

提示：梯道不考虑手推自行车道。

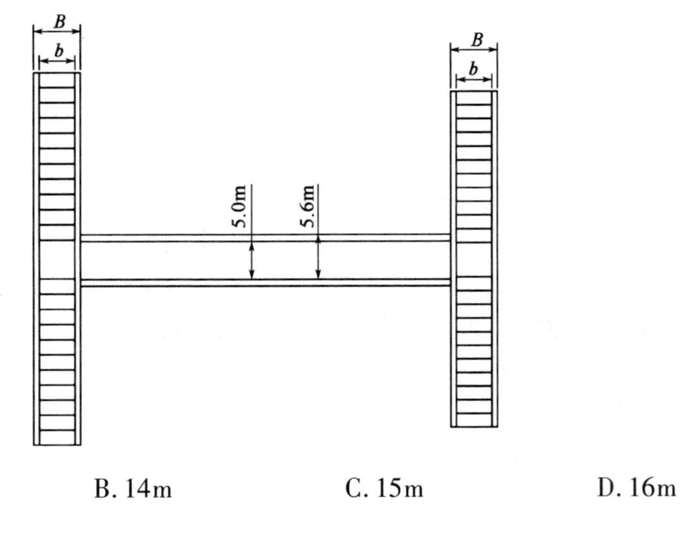

A. 13m　　　　B. 14m　　　　C. 15m　　　　D. 16m

主要解答过程：

模拟试卷四

(下午卷)

题 31:某一级公路,设计速度为 100km/h,某圆曲线半径 $R = 700\text{m}$ 时,缓和曲线视觉上比较协调、安全时其最小长度应不少于(　　)m。

A. 78m　　B. 85m　　C. 100m　　D. 233m

主要解答过程:

题 32:某干线二级公路,设计速度为 80km/h,间隔设置满足超车视距要求的路段,间距宜小于(　　)km。

A. 1　　B. 2　　C. 3　　D. 4

主要解答过程:

题 33:某四级公路,设计速度为 30km/h,路面宽度为 6.5m,路肩宽度为 0.5m,停车视距为 30m,JD_{27} 转角为 35°42′,曲线半径 $R = 60\text{m}$,未设置缓和曲线,圆曲线长 L 为 37.39m,根据下表,求其最大横净距是(　　)m。

不设回旋线	$L > S$　　$h = R_S\left(1 - \cos\frac{\gamma}{2}\right)$	$\gamma = \frac{180S}{\pi R_S}$
	$L < S$　　$h = R_S\left(1 - \cos\frac{\alpha}{2}\right) + \frac{1}{2}(S - L_S)\sin\frac{\alpha}{2}$	$L_S = \frac{\pi}{180}\alpha R_S$

注:h-最大横净距(m);S-视距(m);L-平曲线长度(m);R_S-车辆行驶轨迹的半径(m);α-公路转角(°);γ-视距线所对的圆心角(°)。

A. 5.4　　B. 6.4　　C. 4.2　　D. 1.3

主要解答过程:

题 34:某二级公路,设计速度为 60km/h,相邻两连续上坡路段,第一段纵坡坡度为 6%,实际设计长度为 400m,第二段纵坡坡度为 5%,其实际设计长度不应超过(　　)。

A. 200m　　B. 260m　　C. 270m　　D. 400m

主要解答过程:

题 35:某高速公路,设计速度采用 100km/h,平曲线半径采用 3500m,比较合适的回旋线参数 A 取值是(　　)。

A. 400　　B. 1000　　C. 1150　　D. 3500

主要解答过程:

题 36:某一级公路,双向四车道,设计速度为 80km/h,按正常条件设计。已知其中间带宽度为 3.5m,现道路中心线位置不变,将其中央分隔带拓宽为 4m,则其渐变段最小长度为(　　)m。

A. 25　　B. 50　　C. 75　　D. 125

主要解答过程:

题 37:某路线平面部分设计资料如下:JD_1 = K7 + 290,JD_2 = K8 + 560,已知 JD_1 切曲差 J 为 2.41,JD_2 切曲差 J 为 1.58m,则两交点间距为(　　)m。

A. 1271.58　　B. 1273.99　　C. 1272.41　　D. 1270

主要解答过程:

题 38:某二级公路,拟采用土工格栅加筋土的支挡结构,高 12m,土工格栅拉筋的上下层间距为 1.0m,拉筋与填料间的黏聚力为 5kPa,拉筋与填料之间的内摩擦角为 15°,填料的内摩擦角为 18°,重度为 21kN/m³。根据《公路路基设计规范》(JTG D30—2015),深度 5m 处的拉筋的水平回折包裹长度不小于下列哪个选项(　　)。

A. 0.9m　　B. 1.5m　　C. 2.0m　　D. 2.5m

主要解答过程:

题 39:某一级公路经过地势较低的路段,土质为砂土,砂土的渗透系数为 1.3×10^{-4}m/s。原地面高程 88.25m,地下水的高程为 87.95m,在路基两侧拟采用开挖渗沟降低地下水位,渗沟底位于不透水层顶,不透水层顶高程为 86.55m,且不透水层横向坡度较小,渗沟开挖后的地下水高程为 87.45m。根据《公路排水设计规范》(JTG/T D33—2012),计算单位长度渗沟双侧地下水渗流量最接近以下哪个选项(　　)。

A. 4.3×10^{-6} m^3/(s · m)　　B. 5.8×10^{-6} m^3/(s · m)

C. 6.8×10^{-6} m^3/(s · m)　　D. 8.7×10^{-6} m^3/(s · m)

主要解答过程:

题 40:某公路路堤位于软土地区,拟采用水泥土搅拌桩来进行处理,桩径 $d=0.4$m,桩长 $l=12$m,正三角形布桩,桩距 1.2m,地基土不排水抗剪强度为 $\tau_s=25$kPa,按设计配合比由室内制备的加固土试件测得的 90d 龄期无侧限抗压强度 $q_u=2.0$MPa,按《公路路基设计规范》(JTG D30—2015),复合地基滑动面上的抗剪强度最接近下列哪个选项(　　)。

A. 83kPa　　B. 100kPa　　C. 112kPa　　D. 128kPa

主要解答过程:

题 41:公路自然区划Ⅲ1 区新建一条二级公路,路面为沥青路面,基层为 34cm 的水泥稳定碎石,结构层模量为 12000MPa,底基层为 18cm 的低剂量水泥稳定碎石,结构层模量为 11000MPa。为方便路面结构验算及相应的分析,需将两层或两层以上不同基层材料换算成当量基层。问该基层换算成当量基层的厚度和模量最接近下列哪个选项(　　)。

A. 520mm,11200MPa　　B. 340mm,11500MPa

C. 530mm,11200MPa　　D. 520mm,11500MPa

主要解答过程:

题 42:公路自然区划Ⅲ1 区新建一条二级公路,路面为沥青路面,表面层为 4cm 厚的 AC-16沥青混凝土,下面层为 5cm 厚的 AC-25 沥青混凝土。基层为 34cm 的水的泥稳定碎石,底基层为 18cm 的水泥稳定碎石,交工验收时,采用落锤式弯沉仪进行路表检测,弯沉测定时面层中点实测温度为 13℃,路基顶面回弹模量为 70MPa,湿度调整系数为 0.9。试计算路表弯沉温度影响系数最接近下列哪个选项(　　)。

A. 0.92　　B. 1.00　　C. 1.05　　D. 1.13

主要解答过程:

题 43:某地区新建高速公路,双向四车道,路面拟采用普通水泥混凝土面层,厚 0.25m,弯拉强度要求 5.0MPa,泊松比 0.15;基层选用密级配沥青碎石,厚度 18cm,回弹模量为 4000MPa,底基层选用级配碎石,厚 0.22m,回弹模量 300MPa。路基填料为低液限黏土,路床顶面回弹模量为 70MPa,路床顶距地下水位的距离为 2m,路基回弹模量湿度调整系数取低值。根据《公路水泥混凝土路面设计规范》(JTG D40—2011),试求板底地基当量回弹模量与以下哪一项接近(　　)。

A. 1105MPa　　B. 118MPa　　C. 133MPa　　D. 144MPa

主要解答过程:

题 44:某跨越一条 100m 宽河面的三级公路桥梁,主桥为 100m 的中下承系杆拱桥,在汛期时,有一货船因失去动力顺流撞击本桥桥墩,货船共计重量为 38t,水流速度为 30km/h。试问,为保证桥墩不垮塌,该桥梁结构桥墩所能承受的撞击力不应小于(　　)kN。

A. 33　　B. 120　　C. 317　　D. 1140

主要解答过程:

题 45:某高速公路采用预制拼装空心板,单片空心板自重重量为 180kN,预埋 4 个吊环,吊环钢筋采用 HPB300。为保证桥梁 T 梁吊装安全,吊环钢筋直径应不小于(　　)。

A. 20mm　　B. 22mm　　C. 25mm　　D. 28mm

主要解答过程:

题 46:对某桥预应力混凝土主梁进行持久状况下正常使用极限状态验算时,需分别进行下列验算:①抗裂验算,②混凝土法向压应力验算,③混凝土主拉应力验算,④支座验算。试问,在这四种验算中,下列关于汽车荷载冲击力是否需要计入验算的不同选择,其中哪项是全部正确的(　　)。

提示:只需定性判断。

A. ①②不计入、③④计入　　B. ①④不计入、②③计入

C. ①不计入、②③④计入　　D. ①③不计入、②④计入

主要解答过程:

题 47:某三车道公路隧道浅埋隧道,场地土如下图所示,场地土层厚度单位为 mm。已知该场地土的等效剪切波速为 196m/s,根据《公路隧道抗震设计规范》(JTG 2232—2019)确定该隧道场地类别为(　　)。

A. Ⅰ类场地　　B. Ⅱ类场地

C. Ⅲ类场地　　D. Ⅳ类场地

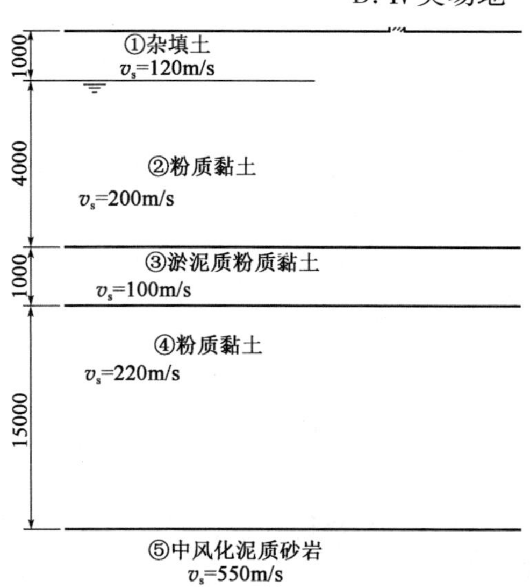

主要解答过程：

题 48：某高速公路位于 0.2g 动峰加速度区，设计速度为 100km/h，有一单向双车道长隧道采用钻爆法施工，隧道为分离单洞隧道，在隧道抗震设防段，隧道最小横向开挖宽度与下列哪项最为接近(　　)。

A. 10.75m　　B. 10.9m　　C. 11.25m　　D. 11.50m

主要解答过程：

题 49：某新建城市主干路，设计速度为 50km/h，采用四幅路横断面布置形式，路段行车道为双向六车道，交叉口进口道相应展宽设置左、右转专用车道(保持进口道直行车道数与路段一致)，则一般情况下进口道行车道路面最小宽度宜采用(　　)。

A. 16.75m　　B. 17.25m　　C. 17.5m　　D. 18.0m

主要解答过程：

题 50：某公路上需增设一座三岔互通式立交，已知主线左转入口匝道设计小时交通量为 1100pcu/h，主线左转出口匝道设计小时交通量为 1300pcu/h，则该互通式立交初步拟定的合适选型为以下哪种类型(　　)。

A. A 型喇叭形互通式立交　　B. B 型喇叭形互通式立交

C. 外交叉 T 形互通式立交　　D. 梨形互通式立交

主要解答过程：

题 51：某高速公路一般互通式立交，主线设计速度为 80km/h，某出口匝道设计速度为 40km/h，匝道上设有连续出口。根据《公路路线设计规范》(JTG D20—2017)，则匝道上相邻连续出口之间的距离最小值为(　　)m。

A. 150　　B. 170　　C. 190　　D. 210

主要解答过程:

题 52:某高速公路桥梁混凝土防撞护栏,已知车重 2.25t,碰撞速度 100km/h,车辆重心距前保险杠 2.9m,车辆宽度 1.86m。假设该车辆以碰撞角度 15°撞击护栏,则车辆作用在护栏上的最大横向力为(　　)kN。

A. 120　　B. 125　　C. 130　　D. 140

主要解答过程:

题 53:某路段中线设计纵坡为 0.2%,车行道宽度为 14.0m,路拱横坡为 2%,雨水口处缘石高 $h_c = 0.174$m,分水点处缘高 $h_w = 0.144$m,偏沟底的纵坡 $j_c = j_c' = 0.4\%$,分水点至雨水口的距离是(　　)m。

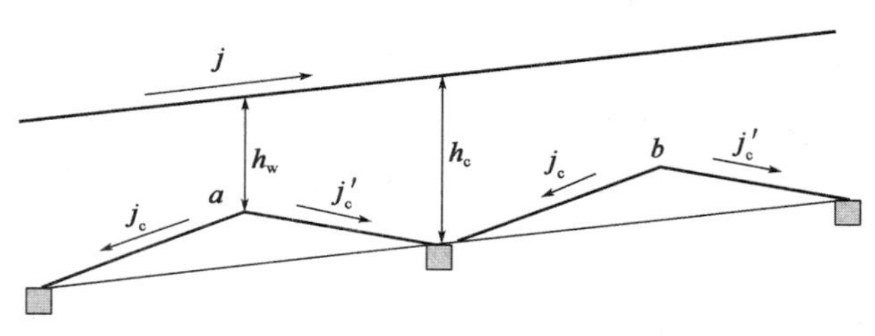

A. 5,15　　B. 15,20　　C. 5.455,12　　D. 5,25

主要解答过程:

题 54:已知某城市次干路,设计速度为 50km/h,某隧道洞门内外路面宽度不一致,则隧道洞门外应设置(　　)m 同隧道等宽的过渡段。

A. 40　　B. 45　　C. 50　　D. 60

主要解答过程:

题 55:拟建城市主干路,设计速度为 60km/h,该路段某处基本型平曲线的设计参数如下图所示,图中尺寸单位为 m,机动车道路面宽度为 8m,中间分隔带宽度为 4m。超高过渡方式为绕中间分隔带边缘旋转,采用全缓和段超高。该处平曲线设计中设计指标不合理的是(　　)。

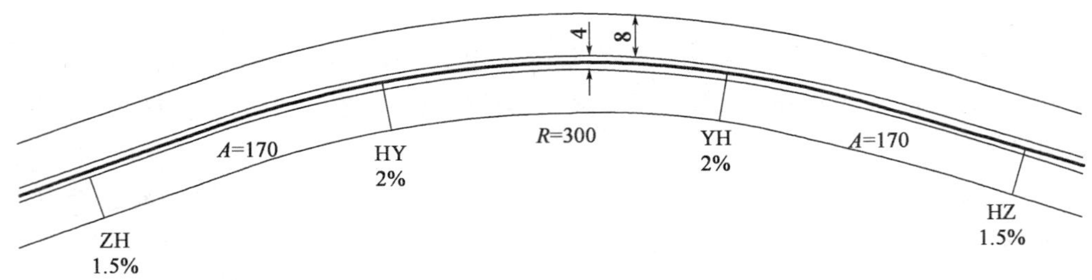

A. 缓和曲线长度　　B. 缓和曲线参数　　C. 圆曲线长度　　D. 圆曲线超高

主要解答过程:

题 56:城市中某主干路上的一座桥梁,设计车速为 60km/h,采用 3×30m 分幅连续箱梁桥结构形式。单幅桥梁总宽 16m,桥面净宽 15m,无非机动车道和人行道,桥梁基频为 4Hz。自重在中跨跨中弯矩标准值为 8500kN·m,根据安排,本桥需通行特种车辆特—300,特种车辆在桥梁中跨跨中弯矩标准值为 10000kN·m。试问,在自重及特种车辆作用下,验算桥梁承载能力极限状态时,桥梁基本组合设计值与下列哪项最为接近(　　)。

A. 21200kN·m　　B. 21620kN·m　　C. 24600kN·m　　D. 26600kN·m

主要解答过程:

题 57:某城市道路立交匝道,为立 B 类一般匝道,采用机非混行的单车道断面布置,匝道设计速度 30km/h,非机动车流量 200 辆/h,则该匝道的设计通行能力为(　　)。

A. 1027pcu/h　　B. 1040pcu/h　　C. 1630pcu/h　　D. 1650pcu/h

主要解答过程:

题 58:某省公路工程公司承包沥青混凝土路面施工(冬三区),公司驻地距工地 35km,其中粮食运距 50km,燃料运距 60km,蔬菜运距 40km,水运距 20km。经预算分析其定额人工费 25 万元,材料费 100 万元,机械使用费 80 万元。则该项目主副食运费补贴为(　　)万元。

A. 0.45　　B. 0.5　　C. 0.55　　D. 0.6

主要解答过程:

题 59:某建设公司承揽高速公路工程交通安全设施和绿化工程施工,该标段高速公路全长 25km,其中 10km 属于冬二区Ⅱ,15km 属于冬三区。经概算分析,该工程预算定额人工费 800 万元、材料费 4500 万元、机械使用费 1200 万元,交通安全设施工程费和绿化工程工程费之比约为 7∶3。假定工程量在路线长度上均匀分布,依据《公路工程建设项目概算预算编制办法》(JTG 3830—2018),该工程冬季施工增加费为(　　)万元。

A. 30　　B. 42　　C. 97　　D. 139

主要解答过程:

题 60:公路桥梁基础采用摩擦钻孔灌注桩,设计桩径为 1.5m,勘察报告揭露的地层条件、岩土参数和基桩的入土情况如下图所示。按照《公路桥涵地基与基础设计规范》(JTG D63—2007),在施工阶段时的单桩轴向受压承载力特征值最接近下列哪个选项(　　)。

提示:1. 不考虑冲刷影响,水的重度取 10kN/m³;

2. 桩端土承载力容许值 q_r = 1450kPa,施工阶段抗力系数按照 1.25 考虑。

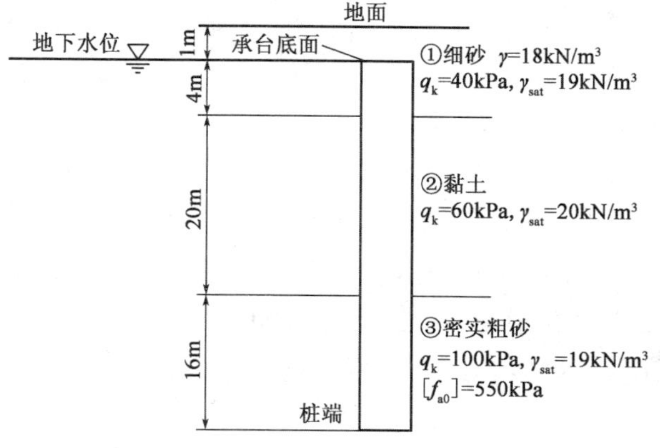

A. 9500kN　　B. 10600kN　　C. 11900kN　　D. 13700kN

主要解答过程:

模拟试卷四(上午卷)答案

序号	1	2	3	4	5	6	7	8	9	10
答案	C	D	C	C	A	C	C	D	C	D
序号	11	12	13	14	15	16	17	18	19	20
答案	D	D	B	B	C	D	D	D	C	D
序号	21	22	23	24	25	26	27	28	29	30
答案	C	B	A	C	C	A	C	C	C	C

1. **答案**(C)

根据《公路工程技术标准》(JTG B01—2014)表3.3.2,各车型折合成小客车:

$800+400\times1.5+650+700\times1.5+400\times2.5+520\times4=6180$pcu/h。

【编者注】车型换算是比较简单题型,注意仔细审清题中条件即可。

2. **答案**(D)

根据《公路路线设计规范》(JTG D20—2017),已知设计通行能力 $C_D=1800$pcu/h,查表3.6.2-3,方向分布为60/40时的修正系数R_D为0.94;查表3.3.4,设计小时交通量系数$K=15.5\%$。

根据2.1.2条文说明,设计交通量 $AADT=C_D\times R_D/K=1800\times0.94/0.155=10917$pcu/d。

【编者注】考试的时候如果真的按"设计通行能力"给出已知条件,只能将错就错,设计交通量单位是pcu/h。河北简称为冀。

3. **答案**(C)

解析:根据题中条件,查《公路路线设计规范》(JTG D20—2017)表3.4.1-2,三级设计服务水平对应最大交通量为1100pcu/(h·ln),已知交通组成修正系数为0.7,根据表3.4.2-1可知,路侧干扰修正系数为0.95,驾驶人总体特征修正系数为0.98。

根据式(3.4.2-1),$C_d=MSF_i\times f_{HV}\times f_p\times f_f=1100\times0.7\times0.95\times0.98=716.87$veh/(h·ln)。

4. **答案**(C)

路线总里程=终点里程-起点里程+Σ长链-Σ短链$=3800-1200+22.43-32.58=2589.85$m。

【编者注】长短链计算是基本常识,与其他条件组合使用时应予以注意。

5. **答案**(A)

根据《公路路线设计规范》(JTG D20—2017)6.2.1 条第3款,四级公路采用单车道时,车道宽度应采用3.5m。根据6.4.1条,设计速度30km/h对应土路肩宽度为0.5m,正常情况下最小路基宽度 =0.5 +3.5 +0.5 =4.5m。

根据6.6.2条第2款,三、四级公路的侧向宽度为路肩宽度减去0.25m。所以建筑限界内路基宽度为4.5 -0.25 -0.25 =4m。

【编者注】四级公路单车道行车道宽度与速度无关。

6. **答案**(C)

中间带宽度4.5m,中央分隔带宽度为3m,则左侧路缘带宽度 S_1 为(4.5 -3)/2 =0.75m。

根据《公路路线设计规范》(JTG D20—2017)6.6.2条,当设计速度大于100km/h时,C 值为0.5m,则 $S_1 + C = 0.75 + 0.5 = 1.25\text{m} > 1$,故 $E_1 = 1\text{m}$。

7. **答案**(C)

设置断链 K1 +070 = K1 +075,为短链,路线里程缩短 1075 -1070 =5m。

则填方体积 =(70 +60)/2 ×(1080 -1050 -5)=1625m^3。

【编者注】设置长短链时,$A = B$,若 $A > B$,则为长链,路线增长 $A - B$,反之为短链,路线缩短 $B - A$。

8. **答案**(D)

根据《公路路线设计规范》(JTG D20—2017)7.2.2条,同向圆曲线间最小直线长度 $=6v$ $=6 \times 80 = 480\text{m}$。

【编者注】规范本身文字是指"圆曲线"之间的距离,$6v$ 中的 v 为设计速度中的数字,不需要转换为m/s。

9. **答案**(C)

根据规范3.2.5条、附录D:

(1)根据毛细浸润面及路基工作区深度判断,路基工作区处于地下水毛细浸润面之上,路基湿度状态处于干燥类型。查规范表D.0.2,黏土质砂细粒土含量高,塑性指数大,K_s 取低值:$TMI = -10$ 时,$K_s = 0.83$;$TMI = -30$ 时,$K_s = 1.10$。

因此,当 $TMI = -15$ 时,$K_s = 0.83 + \dfrac{1.10 - 0.83}{-10 - (-30)} \times (15 - 10) = 0.898$。

(2)回弹模量计算:$E_0 = K_s K_\eta M_R = 0.898 \times 0.95 \times 75 = 64.0\text{MPa}$。

10. **答案**(D)

根据规范3.9.5条:

土压合力的水平分量:$P_H = 550 \times 0.3 + 24 \times 0.65 \times 0.1 = 166.6\text{kN}$;

滑动稳定系数:$F_h = \dfrac{(W + P_V)\mu + cB}{P_H} = \dfrac{600 \times \mu}{166.4} \geqslant 1.5$,解得 $\mu = 0.416$。

11. **答案**(D)

(1)竖向力及被动土压力

水平土压力：$E_x = E_a\cos(\alpha+\delta) = 125\times\cos(-10°+20°) = 123.1\text{kN}$

竖直土压力：$E_y = E_a\sin(\alpha+\delta) = 125\times\sin(-10°+20°) = 21.7\text{kN}$

$N = G + E_y = 310 + 21.7 = 331.7\text{kN/m}$

$E'_p = 0.3E_p = 0.3\times 80 = 24\text{kN/m}$

(2)抗滑移系数

$$K_c = \frac{[N+(E_x-E'_p)\tan\alpha_0]\mu + E'_p}{E_x - N\tan\alpha_0} = \frac{[331.7+(123.1-24)\times\tan 11.3°]\times 0.35+24}{123.1-331.7\times\tan 11.3°}$$

$$=2.59$$

12. **答案**(D)

根据《公路沥青路面设计规范》(JTG D50—2017)A.1.2 及 A.3.1 条，查表 A.1.2 知，4 类车单轴单胎和双联轴的平均轴数均为 1；则：

$$EALF_m = \sum_i[NAPT_{mi}\sum_j(EALF_{mij}\times ALDF_{mij})]$$

$$=1\times(0.60\times2.82\times10^{-4}+0.40\times5.49\times10^{-4})+1\times(0.55\times128.62+0.45\times297.64)$$

$$=204.68$$

13. **答案**(B)

根据《公路沥青路面设计规范》(JTG D50—2017)5.5.9 条，$\psi_g = 20.16h_a^{-0.642} + 820916h_b^{-2.84} = 20.16\times150^{-0.642}+820916\times300^{-2.84} = 0.884$；查表 3.0.6-1，$[R_a] = 10\text{mm}$。则：

$$R'_{\tau g} = \left(\frac{0.35\lg N_{e5} - 1.16}{\lg[R_a] - 1.62\lg T_d - \lg\psi_g + 2.76}\right)^{1.38}$$

$$=\left(\frac{0.35\times\lg(1.38\times10^7)-1.16}{\lg10-1.62\times\lg17.3-\lg0.884+2.76}\right)^{1.38} = 0.66\text{MPa}$$

14. **答案**(B)

根据规范表 E.0.3-1，面层混凝土的弯拉弹性模量为 29GPa。

截面弯曲刚度：$D_c = \dfrac{E_c h_c^3}{12(1-\nu_c^2)} = \dfrac{29000\times0.25^3}{12\times(1-0.15^2)} = 38.6\text{MN}\cdot\text{m}$

相对刚度半径：$r = 1.21\left(\dfrac{D_c}{E_t}\right)^{1/3} = 1.21\times\left(\dfrac{38.6}{125}\right)^{1/3} = 0.818\text{m}$

设计轴载在四边自由板临界荷位处产生的荷载应力为：

$\sigma_{ps} = 1.47\times10^{-3}r^{0.70}h_c^{-2}P_s^{0.94} = 1.47\times10^{-3}\times0.818^{0.70}\times0.25^{-2}\times100^{0.94} = 1.55\text{MPa}$

15. **答案**(C)

根据《公路桥涵设计通用规范》(JTG D60—2015)4.3.12 条第 3 款及条文说明：

(1)混凝土桥梁,100mm 沥青铺装,$T_1=14℃$,$T_2=5.5℃$。负温差为 $T_1/2=-7℃$,$T_2/2=-2.75℃$

(2)计算温度梯度不考虑桥面铺装,从铺装桥面往下 30cm,及从裸梁顶(铺装层底)往下 $30-18=12\text{cm}$,$A=30\text{cm}$,故 $T=-2.75\times28/30=-2.57℃$,故选 C。

【编者注】注意温度梯度和均匀温度不一样,温度梯度和地区无关,均匀温度和地区有关。同时注意反温差为正温差负的一半考虑。

16. **答案**(D)

根据《公路工程水文勘测设计规范》(JTG C30—2015)7.2.1 条,顺直微弯河段 $K_q=0.84$,$n_3=0.9$,河槽流量为 $1000-280=720\text{m}^3/\text{s}$,桥孔最小净长度 $L_j=K_q\left(\dfrac{Q_p}{Q_c}\right)^{n_3}B_c=0.84\times\left(\dfrac{1000}{720}\right)^{0.9}\times84=94.8\text{m}$。

若采用三跨,则桥梁最小长度需要为:$94.8+2\times0.5+2\times1.6=99.0\text{m}$

若采用四跨,则桥梁最小长度需要为:$94.8+2\times0.5+3\times1.6=100.6\text{m}$

17. **答案**(D)

根据《公路钢筋混凝土及预应力混凝土桥涵设计规范》(JTG 3362—2018)表 9.1.4 及表下注,直锚、C40、锚固长度 $30d$,同时采用环氧树脂涂层钢筋时,受拉钢筋最小锚固长度应增加 25%;当混凝土在凝固过程中易受扰动时,锚固长度应增加 25%。

故总锚固长度 $l=30\times1.25\times1.25\times28=1313\text{mm}$。

18. **答案**(D)

根据《公路隧道设计规范　第一册　土建工程》(JTG 3370.1—2018)8.1.4 条及条文说明 8.1.1,洞口段应设置加强衬砌。本隧道洞口分明洞段和洞口段,对于三车道隧道,加强衬砌不小于 15m,隧道入口加强衬砌的终止桩号至少应是 K16+500+(6+15)=K16+521。

19. **答案**(C)

根据规范 D.0.1、6.2.2 条,$BQ=420$,为三级围岩,考虑 BQ 修正,则:

$$[S]=3+\frac{\dfrac{450+350}{2}-420}{450-350}=2.8$$

$$\omega=1+i(B-5)=1+0.1\times(10-5)=1.5$$

$$h=0.45\times2^{S-1}\omega=0.45\times2^{2.8-1}\times1.5=2.35\text{m}$$

在钻爆法施工的条件下,隧道 A 取 $H_p=2h=2\times2.35=4.7\text{m}$。

隧道覆盖层厚度 $4.7\text{m}<6\text{m}$,判定隧道 A 为深埋隧道。

20. **答案**(D)

根据《公路路线设计规范》(JTG D20—2017)10.5.2 条第 3 款,左转弯车道由渐变段、减速段、等候段组成。主线设计速度 60km/h,渐变段 40m,减速段长度 40m(前方为等候段,末速为 0),等候段 30m,左转弯车道长度最小应采用 40 + 40 + 30 = 110m。

21. **答案**(C)

根据《公路立体交叉设计细则》(JTG/T D21—2014)7.2.1 条,出口匝道为Ⅲ型双车道匝道,匝道标准路段左侧硬路肩宽度为 0.75m,分流鼻处匝道应设置偏置加宽值,查《公路立体交叉设计细则》(JTG/T D21—2014)表 10.9.1-1,分流鼻处匝道侧最小偏置加宽值为 0.6m,偏置加宽后的匝道左侧硬路肩最小宽度为 0.75 + 0.6 = 1.35m。

22. **答案**(B)

根据《公路路线设计规范》(JTG D20—2017)11.3.8 条第 6 款,主线设计速度为 100km/h,匝道平纵面指标不高,此时采用高一个档次设计速度的变速车道长度,查该规范表 11.3.8-1,加速段为 230m;渐变段仍按 100km/h 取值,为 80m;主线纵坡 2% 的上坡路段,变速车道长度不需要修正。此时加速车道全长为 230 + 80 = 310m。

23. **答案**(A)

根据《公路交通安全设施设计细则》(JTG/T D81—2017)11.3.7 条:

$$L = \frac{v^2}{254 \times (R + G)} = \frac{100^2}{254 \times (0.25 + 0.1)} = 112.5\text{m}$$,故选 A。

24. **答案**(C)

根据《城市道路工程设计规范》(CJJ 37—2012)(2016 年版)4.2.4 条文说明,$AADT = C_D N/K$。已知预测年度的双向年平均日交通量为 62000pcu/d,则代入题中条件可得 62000 = 2000 × N/0.09,则 N = 2.790。考虑车辆对称增加,故双向共需设置 4 个车道。

【编者注】N 是指城市道路双向车道数,与一级公路不同。审题时注意答案中是单向还是双向车道数。

25. **答案**(C)

根据《城市道路路线设计规范》(CJJ 193—2012)5.3.1 条,设计速度为 60km/h,混行车道单车道宽度为 3.5m;根据表 5.3.4,对应的路缘带宽度为 0.5m;根据 5.2.8 条第 4 款,港湾式应急停车道最小宽度为 3m。

则最小车行道路面宽度为 0.5 + 3.5 × 2 + 3 + 0.5 = 11m。

【编者注】紧急停车带宽度不包括路缘带宽度。

26. **答案**(A)

根据《城市道路路线设计规范》(CJJ 193—2012)7.2.1 条第 5 款,纵坡按减少 1% 计算,

5.5% −1% =4.5% 。

【编者注】修正纵坡注意双控,最大纵坡折减小于4%时,仍可采用4%。

27. **答案**(C)

根据《城市桥梁设计规范》(CJJ 11—2011)(2019年版)4.0.4条及条文说明,墩台边缘净距 $L_a = \frac{l + b\sin a}{\cos a} = \frac{60 + 8 \times \sin 5^\circ}{\cos 5^\circ} = 60.9\text{m}$。则主跨跨径为60.9 +2 =62.9m。

【编者注】注意墩间净距和主跨跨径的关系。

28. **答案**(B)

根据《城市道路交叉口设计规程》(CJJ 152—2010)表5.3.5-2,驶离主线,匝道偏置值至少为0.6m,主线设计速度为40km/h。查表5.3.5-3,渐变率为1/7,则渐变段最小长度为0.6/(1/7) =4.2m。

29. **答案**(B)

根据《无障碍设计规范》(GB 50763—2012)3.1.2条,侧坡面坡度 =(0.15 −0.01)/2.00 =1∶14.3 <1∶12,满足规范要求。

正坡面坡度 =(0.15 −0.01 +0.02 ×1.25)/1.25 =1∶7.6 >1∶12,不满足规范要求。

正面坡道宽度 =1.5m≥1.2m,满足规范要求。

根据3.2.3条,行进盲道宽度为0.25m <0.3m,提示盲道宽度应大于行进盲道宽度,不满足规范要求。

综上,共有2项不符合规范要求。

30. **答案**(C)

根据《城市人行天桥与人行地道技术规范》(CJJ 69—95)3.2.6、3.4.1、3.4.4条,人行梯道最大坡度为1∶2,$2R + T$ =0.6m,故梯道宽0.3m,高0.15m,每隔18级台阶设置休息平台,休息平台不小于1.5m,高差相差26.3 −20 =6.3m,需要6.3/0.15 =42级竖向台阶,故需要两处休息平台和(42 −2)级水平台阶。因此,梯道水平长度为40 ×0.3 +2 ×1.5 =15m。

【编者注】本题较难,考查知识点多,主要应理解天桥规范休息平台和18级设置一处休息平台。

模拟试卷四(下午卷)答案

序号	31	32	33	34	35	36	37	38	39	40
答案	B	D	B	B	C	C	C	C	D	A
序号	41	42	43	44	45	46	47	48	49	50
答案	D	C	B	C	C	D	B	C	A	C
序号	51	52	53	54	55	56	57	58	59	60
答案	A	B	A	C	A	B	A	B	A	C

31. 答案(B)

当 $R/3 \leqslant A \leqslant R$ 时,缓和曲线在视觉上比较协调、安全。根据 $RL_S = A^2$,得 $R/9 \leqslant L_S \leqslant R$,则 $700/9 \leqslant L_S \leqslant 700$,得 $77.8 \leqslant L_S \leqslant 700$。同时根据《公路路线设计规范》(JTG D20—2017)表 7.4.3,缓和曲线最小长度为 85m。

【编者注】遇到缓和曲线长度、半径大小等元素时,注意与规范中的极限指标进行双控处理。

32. 答案(D)

根据《公路路线设计规范》(JTG D20—2017)7.9.3 条,具有干线功能的二级公路宜在 3min 内提供一次满足超车视距要求的超车路段,即 $80/60 \times 3 = 4\text{km}$。

【编者注】本题型 2019 年真题考过。

33. 答案(B)

四级公路应满足会车视距标准要求,即 $S = 30 \times 2 = 60\text{m}$,圆曲线长 $L = 37.39\text{m}$,$L < S$,采用表格中第二套公式。

内侧路面未加宽前 1/2 车道处车辆行驶轨迹的半径:

$$R_S = R - \frac{B_{内}}{2} = 60 - \frac{3.25}{2} = 58.375\text{m}$$

$$L_S = \frac{\pi}{180} \cdot \alpha \cdot R_S = \frac{\pi}{180} \times 35.7 \times 58.375 = 36.372\text{m}$$

$$h = R_S\left(1 - \cos\frac{\alpha}{2}\right) + \frac{S - L_S}{2} \cdot \sin\frac{\alpha}{2}$$

$$= 58.375 \times \left(1 - \cos\frac{35.7^\circ}{2}\right) + \frac{60 - 36.372}{2} \times \sin\frac{35.7^\circ}{2} = 6.431\text{m}$$

【编者注】注意判断是停车视距还是会车视距,L_S的计算采用视距半径进行。

34. 答案(B)

根据组合坡度概念,$400/600 + x/800 \leq 1$,解得 $x \leq 266.7$。

【编者注】组合坡度:纵断面连续上坡或下坡路段,若存在连续几个最大坡长受限的纵坡,其各纵坡实际坡长/表 8.3.2 中不同纵坡最大长度之和小于或等于 1。

$L_{i1}/L_{i1\max} + L_{i2}/L_{i2\max} + L_{i3}/L_{i3\max} + \cdots \leq 1$。

35. 答案(C)

根据《公路路线设计规范》(JTG D20—2017)9.2.4 条第 2 款,R 接近 3000 时,A 宜等于 $R/3$,即 $A = R/3 = 3000/3 = 1000$。当 R 大于 3000m 时,A 宜小于 $R/3$,即 $A < R/3 = 3500/3 = 1166$。所以 A 取值范围宜在 1000 ~ 1166 之间。故最合适的答案选 C。

【编者注】本题从题意角度理解,最合适答案位于二者之间。

36. 答案(C)

根据《公路路线设计规范》(JTG D20—2017)表 6.3.1,80km/h 对应左侧路缘带正常情况下为 0.5m,则其中央分隔带宽度为 $3.5 - 0.5 \times 2 = 2.5$m。现将其中央分隔带拓宽为 4m,中心线位置不变,则每侧拓宽为 $(4 - 2.5)/2 = 0.75$m。根据该规范 9.4.3 条,渐变率不应大于 1/100,则最小长度值为 $0.75 \times 100 = 75$m。

【编者注】注意区分是单侧拼宽还是双侧拼宽,仔细审题,区分中间带和中央分隔带。

37. 答案(C)

两交点间距 $= JD_2 - YZ_1 + T_1 = JD_2 - (JD_1 + T_1 - J_1) + T = JD_2 - JD_1 + J_1 = 8560 - 7290 + 2.41 = 1272.41$。

【编者注】建议记住结论:两交点间距 $= JD_2 - JD_1 + J_1$。

38. 答案(C)

根据规范 5.4.11、H.0.7 条:

$z_i = 5$m 时,$K_i = K_j\left(1 - \frac{z_i}{6}\right) + K_a \frac{z_i}{6}$

$$K_a = \tan^2\left(45° - \frac{\varphi}{2}\right) = \tan^2\left(45° - \frac{18°}{2}\right) = 0.528$$

$$K_j = 1 - \sin\varphi = 1 - \sin 18° = 0.691$$

$$K_i = K_j\left(1 - \frac{z_i}{6}\right) + K_a \frac{z_i}{6} = 0.691 \times \left(1 - \frac{5}{6}\right) + 0.528 \times \frac{5}{6} = 0.555$$

$$\delta_{hi} = K_i \gamma z_i = 0.555 \times 21 \times 5 = 58.3\ \text{kN}$$

$$L_0 = \frac{D\delta_{hi}}{2(c + \gamma h_i \tan\delta)} = \frac{1.0 \times 58.3}{2 \times (5 + 21 \times 5 \times \tan 15°)} = 0.88\text{m}$$

水平回折包裹长度应大于计算值,且不宜小于 2m。

39. 答案(D)

根据规范9.4.1条:

$$I_0 = \frac{1}{3000\sqrt{k}} = \frac{1}{3000 \times \sqrt{1.3 \times 10^{-4}}} = 0.029$$

$$L_s = \frac{h_c - h_g}{I_0} = \frac{(87.95 - 86.55) - (87.45 - 86.55)}{0.029} = \frac{1.4 - 0.9}{0.029} = 17.24\text{m}$$

$$Q_s = 2 \times \frac{k_h(h_c^2 - h_g^2)}{2L_s} = 2 \times \frac{1.3 \times 10^{-4} \times (1.4^2 - 0.9^2)}{2 \times 17.24} = 8.67 \times 10^{-6}\text{m}^3/(\text{s} \cdot \text{m})$$

40. 答案(A)

根据规范7.7.7条:

(1)面积置换率

等边三角形布桩 $\eta = 0.907\dfrac{d^2}{s^2} = 0.907 \times \dfrac{0.4^2}{1.2^2} = 0.101$

(2)滑动面抗剪强度

水泥土搅拌桩桩体抗剪强度 $\tau_p = 0.3q_u = 0.3 \times 2 \times 10^3 = 600\text{kPa}$

$\tau_{ps} = \eta\tau_p + (1 - \eta)\tau_s = 0.101 \times 600 + (1 - 0.101) \times 25 = 83.1\text{kPa}$

41. 答案(D)

根据《公路沥青路面设计规范》(JTG D50—2017)G.1.1条:

$h_b^* = h_{b1} + h_{b2} = 340 + 180 = 520\text{mm}$

$$E_b^* = \frac{E_{b1}h_{b1}^3 + E_{b2}h_{b2}^3}{(h_{b1} + h_{b2})^3} + \frac{3}{h_{b1} + h_{b2}}\left(\frac{1}{E_{b1}h_{b1}} + \frac{1}{E_{b2}h_{b2}}\right)^{-1}$$

$$= \frac{12000 \times 340^3 + 11000 \times 180^3}{(340 + 180)^3} + \frac{3}{340 + 180} \times \left(\frac{1}{12000 \times 340} + \frac{1}{11000 \times 180}\right)^{-1}$$

$= 11501\text{MPa}$

42. 答案(C)

根据《公路路基设计规范》(JTG D30—2015)C.0.1条和《公路沥青路面设计规范》(JTG D50—2017)B.7.1条:

$E_0 = K_S \cdot M_R = 0.9 \times 70 = 63\text{MPa}$

$h_a = 40 + 50 = 90\text{mm}$

$K_3 = e^{[9\times10^{-6}(\ln E_0-1)h_a+4\times10^{-3}](20-T)} = e^{[9\times10^{-6}\times(\ln63-1)\times90+4\times10^{-3}]\times(20-13)} = 1.047$

43. 答案(B)

属弹性地基双层板。

根据规范式(B.2.4-1)~式(B.2.4-4),板底地基综合回弹模量计算如下:

$$E_x=\frac{\sum_{i=1}^{n}(h_i^2E_i)}{\sum_{i=1}^{n}h_i^2}=\frac{h_1^2E_1}{h_1^2}=300\text{MPa}$$

$$h_x=\sum_{i=1}^{n}h_i=h_1=0.22\text{m}$$

$$\alpha=0.26\ln(h_x)+0.86=0.26\times\ln(0.22)+0.86=0.466$$

查规范表 E.0.1-2,湿度调整系数为 0.74,则路床顶综合回弹模量 $E_0=0.74\times70=51.8$MPa。则:

$$E_t=\left(\frac{E_x}{E_0}\right)^{\alpha}E_0=\left(\frac{300}{51.8}\right)^{0.466}\times51.8=117.4\text{MPa}$$

44. **答案**(C)

根据《公路桥涵设计通用规范》(JTG D60—2015)4.4.2 条:

$$F=\frac{Wv}{gT}=\frac{38g\times30/3.6}{g\times1}=316.6\text{kN}$$

【编者注】注意单位换算。

45. **答案**(C)

根据《公路钢筋混凝土及预应力混凝土桥梁设计规范》(JTG 3362—2018)9.8.2 条,4 个吊环,只考虑 3 个吊环受力,每个吊环按两肢截面,故有:

$$\frac{3.14\times\frac{d^2}{4}\times65\times3\times2}{1000}\geqslant180\text{kN}\Rightarrow d\geqslant24.2\text{mm}。$$

46. **答案**(D)

根据《公路钢筋混凝土及预应力混凝土桥梁设计规范》(JTG 3362—2018)6.1.1、6.3.1、6.3.3 条,抗裂验算和混凝土主拉应力不考虑冲击荷载效应;根据 7.1.1 条,法向压应力验算应考虑冲击效应;根据 8.7.1 条第 3 款,支座验算应考虑冲击效应;故选 D。

47. **答案**(B)

根据规范 4.2.5、4.2.7 条,覆盖层厚度应至中风化泥质砂岩顶部,覆盖层厚度为 1+4+1+15=21m,又因为等效剪切波速为 196m/s,根据表 4.2.7,为Ⅱ类场地。

48. **答案**(C)

根据《公路隧道抗震设计规范》(JTG 2232—2019)表 3.1.4,高速公路隧道,0.2g 则抗震设防措施等级为四级;根据 9.4.6 条,隧道抗震设防措施等级为四级时,隧道抗震设防段建筑限界和内轮廓的最小间距宜大于 25cm。根据《公路隧道设计规范 第一册 土建工程》(JTG 3370.1—2018)表 4.4.1,两车道公路隧道,设计速度为 100km/h,基本宽度为 10.75m,则最小宽度为 10.75+2×0.25=11.25m,大于 4.4.3 预留不小于 50mm 的富余量。

49. 答案(A)

展宽后进口道设置有 5 个车道,按《城市道路交叉口设计规程》(CJJ 152—2010)4.2.9 条,交叉口进口道一个车道宽度宜为 3.25m,左右侧分别设置 0.25cm 的路缘带,则进口道行车道路面宽度总宽为:0.25 + 3.25 × 5 + 0.25 = 16.75m。

50. 答案(C)

根据《公路立体交叉设计细则》(JTG/T D21—2014)6.4.1 条,主线左转入口匝道和左转出口匝道设计小时交通量均大于单车道环形匝道的设计通行能力,因此不应选用喇叭形互通式立交。根据《公路立体交叉设计细则》(JTG/T D21—2014)6.3.4 条,左转匝道形式应根据匝道设计小时交通量 $DDHV$ 确定,当 1000pcu/h < $DDHV$ < 1500pcu/h 时,左转匝道宜选用外转弯半直连式,选项 C 符合要求。梨形一般适用于主线侧用地受限的情况,题中未交代该条件。

51. 答案(A)

根据《公路路线设计规范》(JTG D20—2017)11.5.5 条,题中所给连续分流的类型为匝道上相邻出口之间的距离 L_2,主线设计速度为 80km/h,为一般互通式立交,查表 11.5.5,距离最小值为 150m。

52. 答案(B)

根据《公路交通安全设施设计规范》(JTG D81—2017)3.5.5 条文说明:

$$F_{横max} = \frac{\pi}{2} \times \frac{mv_1^2 \sin^2\theta}{2000[C\sin\theta - b(1 - \cos\theta) + D]}$$

$$F_{横max} = \frac{\pi}{2} \times \frac{2250 \times (100 \div 3.6 \times \sin15)^2}{2000 \times [2.9 \times \sin15 - 1.86/2 \times (1 - \cos15) + 0]} = 126.99\text{kN}$$

53. 答案(A)

假定分水点至雨水口的距离为 X,则另一侧距离为 $L - X$。则 $X = (h_c - h_w)/(i_c + i_中) = (0.174 - 0.144)/(0.4\% + 0.2\%) = 5\text{m}$;$L - X = (h_c - h_w)/(i_c - i_中) = (0.174 - 0.144)/(0.4\% - 0.2\%) = 15\text{m}$。

【编者注】将不规则图形转换为标准矩形、三角形求边长。

54. 答案(C)

根据《城市道路路线设计规范》(CJJ 193—2012)8.3.2 条第 3 款,3s 行程长度 = 50/1.2 = 41.667m,考虑规定过渡段长度应不少于 50m,故正确答案选 C。

【编者注】城市道路与公路该距离均采用双控原则。

55. 答案(A)

依据《城市道路路线设计规范》(CJJ 193—2012)6.4.4 条,缓和曲线最大长度 $L_e = b \cdot \Delta i/\varepsilon = 8 \times (0.015 + 0.02)/(1/330) = 92.4\text{m}$。已知 $A = 170\text{m}$,则缓和曲线长度 $L = A^2/\rho =$

$170 \times 170/300 = 96.33$m,缓和曲线偏长。其他选项经验证满足要求。

【**编者注**】看到题中出现“缓和曲线全长超高”时,注意其存在最大与最小长度。

56. **答案**(B)

根据《城市桥梁设计规范》(CJJ 11—2011)(2019 年版)A.0.3 条,重要性系数为 1.0,不考虑冲击,特种分项系数为 1.1,且 $\frac{10000}{8500+10000} = 55.6\%$,属于 0.45 ~0.65 区间,提高 2%。故基本组合值为 $1.0 \times 1.02 \times (1.2 \times 8500 + 1.1 \times 10000) = 21624$。

57. **答案**(A)

根据《城市道路交叉口设计规程》(CJJ 152—2010)5.6.2 条,机非混行匝道,应考虑非机动车的影响。非机动车流量为 200 辆/h、设计速度为 30km/h 时匝道的可能通行能力为 $1650 - (1650 - 1550)/1000 \times 200 = 1630$pcu/h。

该匝道为立 B 类一般匝道,采用Ⅱ2 级服务水平,比率 a 查表 5.6.3 取为 0.63,则该匝道的设计通行能力为 $1630 \times 0.63 = 1027$pcu/h。

58. **答案**(B)

根据《公路工程建设项目概算预算编制办法》(JTG 3830—2018)表 3.1.7-2 附注:

主副食运费综合里程 $= 50 \times 0.06 + 60 \times 0.09 + 40 \times 0.15 + 20 \times 0.7 = 28.4$km

采用内插法可得,主副食运费补贴费率 $= 0.224 + (0.259 - 0.224) \times (28.4 - 25)/5 = 0.248$

主副食运费补贴 $= (25 + 100 + 80) \times 0.248\% = 0.51$万元。

59. **答案**(A)

根据《公路工程建设项目概算预算编制办法》(JTG 3830—2018)3.1.4 条,交通安全设施和绿化工程为构造物Ⅰ类。根据表 3.1.6-1 附注,绿化工程不计冬季施工增加费。

根据 3.1.6 条,冬季施工增加费费率 $= (10 \times 1.438 + 15 \times 2.607)/25 = 2.139\%$。

冬季施工增加费 $= (800 + 1200) \times 0.7 \times 2.139\% = 29.946$ 万元。

60. **答案**(C)

据规范 5.3.3 条:

(1)单桩轴向受压承载力的特征值:

$$[R_a] = \frac{1}{2}u\sum_{i=1}^{n} q_{ik} l_i + A_p q_r = \frac{1}{2} \times 3.14 \times 1.5 \times (40 \times 4 + 60 \times 20 + 100 \times 6) + \frac{3.14 \times 1.5}{4} \times 1450 = 9531.9\text{kN}$$

(2)施工阶段单桩轴向受压承载力的容许值:

取施工阶段抗力系数 1.25,$1.25[R_a] = 1.25 \times 9531.9 = 11914.8$kN

模拟试卷五

(上午卷)

题1:某二级公路预测年限末年交通量为8500veh/d,各种车型比例如下:小客车60%,中型车32%,大型车5%,汽车列车3%,则该公路设计交通量为(　　)pcu/d。

A. 12368　　B. 11260　　C. 11263　　D. 12367

主要解答过程:

题2:某二级公路单方向车辆车头之间平均距离为120m,车辆平均行驶速度为60km/h。1小时通过该方向断面的平均车辆数为(　　)辆。

A. 800　　B. 700　　C. 600　　D. 500

主要解答过程:

题3:已知某一级集散公路,设计速度为60km/h,采用三级服务水平。已知其交通量为1540pcu/(h·ln),其自然车型比例小汽车占60%,中型车为20%,大型车为12%,汽车列车为8%,则该公路的交通组成修正系数为(　　)。

A. 0.352　　B. 0.435　　C. 0.568　　D. 0.726

主要解答过程:

题4:纸上定线时,当地形图比例尺为1∶1000,等高距为10m,平均坡度取5.5%时,平距在该地形图上的长度应为(　　)。

A. 2cm　　B. 1.82cm　　C. 3cm　　D. 4cm

主要解答过程:

题5:某干线二级公路,加宽过渡的渐变方式采用全缓和曲线四次抛物线渐变方式,某交点半径为200m,其主点桩号为ZH = K18 +245.05,HY = K18 +305.05,QZ = K18 +331.48,YH = K18 +357.91,HZ = K18 +427.91,K18 +400 的加宽值为(　　)m。

A.0.319　　B.0.481　　C.0.142　　D.0.08

主要解答过程:

题6:某高速公路,设计速度为120km/h,双向六车道,某路段采用分离式路基断面,正常情况下该公路单幅最小路基宽度可为(　　)m。

A.16.75　　B.17　　C.18　　D.18.5

主要解答过程:

题7:已知某项目借土单价为80元/m^3,远运单价为15元/(m^3·km),采用汽车装载运输,免费运距为1km,则该项目的经济运距为(　　)km。

A.5.3　　B.6.3　　C.7.3　　D.8.3

主要解答过程:

题8:某二级公路,设计速度为60km/h,路拱横坡为2%,一隧道洞口位于直线上,隧道洞口桩号为K1 +700,已知洞口出洞后最近平曲线交点桩号为K2 +030,转角为20°,则圆曲线最大半径为(　　)m。

A.1500　　B.2500　　C.1580　　D.1590

主要解答过程:

题9:某新建二级公路初步设计阶段,采用沥青混凝土路面,路面结构层厚度为0.6m,路基平均填高为3.5m,路基填料为黏质土,*CBR* 值为10.0%,路基工作区深度为0.8m,毛细润湿面位于地表以上2.5m。地下水毛细润湿面上、下部分路基回弹模量湿度调整系数分别为1.1和0.8,冻融循环条件下路基土模量折减系数为0.85。计算得路基回弹模量设计值最接近于(　　)。

A. 57MPa　　B. 62MPa　　C. 67MPa　　D. 72MPa

主要解答过程:

题 10:某公路重力式挡土墙位于岩质路段,基底水平,墙体重力 W 为 180kN,墙后主动土压力水平分力 E_x 为 75kN,墙后主动土压力垂直分力 E_y 为 12kN,墙基底宽度 B 为 1.45m,基底合力偏心距 e_0 为 0.3m,地基容许承载力[σ]为 290kPa,则挡土墙趾部压应力 σ 最接近于(　　)。

A. 265kPa　　B. 297kPa　　C. 302kPa　　D. 427kPa

主要解答过程:

题 11:某一级公路以路堤形式通过硫酸盐渍土地区,经试验测定盐渍土类型为弱盐渍土。该路段为低洼区,地表长期积水在原地面以上 0.5m,路堤填料采用砂类土,不设隔断层。根据《公路路基设计规范》(JTG D30—2015),该路堤最小高度不小于(　　)。

A. 1.3m　　B. 1.8m　　C. 2.0m　　D. 2.5m

主要解答过程:

题 12:大连市某二级公路,采用级配碎石基层沥青路面,沥青面层厚 14cm,当量模量为 9200MPa,级配碎石基层厚 52cm,当量模量为 400MPa。进行路基顶面竖向压应变分析时,计算得该路面结构的温度调整系数最接近于(　　)。

A. 0.84　　B. 0.92　　C. 1.07　　D. 1.24

主要解答过程:

题 13:某一级公路位于夏炎热 1-3 区,采用沥青混凝土路面,通过车辙试验得到中面层普通沥青混合料层永久变形量为 5mm,根据《公路沥青路面设计规范》(JTG D50—2017),中面层沥青混合料的动稳定度应不小于(　　)。

A. 751 次/mm　　B. 800 次/mm　　C. 865 次/mm　　D. 1000 次/mm

主要解答过程:

题 14:某地区新建二级公路,路面拟采用普通水泥混凝土,行车道宽 7.5m,车辆轮迹横向分布系数取低值,路基填土为低液限黏土。经交通调查分析知,通车年设计车道的设计轴载日作用次数为 700 次,设计基准期内货车交通量年平均增长率为 3.5%。根据《公路水泥混凝土路面设计规范》(JTG D40—2011),该公路面层以下结构层较为合适的是(　　)。

A. 水泥稳定碎石基层 + 水泥稳定碎石底基层

B. 水泥稳定碎石基层

C. 水泥稳定碎石基层 + 级配碎石底基层

D. 水泥稳定碎石基层 + 级配砾石底基层

主要解答过程:

题 15:某一级公路一座 4 ×25m 连续 T 梁桥,桥墩采用直径为 1.6m 的圆柱桥墩,采用 C35 混凝土,桥墩计算长度为 30m,桥墩配 28 根 ϕ28mmHRB400 主筋,箍筋为螺旋箍筋,箍筋间距 100mm,箍筋直径为 10mm,按轴心受压考虑,则桥墩轴心受压承载力(kN)大小与(　　)最为接近。

A. 24000　　B. 26630　　C. 32500　　D. 38000

主要解答过程:

题 16:某地震基本烈度为 0.1g 地区建造一条高速公路,有一座预应力混凝土连续箱形梁桥,设计采用悬臂浇筑工艺,跨径布置为 70m + 100m + 70m,根据《公路工程抗震规范》(JTG B02—2013),在进行 E1 抗震设计时,该桥梁抗震重要性修正系数 C_i 和抗震设防烈度分别为(　　)。

A. 0.43,7 度　　B. 0.5,7 度　　C. 0.43,8 度　　D. 0.5,8 度

主要解答过程:

题 17：某简支 T 梁桥，设计采用 C50 混凝土，T 梁腹板宽度为 50cm。设计时，由作用标准值和预应力产生的主拉应力为 1.5MPa(受拉为正)，不考虑斜截面抗剪承载力计算，假定箍筋的抗拉强度标准值按 180MPa 计，则下列各箍筋配置方案更为合理的是(　　)。

A. 4 肢 ϕ12mm@ 100mm　　B. 4 肢 ϕ14mm@ 150mm

C. 2 肢 ϕ16mm@ 100mm　　D. 6 肢 ϕ14mm@ 150mm

主要解答过程：

题 18：某一级公路两车道公路浅埋隧道，采用明挖施工，隧道高 8m，全部位于粉质黏土层。本地区烈度 0.15g，采用钻爆法施工，场地土分布如下图所示，场地土层厚度单位为 mm。④层粉质黏土厚度为 50m，粉质黏土层以下均为中风化泥质灰岩，其他土层厚度如图所示。隧道采用反应位移法进行抗震计算。已知该场地土的等效剪切波速为 215m/s，根据《公路隧道抗震设计规范》(JTG 2232—2019)，下列说法正确的是(　　)。

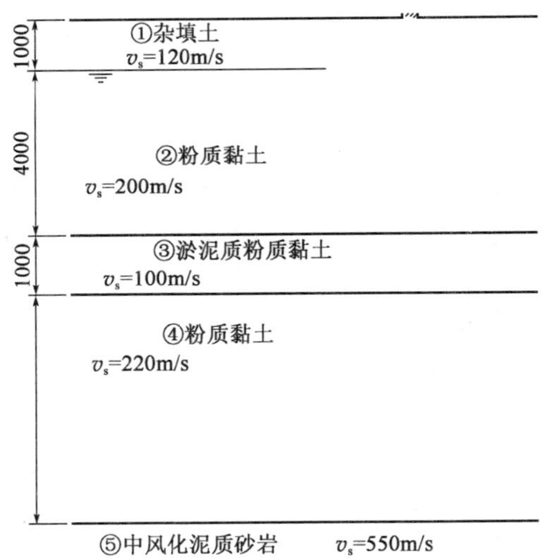

A. 本隧道应同时考虑沿横断面方向的水平向和竖直向的地震作用

B. 本隧道设计地震作用基准面为④层粉质黏土顶，即地面以下 6m 处

C. 本隧道抗震设防措施等级为三级

D. 本隧道抗震设计方法应为 3 类

主要解答过程：

题 19:某三车道公路隧道二次衬砌采用钢筋混凝土结构,衬砌高度 $h=40$cm,衬砌为受压构件,只在衬砌上缘和下缘分别配置纵向和环向钢筋,衬砌对称钢筋,钢筋采用 HRB400。按照构造规定,下列下缘受力主筋和分布钢筋最为合理的是(　　)。

A. 受力主筋:ϕ16mm@200mm,分布钢筋 ϕ14mm@200mm

B. 受力主筋:ϕ20mm@200mm,分布钢筋 ϕ16mm@350mm

C. 受力主筋:ϕ20mm@100mm,分布钢筋 ϕ16mm@200mm

D. 受力主筋:ϕ28mm@100mm,分布钢筋 ϕ14mm@200mm

主要解答过程:

题 20:某一级公路与二级公路平面交叉,直行交通量较小;一级公路设计速度为 80km/h,二级公路设计速度为 80km/h,采用渠化的右转弯附加车道,右转弯设计速度为 40km/h,右转弯车道的长度为 40m,右转弯车道路面内缘曲线两侧端点与内侧主路行车道的距离为 3.7m,则右转弯附加车道总长最少宜采用(　　)。

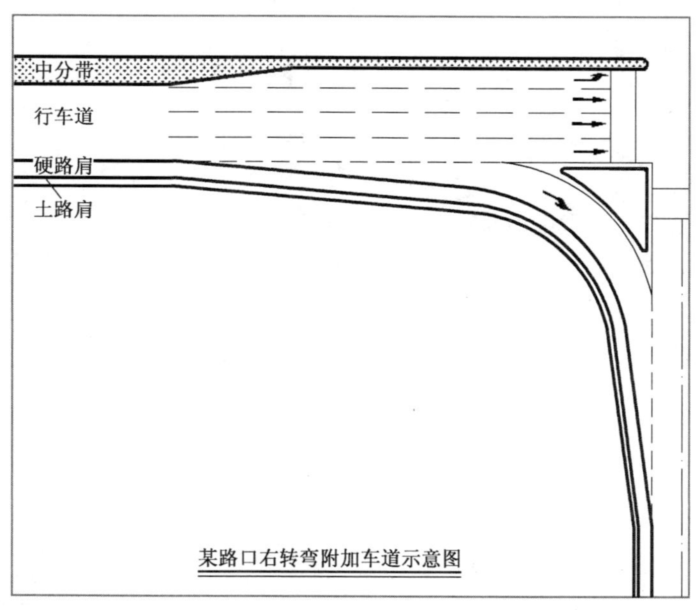

某路口右转弯附加车道示意图

A. 175m　　B. 182m　　C. 205m　　D. 222m

主要解答过程:

题 21:某高速公路枢纽立交,主线设计速度为 100km/h,基本路段为双向六车道,某方向出口匝道设计速度为 40km/h,转向交通量 $DDHV$ = 1300pcu/h,则该方向出口匝道连接部主线渐变段起点至匝道分流鼻的全长最小长度应设置(　　)。

A. 215m　　B. 270m　　C. 440m　　D. 520m

主要解答过程:

题 22:某公路立交匝道,设计速度为 70km/h,为从 A 高速公路转向 B 高速公路的定向直连式匝道,设计小时交通量为 1700pcu/h,立交匝道布设无特殊条件限制,该立交匝道最适宜的路基横断面宽度为(　　)。

A. 12.0m　　B. 12.25m　　C. 12.50m　　D. 12.75m

主要解答过程:

题 23:某下穿高速公路农业机耕道,设计净高 3.5m。该农业机耕道设计运行速度为 40km/h,预计通行机耕车最大质量为 20t。假定在该机耕道前 20m 处设置一钢筋混凝土限高架,则该限高架类型(　　)为防撞限高架,限高架的设计汽车碰撞荷载为(　　)kN。

提示:农业机耕道参照隧道要求设置,碰撞后运行速度以满足停车视距为要求。

A. 可,1100kN　　B. 宜,1100kN　　C. 可,4000kN　　D. 宜,4000kN

主要解答过程:

题 24:某城市主干路采用三幅路布置形式,设置专用非机动车道,预测路段单侧自行车交通量为 4800veh/h,不受平面交叉口影响路段,单侧最小非机动车道路面宽度为(　　)。(计算结果保留 1 位小数)

A. 2.9m　　B. 3.0m　　C. 3.5m　　D. 4.0m

主要解答过程:

题 25:城市道路立交范围内与主路设有分隔设施的集散车道。根据规范规定,集散车道的设计速度为 40km/h,流量为 600pcu/h,那么集散道路的最小路面宽度为(　　)m。

A. 4.0　　B. 6.5　　C. 7.0　　D. 7.5

主要解答过程:

题 26:某城市道路快速路,设计速度为 100km/h,路段坡度为 3%,驾驶员反应时间取 1.2s,安全系数取 1.2,路面摩擦系数取 0.4,安全距离取 10m,则该路段下坡方向最小停车视距为(　　)m。

A. 165　　B. 175　　C. 155　　D. 160

主要解答过程:

题 27:某城市主干路上的一座 4×40m 的简支 T 梁桥,其中桥梁计算跨度为 39.4m,冲击系数 $\mu=0.2$,单向三车道,桥梁总宽 20m,桥梁内侧 14m 为机动车道,两侧各 3m 为非机动车道,不设置人行道。根据需要,需要通行特 -220 的特种平板挂车,为保证桥梁安全,以桥梁中心线竖向为坐标轴,左负右正。根据《城市桥梁设计规范》(CJJ 11—2011)(2019 年版),特种车辆最左侧轮中心横向行驶的范围(单位:m)与下列(　　)选项最为接近。

A. (-3, -0.1)　　B. (-3,0)　　C. (-3,3)　　D. (0,3)

主要解答过程:

题 28:某城市环形立交,采用两个方向直行车道分别上跨、下穿环道,两条道路基本路段均为双向八车道,设计速度 80km/h,直行无附加车道;匝道设计速度 40km/h,均为单车道匝道,环道为机非分行的 3 车道断面布置。主线一条车道的设计通行能力为 1750pcu/h,计算得该立交设计通行能力为(　　)。

A. 23000pcu/h　　B. 23700pcu/h　　C. 24740pcu/h　　D. 30000pcu/h

主要解答过程:

题 29:某高速公路路基地基存在液化土层,设计基本地震动峰加速度为 0.15g,下列选项中有(　　)项需要采取抗震措施。

(1)填方段路堤高度为 2.8m,且地基上覆非液化土层厚度为 0。

(2)地基上覆非液化土层厚度为 5.5m,且地下水位深度为 3.5m。

(3)填方段路堤高度为 4.5m,且地基上覆非液化土层厚度为 4m。

(4)填方段路基高度为 6m,且地基对应地面以下 6m 范围内液化土层厚度仅为 1m。

A.1　　B.2　　C.3　　D.4

主要解答过程:

题 30:某一级公路跨越一条宽度为 50m 河流,河床水平,河床高程(水底)为 56.2m,河床以下土质均为碎石类土,承载力较高。计划建一座 3×30m 连续 T 梁桥跨越本河流,桥梁墩台计划采用扩大矩形基础,根据调查和计算,河床自然演变冲刷深度 1.2m,一般冲刷深度 1.8m(从河床开始计算),局部冲刷深度 1.0m。根据《公路桥涵地基与基础设计规范》(JTG 3363—2019),设计时,墩台基础底埋深安全最小高程与下列选项(　　)最为接近。

A. 54.5m　　B. 53.0m　　C. 51.5m　　D. 50.5m

主要解答过程:

模拟试卷五

(下午卷)

题 31:某双车道三级公路一路段曲线半径 $R=40\text{m}$,双向路拱横坡 2.5%,某特殊结构汽车通过该曲线,汽车车轮距为 1.7m,装载重心高度 $h=1.8\text{m}$,仅从避免车道倾覆角度考虑,该路段限制速度为(　　)km/h。(不计内侧车道与外车车道的半径差值)

A. 45　　B. 50　　C. 55　　D. 60

主要解答过程:

题 32:某二级公路设计速度为 60km/h,其 JD_1 两导线方位角分别为 115°、116.7°,则 JD_1 平曲线长度一般情况应大于(　　)m。

A. 100　　B. 200　　C. 350　　D. 420

主要解答过程:

题 33:某二级公路相邻两段纵坡 $i_1=-1\%$,$i_2=-5\%$,变坡点里程桩号为 K2+880,变坡点高程为 500.00m,该竖曲线半径为 2000m,K2+900 的设计高程最接近(　　)。

A. 499.70m　　B. 499.80m　　C. 499.90m　　D. 498.9m

主要解答过程:

题 34:青藏高原(海拔 4500m)上某二级公路,设计速度为 80km/h,其纵断面最大纵坡为(　　)。

A. 5%　　B. 3%　　C. 4%　　D. 6%

主要解答过程:

题 35:某平原区二级公路,已知 JD_1、JD_2、JD_3 的坐标分别为(40961.914,91066.103),(40433.528,91250.097),(40547.416,91810.392)。JD_2 的转角是(　　)。

A. 59.219°　　B. 82.291°　　C. 97.908°　　D. 103.241°

主要解答过程:

题 36:某一级公路,双向四车道,设计速度为 80km/h,按正常条件设计,中间带宽度为 3.5m,现将其中央分隔带总宽度单侧拓宽为 4m,则其渐变段最小长度为(　　)m。

A. 20　　B. 50　　C. 75　　D. 150

主要解答过程:

题 37:某单交点基本型曲线,交点桩号为 K1 +590,圆曲线半径取 300m,圆曲线两端的缓和曲线均为 60m,其转角为 23°23′,QZ 点的里程桩号是(　　)。

A. K1 +591.92　　B. K1 +590.960　　C. K1 +589.035　　D. K1 +589.090

主要解答过程:

题 38:某二级公路 K12 +200 ~ K12 +330 右侧挖方边坡位于滑坡地段,此滑坡体正好处于极限平衡状态,且可分为 2 个条块,每个条块重力及滑面长度见下表,滑面倾角如下图所示。现设定各滑面内黏聚力 c 相同,摩擦角 $\varphi = 10°$,稳定安全系数 $F_s = 1.15$。试按《公路路基设计规范》(JTG D30—2015),用传递系数法求滑动面黏聚力 c 值最接近以下哪个选项(　　)。

条块编号	重力 G(kN/m)	滑动面长 L(m)
1	700	7.8
2	900	6.5

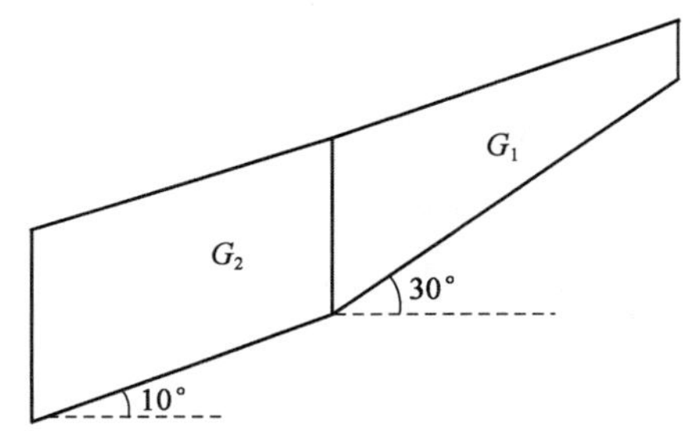

A. 12.5kPa　　B. 14.9kPa　　C. 18.7kPa　　D. 21.1kPa

主要解答过程：

题 39：某新建高速公路试验路段跨越软土地区，采用沥青混凝土路面。地质勘察表明该地区土层由表及下依次为硬塑黏土、淤泥质黏土、粉质黏土，厚度分别为 2m、8m、6m，软土层不排水抗剪强度为 17kPa。采用一般预压法修筑高度为 4m 的路堤，路堤填料重度为 18.5kN/m^3，以 0.02m/d 的平均速率分期加载填料。按照《公路路基设计规范》(JTG D30—2015)，采用分层总和法计算的软土层主固结沉降为 40cm，则采用沉降系数法估算软土层的总沉降量最接近下列何值(　　)。

A. 38cm　　B. 42cm　　C. 46cm　　D. 49cm

主要解答过程：

题 40：某一级公路在路堑边沟下设置矩形填石渗沟，已知渗沟宽 0.4m，排水层高 0.6m，沟底纵坡 $i = 2\%$，采用平均粒径为 5cm 的碎石作为渗沟填料，碎石的孔隙率 $n = 0.40$。根据《公路排水设计规范》(JTG/T D33—2012)，试计算渗沟的泄水能力最接近以下哪个选项(　　)。

A. 0.0042m^3/s　　B. 0.0052m^3/s　　C. 0.0062m^3/s　　C. 0.0072m^3/s

主要解答过程：

题 41：某二级公路位于季节性冻土地区，面层为 7cm 厚沥青混凝土，基层为 40cm 厚水泥稳定碎石，路基填料为粉质黏土，低温设计温度为 -25℃，当表面层改性沥青的 -15℃ 条件下弯曲梁流变试验加载 180s 时，蠕变劲度为 100MPa。试计算路面低温开裂指数最接近以下哪个选项(　　)。

A. 1.7　　B. 2.5　　C. 3.3　　D. 3.0

主要解答过程：

题 42:某一级公路采用沥青混凝土路面,通过平行试验测得同一种沥青混合料的贯入强度分别为 0.72MPa、0.78MPa、0.69MPa、0.74MPa、0.77MPa。根据《公路沥青路面设计规范》(JTG D50—2017),该沥青混合料的贯入强度值最接近以下哪个选项(　　)。

A. 0.69MPa　　B. 0.72MPa　　C. 0.74MPa　　D. 0.77MPa

主要解答过程:

题 43:公路自然区划Ⅳ区拟新建一条一级公路,拟采用普通水泥混凝土面层,面层弯拉强度要求为 5MPa,当地的粗集料以花岗岩为主,经计算最大温度梯度时面层最大温度应力为 1.52MPa。试求面板临界荷位温度疲劳应力最接近下列哪个选项(　　)。

A. 0.58MPa　　B. 0.71MPa　　C. 0.82MPa　　D. 0.94MPa

主要解答过程:

题 44:某高速公路上有一座钢桁架桥梁,桥梁计算跨径为 98.6m,主桁架上有一根腹杆,在桥梁运营过程中承受压力和拉力,此腹杆回转半径 $i=22\text{cm}$。试问,按照长细比控制,本腹杆最大计算长度不得大于(　　)。

A. 22m　　B. 24m　　C. 26m　　D. 28m

主要解答过程:

题 45:在某海滩修建一条沿海高速公路,有一座 5×16m 的普通钢筋混凝土 T 梁桥,T 梁在工厂预制,梁高为 2.0m,其中 T 梁腹板主筋采用三层竖向叠置钢筋(非束筋),主筋直径为 28mm,箍筋直径为 16mm。试问,在进行承载能力计算时,T 梁最大有效高度 h_0 与下列何项数值最为接近(　　)。

提示:不考虑钢筋外径的影响。

A. 1910mm　　B. 1920mm　　C. 1930mm　　D. 1940mm

主要解答过程:

题 46:某丘陵地区有一河流,非黏性土河床,河槽最大水深 10m,天然状态下河槽宽 40m,河流总宽 80m,河槽最大能扩展到整个河流宽。设计采用 5 孔 25m 预应力混凝土连续 T 梁桥,桥墩直径为 1.6m。设计流量为 4000m^3/s,天然状态下河槽部分设计流量为 2000m^3/s、桥下河滩部分设计流量为 800m^3/s,设计流速为 2.5m/s。试问桥下一般冲刷深度最接近的是(　　)。

提示:单宽流量集中系数 1.8,阻水率 $\lambda=0.05$。

A. 14.1m　　B. 15.2m　　C. 16.4m　　D. 17.5m

主要解答过程:

题 47:已知某钢筋混凝土衬砌结构,采用 C40 混凝土,按照永久荷载和基本可变荷载作用下,混凝土达到抗拉极限强度控制。衬砌截面厚度 $h=40$cm,截面宽度 $b=100$cm,轴向力偏心距为 0.1m。根据《公路隧道设计规范　第一册　土建工程》(JTG 3370.1—2018),检算衬砌承受轴向力的最大值与下列何项最为接近(　　)。

A. 1575kN　　B. 1890kN　　C. 2100kN　　D. 2300kN

主要解答过程:

题 48:某设计速度为 100km/h 双向六车道高速公路分离式隧道。隧道长 1500m,洞口为浅埋偏压,隧道中心点开挖面至隧道顶地面的距离为 12m,隧道开挖宽度 17m,顶部地面坡度为1∶2。围岩等级为Ⅲ级,计算摩擦角为 50°,围岩重度为 24kN/m^3。根据《公路隧道设计规范　第一册　土建工程》(JTG 3307.1—2018),隧道内侧拱脚水平压力值与下列何项最为接近(　　)。

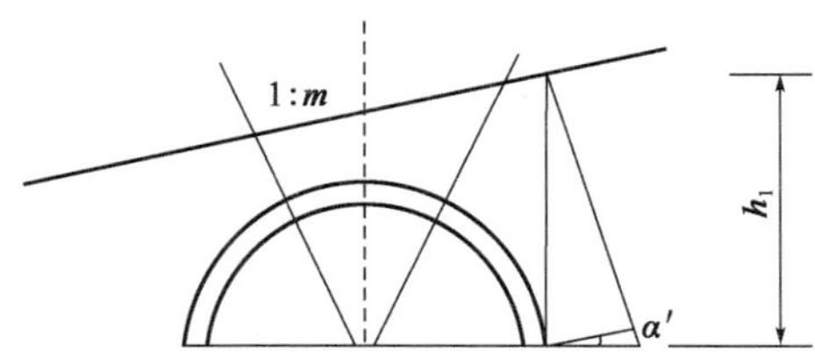

A. 105kPa　　B. 95kPa　　C. 85kPa　　D. 75kPa

主要解答过程:

题 49:某城市主干路,设计速度为 50km/h,采用四幅路横断面布置形式,路段行车道为双向六车道。该路某处平面交叉口,被交道路进口道展宽设置有左、右转专用车道,则该处平面交叉口主路出口道行车道路面最小宽度宜采用(　　)。

A. 11.0m　　B. 11.5m　　C. 13.5m　　D. 14.5m

主要解答过程:

题 50:某两条公路交叉,其中主要公路为双向六车道,次要公路为双向四车道,形成三岔立体交叉,两左转弯为次要交通流,则该立交方案的选型最为适宜的是(　　)。

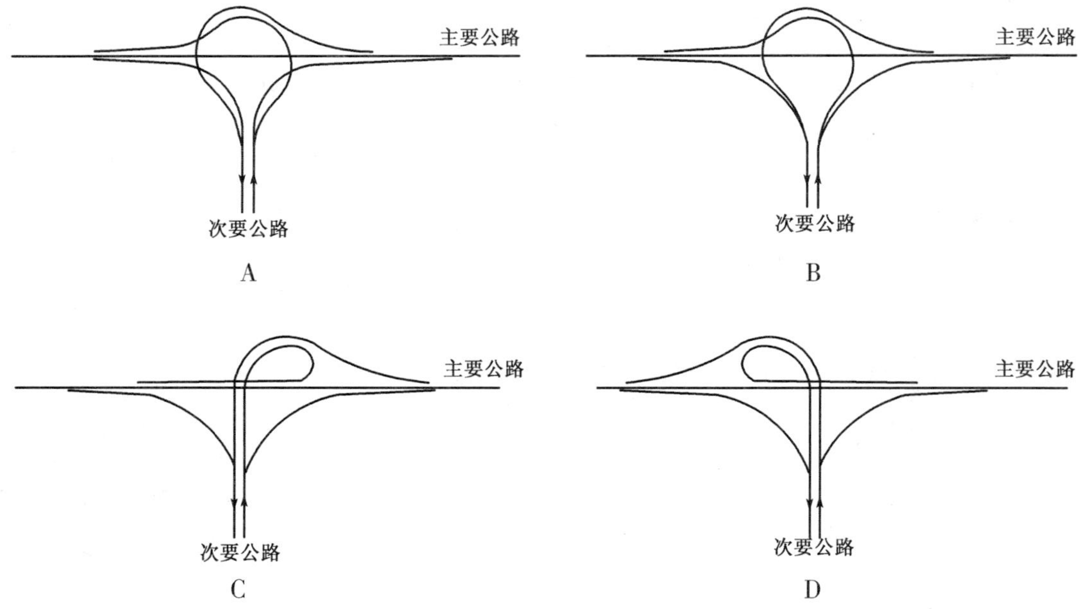

主要解答过程:

题 51:某公路立交,主线设计速度为 80km/h,基本路段为双向六车道,某方向出口匝道设计速度 40km/h,转向交通量 $DDHV = 800$pcu/h,匝道分、合流鼻端之间的长度为 600m,该立交设计时无特殊条件限制,则距离该出口匝道分流鼻 75m 处的匝道路基横断面宽度设置不合理是(　　)。

A. 9.0m　　B. 9.5m　　C. 9.75m　　D. 10.5m

主要解答过程:

题 52:某寒冷地区城市修建一城市广场,广场平面尺寸为 200m×200m,广场中心高程为 89.562m。广场非出入口处有一城市支路与广场垂直相连,支路在距离广场边缘 150m 处由于受到其他条件限制,该处道路中心线高程为 80.061m。试问与支路相连处的广场边缘高程为(　　)时,可满足现行《城市道路工程设计规范》(CJJ 37—2012)(2016 年版)的相关要求。

A. 85.562m　　B. 86.562m　　C. 87.562m　　D. 89.232m

主要解答过程:

题 53:已知某城市主干路,设计速度为 60km/h,双向四车道,为混行车道。某隧道路段采用分离式,单幅隧道内不设置检修道与人行道,则单幅隧道内最小车行道路面宽度为(　　)。

A. 8.5m　　B. 10.5m　　C. 11m　　D. 11.5m

主要解答过程:

题 54:某城市主干路经过火车站附近,不考虑其他因素的干扰,预测路段单侧人行交通量为 5000 人/h。该路段单侧需要的最小人行道宽度应定为(　　)。(计算结果取整数)

A. 1m　　B. 2m　　C. 3m　　D. 4m

主要解答过程:

题 55:哈尔滨某城市快速路,设计速度采用 80km/h,受地形条件限制,260m 段设置 5% 超高值、3.5% 纵坡度,坡长 250m,此段道路设计指标不满足规范规定的是(　　)。

A. 圆曲线半径　　B. 坡长　　C. 纵坡度　　D. 合成坡度

主要解答过程:

题 56:某城市一座钢筋混凝土跨河桥,为单跨 20m 简支梁桥,计算跨径为 19.2m,采用 C50 混凝土,在恒荷载标准值下,跨中挠度为 7mm,在汽车荷载标准值(不考虑冲击系数)作用下,跨中挠度为 5mm。试问,当荷载仅考虑恒荷载和汽车荷载时,该桥设置的预拱度与下列何项数值最为接近(　　)。

A. 0(不设置预拱度)　　B. 10.1mm

C. 12.5mm　　D. 13.8mm

主要解答过程:

题 57:某一城市道路立 A1 类立交,主线设计速度为 100km/h,主线单向路面宽度为 12.25m(含左右侧路缘带各 0.5m),3 车道布置,在某直接式出口匝道分流鼻处设置主线偏置值 C_1 =3.0m,匝道偏置值 C_2 =0.6m,鼻端半径 r =0.6m,匝道为单车道断面布置,车道宽 3.5m,左侧路缘带宽 0.5m。则除宽度缓和段外的减速车道部分至少应设置多长(　　)。

A. 90m　　B. 120m　　C. 150m　　D. 180m

主要解答过程:

题 58:某标段公路工程建设项目,初步设计概算分析后,已知定额直接费 45000 万元,定额设备购置费 11500 万元,措施费 5600 万元,企业管理费综合费率为 8.6%,规费 770 万元,税金 6800 万元,专项费用 1200 万元。则该项目初步设计概算的定额建筑安装工程费约为(　　)万元。

A. 68000　　B. 72000　　C. 75000　　D. 80000

主要解答过程:

题 59:某公路工程建设项目建设期为 3 年,资金筹措方式为资本金和银行贷款。根据预算分析和工作安排,贷款总额为 60000 万元,各年贷款发放金额占贷款总额的比例分别为第 1 年 30%、第 2 年 40%、第 3 年为 30%。假定除第 1 年贷款为年初发放外,第 2 年和第 3 年均为年中均匀发放,贷款利率为 7%,则该项目的建设期贷款利息约为(　　)万元。

A. 6540　　B. 6900　　C. 7260　　D. 7620

主要解答过程:

题 60:建筑地基从自然地面算起,自上而下分别为:(1)粉土,厚度5m;(2)黏土,厚度2m;(3)粉砂,厚度20m。各层土的天然重度均为$18kN/m^3$,饱和重度为$20kN/m^3$,基础埋深3m。勘察发现有一层地下水,埋深3m,含水层为粉土,黏土为隔水层(按饱和重度考虑),粉砂层无水。试问下列用于地基沉降计算的自重应力的选项,不正确的是(　　)。

A. 10m 深度处的自重应力为188kPa

B. 7m 深度处的自重应力为114kPa

C. 4m 深度处的自重应力为64kPa

D. 3m 深度处的自重应力为54kPa

主要解答过程:

模拟试卷五(上午卷)答案

序号	1	2	3	4	5	6	7	8	9	10
答案	C	D	A	B	C	B	B	C	B	C
序号	11	12	13	14	15	16	17	18	19	20
答案	D	B	D	C	A	D	A	C	C	C
序号	21	22	23	24	25	26	27	28	29	30
答案	D	D	A	C	D	B	A	A	B	D

1. 答案(C)

根据《公路工程技术标准》(JTG B01—2014)3.3.2 条,设计交通量 = 8500 × (60% × 1.0 + 32% × 1.5 + 5% × 2.5 + 3% × 4.0) = 11262.5pcu/d。

【编者注】设计交通量与设计通行能力对应的车辆折算系数取值不同。

2. 答案(D)

该二级公路车头时距 = 120/(60000/3600) = 7.2s。则 1 小时平均车辆数为 3600/7.2 = 500 辆。

【编者注】可记住每秒行驶距离(m)为 $v/3.6$。

3. 答案(A)

根据题中条件,查《公路路线设计规范》(JTG D20—2017)表 3.4.2-2,中型车车辆折算系数为 4.0,大型车为 6.0,汽车列车为 9.0。

根据式(3.4.2-2):

$$f_{HV} = \frac{1}{1 + \sum P_i(E_i - 1)} = \frac{1}{1 + [0.2 \times (4-1) + 0.12 \times (6-1) + 0.08 \times (9-1)]} = 0.352。$$

【编者注】本题直接按表 3.4.2-2 中的“交通量”套用公式计算。速度小于或等于 80km/h 按 80km/h 取值。

4. 答案(B)

平距 = 10/0.055 = 181.82m,地形图比例尺为 1∶10000,则 1cm 代表 100m,181.82/100 = 1.82cm。

5. 答案(C)

解析:根据《公路路线设计规范》(JTG D20—2017)7.6.1 条,干线二级公路采用第 3 类加宽值,圆曲线半径 200m 对应加宽值为 0.8m。

K18 +400 所在缓和曲线长度 = HZ - YH = K18 +427.91 - K18 +357.91 =70m

K18 +400 距离对应缓和曲线起点长度 = K18 +427.91 - K18 +400 =27.91m

$$k = \frac{L_x}{L} = \frac{27.91}{70} = 0.399$$

$$b_{jx} = (4k^3 - 3k^4)b = (4 \times 0.399^3 - 3 \times 0.399^4) \times 0.8 = 0.142\text{m}$$

【编者注】临界半径对应加宽值在规范条文说明里查明。L_x 是到加宽缓和段起点的距离,不是终点。

6. **答案**(B)

根据《公路路线设计规范》(JTG D20—2017)6.2.1 条,车道宽度为 3.75m。

根据该规范 6.4.1 条,右侧硬路肩宽度一般值为 3.0m,土路肩宽度为 0.75m。

根据该规范 6.4.2 条,左侧硬路肩宽度为 1.25m,土路肩宽度为 0.75m。

则单幅路基宽度 =0.75 +1.25 +3 ×3.75 +3.0 +0.75 =17m。

7. **答案**(B)

经济运距 $L_j = B$(借土单价)/T(远运单价) + L_m(免费运距) =80/15 +1 =6.3km。

8. **答案**(C)

根据《公路路线设计规范》(JTG D20—2017)9.6.2 条,隧道洞口内外侧各 3s 设计速度行程长度范围的平、纵面线形应一致。

隧道外直线最小长度 =60/3.6 ×3 =50m,则平曲线最大切线长 =2030 -1700 -50 =280m。

又单圆曲线半径最大,切线长 $T = R \cdot \tan\frac{\alpha}{2}$,即 $280 = R \times \tan(20/2)^\circ$,得 $R = 1587.9$m。

【编者注】所取半径应小于计算所得半径,否则侵入 3s 行程范围。

9. **答案**(B)

由地下水及路基填土高度判断,路基工作区被地下水毛细浸润面分为上、下两个部分,其中在毛细浸润面以上为 3.5 -0.6 -2.5 =0.4m,毛细浸润面以下为 0.8 -0.4 =0.4m,路基湿度状态处于中湿类型。

(1)湿度调整系数

$$K_s = \frac{K_{s1}h_1 + K_{s2}h_2}{h_1 + h_2} = \frac{1.1 \times 0.4 + 0.8 \times 0.4}{0.8} = 0.95$$

(2)回弹模量计算

$$M_R = 17.6CBR^{0.64} = 17.6 \times 10.0^{0.64} = 76.8\text{MPa}$$

$$E_0 = K_s K_\eta M_R = 0.95 \times 0.85 \times 76.8 = 62.0\text{MPa}$$

10. **答案**(C)

根据《公路路基设计规范》(JTG D30—2015)附录 H.0.2：

$$\frac{b}{6}=\frac{1.45}{6}=0.24\text{m}<e_0=0.3<\frac{b}{4}=\frac{1.45}{4}=0.36\text{m}$$

$$\alpha_1=\frac{B}{2}-e_0=\frac{1.45}{2}-0.3=0.425$$

$$\sigma_1=\frac{2N_{\text{d}}}{3\alpha_1}=\frac{2\times(180+12)}{3\times0.425}=301.2\text{kPa}$$

11. **答案**(D)

根据《公路路基设计规范》(JTG D30—2015)表 7.11.6，应高出地表长期水位 1.3m，对于一级公路应乘以系数 1.5 ~ 2.0。

$h\geqslant0.5+1.5\times1.3=2.45\text{m}$。

12. **答案**(B)

根据《公路沥青路面设计规范》(JTGD50—2017)G.1.2 条，查表 G.1.2 得：

$$\hat{k}_{\text{T2}}=1.02$$

$$\lambda_{\text{E}}=\frac{E_{\text{a}}^*}{E_{\text{b}}^*}=\frac{9200}{400}=23$$

$$\lambda_{\text{h}}=\frac{h_{\text{a}}^*}{h_{\text{b}}^*}=\frac{140}{520}=0.269$$

$$A_{\text{E}}=0.006\times23+0.89=1.028$$

$$A_{\text{h}}=0.67\times0.269+0.70=0.880$$

$$B_{\text{E}}=0.12\times\ln(23/20)=0.017$$

$$B_{\text{h}}=0.38\times\ln(0.269/0.45)=-0.195$$

$$K_{\text{T2}}=A_{\text{h}}A_{\text{E}}\hat{k}_{\text{T2}}^{1+B_{\text{h}}+B_{\text{E}}}=0.880\times1.028\times1.02^{1-0.195+0.017}=0.92$$

13. **答案**(D)

根据《公路沥青路面设计规范》(JTG D50—2017)B.3.4 条得：

$DS=9365R_0^{-1.48}=9365\times5.0^{-1.48}=865$ 次/mm

根据表 5.5.7，夏炎热 1-3 区，一级公路普通沥青混合料的动稳定度不小于 1000 次/mm，取 $DS=1000$ 次/mm。

14. **答案**(C)

根据《公路水泥混凝土路面设计规范》(JTG D40—2011)表 3.0.1，二级公路的设计基准期为 20 年。根据表 A.2.4，车辆轮迹横向分布系数取小值，临界荷位处的车辆轮迹横向分布系数取 0.34。

设计轴载累计作用次数为：

$$N_e=\frac{N_s\times[(1+g_r)^t-1]\times365}{g_r}\times\eta=\frac{700\times[(1+0.035)^{20}-1]\times365}{0.035}\times0.34$$

$=2.46\times10^6$ 次

根据表3.0.7,判断为重交通荷载等级。根据4.4.3条,基层下应设置底基层,排除B选项。当基层采用无机结合料稳定类材料时,且上路床由细粒土组成时,应在基层下设置粒料类基底层,排除A选项。根据表4.4.2-1,级配砾石适用于中等、轻交通荷载等级,排除D选项。

15.**答案**(A)

根据《公路钢筋混凝土及预应力混凝土桥涵设计规范》(JTG 3362—2018)5.3.1条,$l_0/2r=30/1.6=19$,稳定系数$=0.706$。查表3.1.4,C35混凝土强度设计值为$f_{cd}=16.1\text{MPa}$。查表3.2.3-1,HRB400钢筋抗压强度设计值为$f'_{sd}=330\text{MPa}$。

轴心轴压承载力为:

$$0.9\varphi(f_{cd}A+f'_{sd}A'_s)=0.9\times0.7\times\left(16.1\times3.14\times\frac{1600^2}{4}+330\times28\times3.14\times\frac{28^2}{4}\right)\times10^{-3}=$$

23966kN。

【编者注】1.桥梁配筋率一般不会大于3%,故一般不用扣除钢筋面积。本题钢筋率为:$\rho=\frac{28\times3.14\times28^4/4}{3.14\times1600^2/4}=0.86\%$。同时,应注意查表时不要查第一栏。

2.一定要掌握力的转换,$\text{MPa}\times\text{mm}^2=\text{N}$,$\text{kPa}\times\text{m}^2=\text{kN}$,$\text{MPa}\times\text{m}^2=\text{MN}$。

16.**答案**(D)

根据《公路工程抗震规范》(JTG B02—2013)3.1.1条,高速公路,单跨跨径100m,属于B类桥梁,根据表3.1.3和表3.1.4,故选D。

17.**答案**(A)

根据《公路钢筋混凝土及预应力混凝土桥涵设计规范》(JTG 3362—2018)7.1.6条:

混凝土主拉应力$\sigma_{tp}=1.5\text{MPa}>0.5f_{tk}=0.5\times2.65=1.33\text{MPa}$。

箍筋间距应满足:$s_v=\frac{f_{sk}A_{sv}}{\sigma_{tp}b}\Rightarrow\frac{A_{sv}}{s_v}=\frac{\sigma_{tp}b}{f_{sk}}=\frac{1.5\times500}{180}=4.17\text{mm}^2/\text{mm}$。

A、B、C、D四个选项的$\frac{A_{sv}}{s_v}$值分别为:4.52、4.02、4.12、6.16,单位为mm^2/mm。故选A。

【编者注】1.本题对于桥梁专业考生比较难,主要原因是桥梁实际设计很少按照此公式来确定箍筋的配置,都是按照第5章抗剪承载力计算箍筋。

2.实际箍筋配筋取此条文计算的箍筋和式(5.2.13-1)计算的大值。

3.注意题干已经给了箍筋的抗拉强度标准值按180MPa,不需要再去根据钢筋型号查抗拉强度。同时还应注意《公路钢筋混凝土及预应力混凝土桥涵设计规范》(JTG 3362—2018)9.3.12条中箍筋的构造要求。

18. **答案**(C)

根据《公路隧道抗震设计规范》(JTG 2232—2019)5.1.1 条,明挖隧道应同时考虑沿横断面方向和沿结构纵向的水平地震作用,故 A 不对。

根据规范 6.2.2 条,采用反应位移法进行抗震计算时,设计地震作用基准面应取在隧道结构以下剪切,波速大于或等于 500m/s 的地层位置,故应取中风化砂岩顶部,即地面以下 56m。

根据规范 3.1.1 条,该隧道抗震设防分类为 B 类。根据规范表 3.1.4,0.15g,B 类隧道,抗震设防措施等级为三级。故 C 对。

根据规范表 3.3.2,0.15g,B 类隧道,抗震设计方法应为 2 类,故 D 错。

19. **答案**(C)

根据《公路隧道设计规范　第一册　土建工程》(JTG 3370.1—2018)8.6.9 条:

受力钢筋为上、下缘环向钢筋,分布钢筋为纵向钢筋。分布钢筋间距不宜大于 300mm,故排除 B。

受力主筋截面积不应小于 0.6%,且不宜大于 3%,对于 A,单位宽度 1000mm,上、下缘各配置 5 根受力筋,则配筋率 $\rho = \frac{3.14 \times 8^2 \times 5 \times 2}{1000 \times 400} = 0.5\%$,不满足,排除 A;对于 D,单位宽度 1000mm,上、下缘各配置 10 根受力筋,则配筋率 $\rho = \frac{3.14 \times 14^2 \times 10 \times 2}{1000 \times 400} = 3.1\%$,不满足,排除 D。

故正确答案选 C。

20. **答案**(C)

按题意:右转弯设计速度 40km/h,采用渐变式变速车道。

减速车道长度 =3.7/1.0 ×(80 +40)/2/3.6 =61.6m

加速车道长度 =3.7/0.6 ×(80 +40)/2/3.6 =102.8m

右转弯附加车道总长 =61.6 +40 +102.8 =204.4m

21. **答案**(D)

根据《公路路线设计规范》(JTG D20—2017)11.3.2 条第 2 款,转向交通量大于 1200pcu/h,采用双车道匝道及双车道变速车道,并需相应设置出口辅助车道。查《公路路线设计规范》(JTG D20—2017)表 11.3.8-1、表 11.4.4,该方向出口匝道连接部主线渐变段起点至匝道分流鼻的全长由辅助车道渐变段、辅助车道、减速车道组成,其最小长度为 80 +250 +190 +80 =520m。

22. **答案**(D)

根据《公路立体交叉设计细则》(JTG/T D21—2014)7.3.1 条,该匝道类型选用Ⅲ型单向双车道匝道,设计速度 70km/h 匝道一条车道宽度采用 3.75m,无特殊条件限制下,右侧硬路肩宽度采用 3.0m,左侧硬路肩宽度采用 0.75m,土路肩宽度采用 0.75m,匝道横断面适宜宽度 =0.75 +0.75 +3.75 ×2 +3.0 +0.75 =12.75m。

23. **答案**(A)

根据《公路交通安全设施设计规范》12.4.1 条,净空 2.5m <3.5m <4.5m,可设置防撞限高架。

根据《公路工程技术标准》(JTG B01—2014)表 B.0.1-2,20m 停车视距对应车速为 20km/h。

根据《公路交通安全设施设计规范》式(3.5.5),$f' = \frac{m|v_t - v_0|}{T} = \frac{20 \times (40-20)}{3.6 \times 0.1} = 1111\text{kN}$。

24. **答案**(C)

根据《城市道路工程设计规范》(CJJ 37—2012)(2016 年版)4.4 节,主干路采用三幅路布置形式则设有机非隔离设施,则不受平面交叉口影响路段一条自行车道设计通行能力为 1600 ~ 1800veh/h。

根据《城市道路路线设计规范》(CJJ 193—2012)5.3.2 条第 2 款,可采用的自行车道宽度范围为 4800/1600 = 3,4800/1800 = 2.667。

根据 5.3.2 条第 4 款,非机动车专用道路,单向车道宽不宜小于 3.5m。

正确答案选 C。

25. **答案**(D)

根据《城市道路工程设计规范》(CJJ 37—2012)(2016 年版)表 4.3.2,设计速度为 40km/h 时,设计通行能力为 1300pcu/h;由车流量确定车道数 $N = 600/1300 = 0.46$,取 $N = 1$。

根据《城市道路路线设计规范》(CJJ 193—2012)5.3.6 条,集散车道可为单车道或双车道,每条集散车道的宽度宜为 3.5m。与主路间设有分隔设施的集散车道,其车道数不应少于 2 条,所以车道数 $N = 2$。根据表 5.3.4,路缘带宽度取 0.25m。

集散车道最小路面宽度 = 0.25 + 3.5 × 2 + 0.25 = 7.5m。

【编者注】集散车道的宽度规范中规定宜为 3.5m,与速度关联性不大,另外设有分隔设施时车道数不应少于 2 条。

26. **答案**(B)

根据《城市道路路线设计规范》(CJJ 193—2012)6.6.1 条文说明,停车视距为:

$$S_S = \frac{V}{3.6}t + \frac{\beta_s V^2}{254(\mu_s \pm i)} + S_a = 100 \times 1.2/3.6 + 1.2 \times 100^2/[254 \times (0.4 - 0.03)] + 10 = 171\text{m}$$

故正确答案选 B。

【编者注】关于视距计算公式,《城市道路路线设计规范》(CJJ 193—2012)与《城市道路工程设计规范》(CJJ 37—2012)(2016 年版)二者不同,考虑题中给出纵坡坡度,本题按《城市道路路线设计规范》(CJJ 193—2012)进行计算。注意题中 S_a 取值的不同。

27. **答案**(A)

根据《城市桥梁设计规范》(CJJ 11—2011)(2019 年版)A.0.2 条、图 A.0.1、图 A.0.2-2:

特—220,横向轮布置为 0.93 + 1.24 + 0.93 = 3.1m, 单向三车道,故左轮布置应是[-3,(3 - 3.1)] = (-3, -0.1),故选 A。

28. 答案(A)

根据《城市道路交叉口设计规程》(CJJ 152—2010)5.6.5 条第 2 款,环形立交两个直行方向分别上跨、下穿环道(无附加车道)时环形立交设计通行能力为:$N = (n_1 - 2) N_{S1} + (n_2 - 2) N_{S1} + N_r$,$N_S$ 为 1750pcu/h,环道为 3 车道,N_r 取 2000pcu/h,$N = (8 - 2) \times 1750 + (8 - 2) \times 1750 + 2000 = 23000$pcu/h。

29. 答案(B)

根据《公路工程抗震规范》(JTG B02—2013)8.3.5 条,(1)、(2)无须采取液化抗震措施;(3)路堤高度大于 3m 且地基上覆非液化土层厚度小于 5m,需要采取液化抗震措施;(4)路堤高度大于 5m,需要采取液化抗震措施。故选 B。

30. 答案(D)

根据《公路桥涵地基与基础设计规范》(JTG 3363—2019)5.1.1 条,非岩石河床桥梁墩台基底埋深安全值不宜小于表 5.1.1 的规定。总冲刷深度为自河床面算起的河床自然演变冲刷、一般冲刷与局部冲刷深度之和。总冲刷深度为 4m,3 × 30m 为中桥,基底埋深(距离最大深度线以下)安全值在 1.5 ~ 2.0m 之间。则最小高程 = 56.2 - (1.0 + 1.2 + 1.8) - (1.5 ~ 2.0) = 50.2 ~ 50.7m,故选 D。

模拟试卷五(下午卷)答案

序号	31	32	33	34	35	36	37	38	39	40
答案	A	C	D	C	B	D	C	D	D	B
序号	41	42	43	44	45	46	47	48	49	50
答案	C	C	A	A	A	C	A	A	D	A
序号	51	52	53	54	55	56	57	58	59	60
答案	D	B	A	D	D	C	B	B	C	B

31. **答案**(A)

(1)倾覆条件$\mu \geqslant \frac{b}{2h} = \frac{1.7}{2 \times 1.8} = 0.472$

(2)横向力系数定义:$\mu = \frac{v^2}{127R} \mp i_h$

(3)内侧车道倾覆的临界速度为:

$v = \sqrt{127R(\mu + i_h)} = \sqrt{127 \times 40 \times (0.472 + 0.025)} = 50.25\text{km/h}$

(4)外侧车道倾覆的临界速度为:

$v = \sqrt{127R(\mu - i_h)} = \sqrt{127 \times 40 \times (0.472 - 0.025)} = 47.65\text{km/h}$

【编者注】注意,设置超高与不设置超高时其前面的"±"符号,$v = \sqrt{127R(\mu \pm i_h)}$中,设置超高为"+",不设置为"-",内侧车道可视为天然超高,限速取低值。

32. **答案**(C)

JD_1 转角 = 116.7 - 115 = 1.7°。根据《公路路线设计规范》(JTG D20—2017)表 7.8.2,平曲线长度一般值应大于 700/2 = 350m。

【编者注】注意转角与方位角之间的转换。

33. **答案**(D)

坡度差:$\omega = i_2 - i_1 = -5\% - (-1\%) = -4\%$,因坡度差为"-",故为凸形竖曲线。

曲线长度:$L = R \cdot |\omega| = 2000 \times 0.04 = 80\text{m}$

切线长度:$T = \frac{L}{2} = \frac{80}{2} = 40\text{m}$

因变坡点里程为 K2 + 880,桩号 K2 + 900 在变坡点之后 20m,又因切线长度为 40m,故该桩号还在竖曲线范围内。

桩号位置距切线起点的距离:$x = 40 - 20 = 20\text{m}$

K2 +900 处支距：$y=\frac{x^2}{2R}=\frac{20^2}{2\times2000}=0.10\text{m}$

K2 +900 处切线高程：$H_{切}=500-20\times5\%=499\text{m}$

K2 +900 处设计高程：$H_S=H_{切}-y=499-0.10=498.9\text{m}$

【编者注】计算竖曲线设计高程，应先求出切线长度，再求对应桩号切线高程及支距。

34. **答案**(C)

根据《公路路线设计规范》(JTG D20—2017)8.2.1 条，80km/h 对应最大纵坡为 5%。根据 8.2.2 条，纵坡应折减 2%，即 5% −2% =3%。折减后小于 4%，应按 4% 计。

【编者注】注意纵坡折减的双控原则。

35. **答案**(B)

(1)路线与 x 轴的夹角 β：

$$\beta_1=\arctan\frac{\Delta y}{\Delta x}=\arctan\frac{|y_2-y_1|}{|x_2-x_1|}=\arctan\frac{|91250.097-91066.103|}{|40433.528-40961.914|}=19.199°$$

$$\beta_2=\arctan\frac{\Delta y}{\Delta x}=\arctan\frac{|y_3-y_2|}{|x_3-x_2|}=\arctan\frac{|91810.392-91250.097|}{|40547.416-40433.528|}=78.510°$$

$\Delta y>0$，$\Delta x<0$，二象限，方位角 1 $=180°-\beta_1=180°-19.1990°=160.801°$

$\Delta y>0$，$\Delta x>0$，一象限，方位角 2 $=\beta_2=78.510°$

(2)转角 = 方位角 2 − 方位角 1 $=78.510°-160.801°=-82.291°$。

【编者注】x、y 轴方向及四个象限方向与平时所用直角坐标系不同。象限自右上角顺时针分别为第一、二、三、四象限。纵轴为 x 轴，横轴为 y 轴。

36. **答案**(D)

根据《公路路线设计规范》(JTG D20—2017)表 6.3.1，80km/h 对应左侧路缘带正常情况下为 0.5m，则其中央分隔带宽度为 $3.5-0.5\times2=2.5\text{m}$。

现将其中央分隔带单侧拓宽为 4m，即拓宽宽度为 $4-2.5=1.5\text{m}$。

根据 9.4.3 条，渐变率不应大于 1/100，则最小长度值为 $1.5\times100=150\text{m}$。

【编者注】注意审题，区别中间带与中央分隔带；同时注意区别是单向拓宽还是双向拓宽。

37. **答案**(C)

$$\Delta R=\frac{l_s^2}{24R}-\frac{l_s^4}{2688R^3}=0.5\text{m},\ q=\frac{l_s}{2}-\frac{l_s^3}{240R^2}=29.99\text{m}$$

$$T=(R+\Delta R)\cdot\tan\frac{\alpha}{2}+q=92.18\text{m},\ L=\frac{\pi}{180}\cdot\alpha\cdot R+l_s=182.43\text{m}$$

$J=2T-L=2\times92.18-182.43=1.93\text{m}$

$QZ=JD-J/2=1590-1.93/2=1589.035$

【编者注】平面参数计算中，知道任 3 个参数可求其他。

38. **答案**(D)

根据《公路路基设计规范》(JTG D30—2015)7.2.2 条:

$\psi_2 = \cos(30° - 10°) - \sin(30° - 10°)\tan 10° = 0.879$

$T_1 = F_s W_1 \sin\alpha_1 - W_1 \cos\alpha_1 \tan\varphi_1 - c_1 L_1$

$= 1.15 \times 700 \times \sin30° - 700 \times \cos30° \tan10° - c \times 7.8 = 295.6 - 7.8c$

$T_2 = F_s W_2 \sin\alpha_2 + \psi_2 T_1 - W_2 \cos\alpha_2 \tan\varphi - cL_2 = 0$

$1.15 \times 900 \times \sin10° + 0.879 \times (295.6 - 7.8c) - 900 \times \cos10° \tan10° - c \times 6.5 = 0$

$283.3 - 13.4c = 0$

解得 $c = 21.1\text{kPa}$。

39. **答案**(D)

根据《公路路基设计规范》(JTG D30—2015)7.7.2 条,加载速率为 20mm/d,取 $v = 0.025$。软土层厚为 8m > 5m,硬壳层厚度 2m < 2.5m,不排水抗剪强度为 17kPa < 25kPa,取 $Y = 0$。采用一般预压法时,$\theta = 0.9$。则:

$m_s = 0.123\gamma^{0.7}(\theta H^{0.2} + vH) + Y$

$= 0.123 \times 18.5^{0.7} \times (0.90 \times 4^{0.2} + 0.025 \times 4) - 0$

$= 1.221$

$S_t = m_s S_c = 1.221 \times 40 = 48.8\text{cm}$

40. **答案**(B)

根据《公路排水设计规范》(JTG/T D33—2012)9.4.4 条:

$$k_m = \left(20 - \frac{14}{d}\right) n \cdot \sqrt{d} = \left(20 - \frac{14}{5}\right) \times 0.4 \times \sqrt{5} = 15.4\text{cm/s} = 0.154\text{m/s}$$

$Q_c = wk_m \sqrt{i_z} = 0.4 \times 0.6 \times 0.154 \times \sqrt{0.02} = 5.23 \times 10^{-3}\ \text{m}^3/\text{s}$

也可以直接查表 9.4.4,$k_m = 0.15\text{m/s}$,计算得 $Q_c = 0.0051\text{m}^3/\text{s}$。

41. **答案**(C)

根据《公路沥青路面设计规范》(JTG D50—2017)B.5.1 条,对于路基类型参数 b,粉质黏土取值为 $b = 3$。则:

$CI = 1.95 \times 10^{-3} S_t \lg b - 0.075(T + 0.07h_a)\lg S_t + 0.15$

$= 1.95 \times 10^{-3} \times 100 \times \lg3 - 0.075 \times (-25 + 0.07 \times 70) \times \lg100 + 0.15 = 3.26$

42. **答案**(C)

根据《公路沥青路面设计规范》(JTG D50—2017)F.5.2 条:

$$\overline{R_\tau} = \frac{0.72 + 0.78 + 0.69 + 0.74 + 0.77}{5} = 0.74\text{MPa}$$

$$\sigma = \sqrt{\frac{(0.72 - 0.74)^2 + (0.78 - 0.74)^2 + (0.69 - 0.74)^2 + (0.74 - 0.74)^2 + (0.77 - 0.74)^2}{5 - 1}}$$

$=0.0367$

$\overline{R_{\tau}} \pm k \cdot \sigma = 0.74 \pm 1.67 \times 0.0367 = {}^{0.80}_{0.68}$

试验值均在 0.68 ~0.80 范围之内,满足要求。

43. **答案**(A)

根据《公路水泥混凝土路面设计规范》(JTG D40—2011)B.3.1 条和 B.3.4 条,查表 B.3.4,$\alpha_t=0.841$,$b_t=1.323$,$c_t=0.058$。则:

$$k_t=\frac{f_r}{\sigma_{t,max}}\left[\alpha_t\left(\frac{\sigma_{t,max}}{f_r}\right)^{b_t}-c_t\right]=\frac{5.0}{1.52}\left[0.841\times\left(\frac{1.52}{5.0}\right)^{1.323}-0.058\right]=0.382$$

$$\sigma_{tr}=k_t\sigma_{t,max}=0.382\times1.52=0.581\text{MPa}$$

44. **答案**(A)

根据《公路钢结构桥梁设计规范》(JTG D64—2015)5.1.4 条,主桁架中受压-拉腹杆长细比不小于 100。

长细比 $\lambda=\frac{l}{i}\leqslant100 \Rightarrow \frac{l}{0.22}\leqslant100 \Rightarrow l\leqslant22\text{m}$,故选 A。

45. **答案**(A)

求最大有效高度 h_0,即求最小保护层厚度 C。根据《公路桥涵设计通用规范》1.0.4 条和 1.0.5 条,本桥为高速公路中桥,使用年限为 100 年。根据《公路钢筋混凝土及预应力混凝土桥涵设计规范》(JTC 3362—2018)表 9.1.1,海滩属于近海或海洋Ⅲ类环境,使用年限为 100 年,主梁结构,最小保护层厚度为 35mm。根据表小注 2,工厂预制结构的保护层可减少 5mm,故保护层厚度为 $C=35-5=30\text{mm}$。

$a_s=30+16$(箍筋直径)$+1.5\times28=88\text{mm}$,故最大有效高度 $h_0=2000-88=1912\text{mm}$。

46. **答案**(C)

根据《公路工程水文勘测设计规范》(JTG C30—2015)8.3.1 条:

$$Q_2=\frac{Q_c}{Q_c+Q_{t1}}Q_p=\frac{2000}{2000+800}\times4000=2857\text{m}^3/\text{s}$$

$$h_p=1.04\times\left(1.8\times\frac{2857}{2000}\right)^{0.9}\times\left[\frac{40}{(1-0.05)\times0.96\times80}\right]^{0.66}\times10=1.04\times2.34\times0.67\times10$$

$$=16.4\text{m}$$

47. **答案**(A)

根据《公路隧道设计规范　第一册　土建工程》(JTG 3370.1—2018)9.2.12 条,由混凝土抗拉控制,即采用式(9.2.12)。再根据表 9.2.4-2,则强度安全系数为 2.4。

$$2.4N\leqslant\frac{1.75\times2.7\times1\times0.4\times1000}{\frac{6\times0.1}{0.4}-1}\Rightarrow N\leqslant1575\text{kN}$$

48. **答案**(A)

根据《公路隧道设计规范　第一册　土建工程》(JTG 3370.1—2018)附录 E 及附录 D 表 D.0.2,$\varphi_c=50°$,$\theta=0.9\times50=45°$,坡度 1:2,则 $\tan\alpha=0.5$。

$$故\ \tan\beta=\tan50°+\sqrt{\frac{(\tan^2 50°+1)(\tan50°-0.5)}{\tan50°-\tan45°}}=4.14$$

$$\lambda=\frac{1}{4.14-0.5}\times\frac{4.14-1.192}{1+4.14\times(1.192-1)+1.192\times1}=0.27$$

内侧地面到拱脚高度 $h_1=12+17\times0.5/2=16.25\text{m}$

故隧道拱脚水平侧压力 $e=0.27\times24\times16.25=105.3\text{kPa}$

49. **答案**(D)

根据《城市道路交叉口设计规程》(CJJ 152—2010)4.2.14 条,相邻进口道设置右转专用车道时,出口道相应展宽一条右转专用出口道,展宽后出口道设置有 4 个车道。根据《城市道路交叉口设计规程》(CJJ 152—2010)4.2.15 条,交叉口出口道一个车道宽度宜为 3.5m,左右侧分别设置 0.25cm 宽的路缘带,则出口道行车道路面宽度总宽为:$0.25+3.5\times4+0.25=14.5\text{m}$。

50. **答案**(A)

根据《公路立体交叉设计细则》(JTG/T D21—2014)6.3.2 条和 6.3.3 条,题意为主次分明的多车道公路三岔交叉,左转弯交通流为次要交通流,合流宜采用右进右出半直连式,分流宜采用右出右进半直连式,故选项 A 正确。

51. **答案**(D)

根据《公路路线设计规范》(JTG D20—2017)11.3.2 条第 2 款,该出口匝道为单车道出入口的Ⅱ型双车道匝道,立交设计无特殊条件限制,单车道匝道一般路基标准横断面宽度为 9.0m,Ⅱ型双车道匝道路基标准横断面宽度为 10.5m,由单车道减速车道过渡为双车道匝道。按公路《公路立体交叉设计细则》(JTG/T D21—2014)10.2.7 条,过渡段长度不宜小于 70m,过渡段起点距离鼻端不宜小于 40m,则距离该出口匝道分流鼻 75m 处的匝道路基横断面最大宽度为:$9.0+(10.5-9.0)\times(75-40)/70=9.75\text{m}$。选项 D 超过了 9.75m,故宽度设置不合理。

52. **答案**(B)

根据《城市道路工程设计规范》(CJJ 37—2012)(2016 年版)11.3.4 条,广场纵坡宜为 0.3%~3%,广场边缘高程宜为 $89.562-3\%\times100\sim89.562-0.3\%\times100$,即 86.562~89.232m。

寒冷城市道路纵坡最大为 5%,则广场边缘高程应 $<80.061+150\times5\%=87.561\text{m}$。

综上,广场边缘高程范围为 86.562~87.561m。

53. **答案**(A)

根据《城市道路路线设计规范》(CJJ 193—2012)5.3.1 条,设计速度 60km/h,混行车道单车道宽度为 3.5m。根据表 5.3.4,对应的路缘带宽度为 0.5m。根据 5.2.8 条第 2 款,不设置检修道与人行道时,应设置不少于 0.25m 的安全带宽度。

则隧道最小车行道路面宽度为 0.25 +0.5 +3.5 ×2 +0.5 +0.25 =8.5m。

54. **答案**(D)

根据《城市道路工程设计规范》(CJJ 37—2012)(2016 年版)4.5.1 条,经过重要区域人行道设计通行能力宜采用低值,查表 4.5.1,人行道设计通行能力取值 1800 人/(h · m)。

则人行道宽度为 5000/1800 =2.778m,取整后为 3m。

结合表 5.3.4,火车站附近路段人行道最小宽度为 4m。

55. **答案**(D)

根据《城市道路路线设计规范》(CJJ 193—2012)7.4.1 条小注,积雪或冰冻地区道路合成坡度应小于或等于 6% 。

本题合成纵坡 $=(0.05^2+0.035^2)^{0.5}=6.1\%>6\%$ 。

经计算,其他指标满足规范要求。

56. **答案**(C)

根据《公路钢筋混凝土及预应力混凝土桥涵设计规范》(JTG 3362—2018)6.5.3 条。

普通钢筋混凝土 C50,长期增长系数为 1.43;汽车荷载频遇值系数为 0.7,故频遇组合并考虑长期效应系数的长期挠度为 1.43 ×(7 +0.7 ×5) =15mm >19200/1600 =12mm,需要考虑预拱度。

预拱度大小为恒荷载 +1/2 可变荷载频遇值的长期挠度之和,即预拱度为 1.43 ×(7 +0.5 ×0.7 ×5) =12.5mm。

57. **答案**(B)

根据《城市道路交叉口设计规程》(CJJ 152—2010)表 5.5.3-1,主线设计速度为 100km/h 的直接式单车道出口匝道,应设置除宽度缓和部分外的减速车道长度 90m,此外直接式出口匝道应满足出口渐变率 1/25 的要求。变速车道起点处匝道行车道外边缘距离主线行车道外边缘宽度为:$W_1=0.5+3.5=4.0\text{m}$;鼻端处设偏置后,匝道行车道外边缘距离主线行车道外边缘宽度为:$W_2=3+0.6\times2+0.6+0.5+3.5=8.8\text{m}$。按渐变率计算的变速车道长度为(8.8 -4)×25 =120m。

58. **答案**(B)

根据《公路工程建设项目概算预算编制办法》(JTG 3830—2018)3.1.9、3.6.1条:

企业管理费 = 定额直接费 × 综合费率 =45000 ×8.6% =3870 万元

利润 =(定额直接费 + 措施费 + 企业管理费) ×7.42% =(45000 +5600 +3870) ×7.42% =

4041.67 万元

定额建筑安装工程费 = 45000 + 11500 × 0.4 + 5600 + 3870 + 770 + 4041.67 + 6800 + 1200 = 71881.67 万元

59. **答案**(C)

根据《公路工程建设项目概算预算编制办法》(JTG 3830—2018)3.5.2 条,各年贷款发放金额:第 1 年 18000 万元,第 2 年 24000 万元,第 3 年为 18000 万元。

第 1 年贷款利息 = (0 + 18000) × 7% = 1260 万元

第 2 年贷款利息 = (18000 + 1260 + 24000 ÷ 2) × 7% = 2188.2 万元

第三年贷款利息 = (18000 + 1260 + 24000 + 2188.2 + 18000 ÷ 2) × 7% = 3811.4 万元

建设期利息 = 1260 + 2188.2 + 3811.4 = 7259.6 万元

60. **答案**(B)

隔水层以上,水位以上用天然重度,水位以下用有效重度(饱和重度 - 水重度);隔水层及隔水层以下,水位以上用天然重度,水位以下用饱和重度。沉降计算的自重应力均从天然地面算起。则:

3m 处自重应力:$p_z = 3 \times 18 = 54\text{kPa}$

4m 处自重应力:$p_z = 3 \times 18 + 1 \times (20 - 10) = 64\text{kPa}$

7m 处自重应力:$p_z = 3 \times 18 + 2 \times 20 + 2 \times 20 = 134\text{kPa}$

10m 处自重应力:$p_z = 134 + 3 \times 18 = 188\text{kPa}$

模拟试卷六

(上午卷)

题1:某二级公路预测年限的末年汽车交通量为8500veh/d,各种车型比例如下:小客车60%,中型车32%,大型车5%,汽车列车3%;拖拉机交通量为152veh/d。则该公路设计交通量为(　　)。

A. 4505pcu/d　　B. 9108pcu/d　　C. 11263pcu/d　　D. 11871pcu/d

主要解答过程:

题2:某高速公路,设计速度为100km/h,预测年限的年平均日交通量为42000veh/d,该公路的方向不均匀系数为55%,设计小时交通量系数为8.5%,如该高速公路的设计通行能力为915veh/(h·ln),试问该高速公路单向需要的车道数为(　　)。

A. 6　　B. 4　　C. 3　　D. 2

主要解答过程:

题3:浙江台州城间拟修建某二级公路,预测年度的年平均日交通量为13000veh/d,方向分布为60/40,其设计小时交通量为(　　)veh/h。

A. 1248　　B. 1560　　C. 2080　　D. 936

主要解答过程:

题4:某二级公路越岭线两侧山体均需克服高差约为600m,垭口处高程优化后由原来填高3m调整为下挖7m,若路线全线按平均纵坡控制,则调整后可缩短约(　　)m。

A. 120　　B. 280　　C. 200　　D. 400

主要解答过程:

题 5:某三级公路,设计速度为 30km/h,某路段路基两侧设置 B 级波形护栏,护栏每侧占用土路肩宽度为 0.5m,则该三级公路最小路基宽度为(　　)m。

A. 8　　B. 8.5　　C. 9　　D. 9.5

主要解答过程:

题 6:某高速公路,设计速度为 100km/h,双向八车道,中央分隔带宽 3.0m;内侧第 1 车道仅限小客车通行;则正常情况下该高速公路最小整体式路基宽度宜采用(　　)m。

A. 45.5　　B. 43　　C. 44.5　　D. 45

主要解答过程:

题 7:已知某项目一路段挖方数量为 $800m^3$,借方数量为 $300m^3$,填方数量为 $400m^3$,则本路段弃方数量为(　　)m^3。

A. 100　　B. 200　　C. 500　　D. 700

主要解答过程:

题 8:某二级公路某路段路基工程挖方为 $1600m^3$ 天然密实方(其中松土 $60m^3$,普通土 $710m^3$,硬土 $530m^3$,石方 300 m^3)。填方数量为 $1200m^3$ 压实方。在该路段内可移挖作填土方的可利用土方量为 $1000m^3$ 天然密实方(其中普通土 $240m^3$,硬土 $220m^3$,石方 240 m^3)。纵向调运利用石方 $250m^3$(不考虑土方运输损耗系数)。该路段尚需借石方数量(天然方)是(　　)m^3。(提示:松方系数:松土 1.23,普通土 1.16,硬土 1.09,石方 0.92)

A. 258.661　　B. 310.393　　C. 237.968　　D. 342.563

主要解答过程:

题 9:某公路路基填料为低液限黏土,细粒土含量高,塑性指数大,填料相对密度 G_s = 2.70,土的干密度 $\gamma_s = 1.68 \times 103kg/m^3$,质量含水率 $w = 14.0\%$,路基湿度状态处于干燥类型,标准状态下路基动态回弹模量为 82MPa,按《公路路基设计规范》(JTG D30—2015),计算

该公路路基平衡湿度状态下的回弹模量设计值最接近(　　)。(折减系数取0.85)

A. 40MPa　　B. 45MPa　　C. 51MPa　　D. 58MPa

主要解答过程:

题10:某二级公路挖方边坡位于石质路段,存在不稳定岩体剥蚀掉落的现象,为消除安全隐患,采用预应力锚杆对边坡进行锚固。已知边坡下滑力112kN,锚杆与滑动面相交处滑动面倾角为30°,滑动面内摩擦角为15°,锚杆与水平面的倾角为25°,预应力锚杆截面设计安全系数取1.8,杆体抗拉强度标准值为360MPa。按《公路路基设计规范》(JTG D30—2015),该预应力锚杆的直径应不小于(　　)。

A. 24mm　　B. 26mm　　C. 28mm　　D. 30mm

主要解答过程:

题11:某盐渍土地区需修建一级公路,经交通调查为重交通等级,料场土料为细粒氯盐渍土,对料场深度2.5m以内采取土样进行含盐量测定,结果如下表所示。按照《公路路基设计规范》(JTG D30—2015),判断该料场盐渍土作为路基填料的可用性为(　　)。

取样深度(m)	0~0.05	0.05~0.25	0.25~0.5	0.5~0.75	0.75~1.0	1.0~1.5	1.5~2.0	2.0~2.5
含盐量(%)	8.6	7.3	6.9	6.3	5.4	2.6	1.7	0.8

注:离子含量以100g干土内的含盐量计。

A. 路床可用　　B. 上路堤可用　　C. 下路堤可用　　D. 不可用

主要解答过程:

题12:华中某地区新建一级公路,双向4车道,路面结构拟选用沥青面层+无机结合料稳定类基层+粒料类底基层。根据交通量OD调查分析,断面大型客车和货车交通量为6500pcu/d,交通量年增长率为6.0%,方向系数为0.5,车道系数为0.65。根据《公路沥青路面设计规范》(JTG D50—2017),基层厚度(　　)较为合理。

A. 150~450mm　　B. 250~500mm　　C. 300~550mm　　D. 350~600mm

主要解答过程:

题 13:中部地区新建二级公路,采用沥青混凝土路面,面层厚 10cm;基层采用水泥稳定碎石,厚 30cm;底基层采用低剂量水泥稳定碎石,厚 20cm;沥青混合料 20℃时的动态压缩模量为 10000MPa;沥青饱和度为 65%。根据《公路沥青路面设计规范》(JTG D50—2017),疲劳加载模式系数最接近(　　)。

A. 0.77　　B. 0.82　　C. 0.87　　D. 0.92

主要解答过程:

题 14:公路自然区划Ⅲ区新建一条二级公路,拟采用普通水泥混凝土面层,混凝土面板平面尺寸为 5m×4m。初拟路面厚度为 0.24m,弯拉弹性模量和泊松比分别为 31GPa 和 0.15;基层选用级配碎石,厚 0.20m;混凝土面层板的相对刚度半径为 0.81,最大温度梯度标准值为 92℃/m,当地的粗集料以花岗岩为主。确定面板最大温度梯度时的最大温度应力最接近(　　)。

A. 1.53MPa　　B. 1.65MPa　　C. 1.78MPa　　D. 1.91MPa

主要解答过程:

题 15:某公路高架桥,主桥为三跨变截面连续钢混凝土组合箱形桥,跨径布置为 45m + 60m + 45m,两端引桥各为 5 孔 40m 的预应力混凝土 T 梁,桥台为 U 形结构,背墙厚度为 0.90m,侧墙长 3.0m,两端伸缩缝宽度均为 160mm。试问,该桥全长接近(　　)m。

A. 54　　B. 550　　C. 552　　D. 558

主要解答过程:

题 16:某一级公路跨河桥梁,桥梁跨径组合为 10×40m 预应力连续 T 梁 +(85 + 150 + 85)m 连续刚构桥 +8×40m 预应力连续 T 梁,则该桥属于(　　)。

A. 特大桥　　B. 大桥　　C. 中桥　　D. 小桥

主要解答过程:

题 17：某公路桥梁控制截面上的永久作用标准值效应为 500kN · m，汽车荷载效应为 100kN · m(含冲击作用效应，冲击系数 0.3)，人群荷载标准值效应为 150kN · m，其频遇组合的作用效应设计值最接近于(　　)。

A. 740kN · m　　B. 710kN · m　　C. 690kN · m　　D. 680kN · m

主要解答过程：

题 18：取直径为 50mm、长度为 70mm 的标准岩石试件，进行径向点荷载强度试验，测得点荷载强度：$I_{s(50)}=1.6\text{MPa}$，破坏瞬间加荷点未发生贯入现象。试分析判断该岩石的坚硬程度属于(　　)。

A. 软岩　　B. 较软岩　　C. 较坚硬岩　　D. 坚硬岩

主要解答过程：

题 19：两车道公路隧道采用复合式衬砌，埋深 12m，开挖高度和宽度分别为 6m 和 5m。围岩重度为 22kN/m^3，岩石单轴饱和抗压强度为 35MPa，岩体和岩石的弹性纵波速度分别为 2.8km/s 和 4.2km/s。试问施筑初期支护时，拱部和边墙喷射混凝土厚度范围宜选用(　　)cm。

A. 5 ~ 8　　B. 8 ~ 12　　C. 12 ~ 20　　D. 18 ~ 28

主要解答过程：

题 20：某两条二级公路平面交叉，二级公路的设计速度均为 60km/h，交叉口设置渠化分隔右转弯车道，右转弯车道宽度 5.0m，右转弯路面内缘半径 30m，采用渐变式变速车道，变速段最大侧移 3.7m。试确定加速车道长度宜采用(　　)。

A. 42m　　B. 63m　　C. 77m　　D. 105m

主要解答过程：

题 21:位于成都近郊的某高速立交,其中 D 匝道为从 A 高速转向 B 高速的右转匝道。该匝道设计速度 40km/h,起点桩号 DK0 +000,终点桩号 DK0 +830,出口分流鼻桩号 DK0 +120,入口合流鼻桩号 DK0 +670。该匝道预测年度的年平均日交通量为 4000pcu/d,方向不均匀系数取 50%。该匝道应选用的横断面类型及出入口的变速车道的车道数应为(　　)。

A. Ⅰ型,单车道变速车道　　B. Ⅱ型,单车道变速车道

C. Ⅱ型,双车道变速车道　　D. Ⅲ型,双车道变速车道

主要解答过程:

题 22:某公路互通式立体交叉,主线设计速度为 80km/h,入口匝道 A 位于主线纵坡 3% 的上坡路段,匝道为双车道匝道单车道变速车道,匝道设计速度为 35km/h,该入口匝道变速车道至少应设置(　　)。

A. 250m　　B. 300m　　C. 310m　　D. 335m

主要解答过程:

题 23:关于收费站(广场)的设置规定,根据现行《公路路线设计规范》(JTG D20—2017),下列说法中有(　　)项正确。

(1)为满足排水需求,收费站广场横坡可设置为 2%,且任一横断面的合成坡度不得小于 0.5%。

(2)当收费站广场设置在凸形竖曲线上时,宜设置在中部附近。

(3)某匝道设置的双向收费站,收费岛前后水泥混凝土路面的长度为 35m,符合规定。

(4)收费站广场的宽度应包括收费车道、收费岛、路肩(或路缘带)的宽度。

A. 1　　B. 2　　C. 3　　D. 4

主要解答过程:

题 24:拟建一条城市主干路,主路设计速度为 60km/h,辅路设计速度为 30km/h,规划红线宽度为 50m,规划断面形式为四幅路。两侧辅路各布置 1 条小客车专用道和非机动车道(自行车道),横断面布置中单侧辅路最小合理建筑限界宽度为(　　)m。

A. 6　　B. 6.5　　C. 7　　D. 7.5

主要解答过程:

题 25:某城市主干路,设计速度为 60km/h,断面形式采用四幅路形式,(4m 人行道 +4m 非机动车道 +2m 分隔带 +0.5m 路缘带 +2 ×3.5m 机动车道 +0.5m 路缘带 +1.5m 分隔带)×2,机动车道、非机动车道横坡度为 2%。某曲线路段超高值为 2%,超高绕中间分隔带边缘旋转,则缓和曲线最小长度为(　　)m。

A. 40　　B. 50　　C. 80　　D. 100

主要解答过程:

题 26:东北齐齐哈尔某城市快速路,设计速度为 60km/h,某曲线路段纵坡为 3%,则其超高值最大可取(　　)。

A. 6%　　B. 5%　　C. 4%　　D. 3%

主要解答过程:

题 27:某城市主干路跨河桥梁的计算跨径为 58m,标准跨径为 60m,单侧人行道净宽为 3.0m,其人群荷载标准值与(　　)kN/m^2 最接近。

A. 3.50　　B. 3.40　　C. 3.45　　D. 3.0

主要解答过程:

题 28:某一城市道路立交,主线设计速度为 60km/h,采用双车道平行式入口形式,其中位于左侧的第一条变速车道的加速段长 205m,渐变段长度为 45m,则第二条变速车道的长度为(　　)。

A. 115m　　B. 160m　　C. 205m　　D. 250m

主要解答过程:

题 29:某城市景观大道中央绿化带宽 6m,初步设计在中央绿化带种植低杆桂花,调查资料显示该品种桂花可生长的最大高度约 3.5m(相对种植点地面)。依据测量资料,地块有一 220kV 架空高压电线横穿该道路,电线垂弧最低点位于中央绿化带附近,高程为 126.75m。为满足架空线路的净空要求,该道路电线跨越段的最大设计高程为(　　)m。

提示:城市道路可参考公路要求计算。

A. 121.5　　B. 120.5　　C. 119.5　　D. 118.5

主要解答过程:

题 30:天然地基上的桥梁基础,底面尺寸为 2m×5m,基础埋置深度、地层分布及相关参数如下图所示(尺寸单位:mm),地基承载力基本容许值为 200kPa,图中老黏性土按照不透水层计算。试根据《公路桥涵地基与基础设计规范》(JTG 3363—2019)计算修正后的地基承载力特征值(　　)。

提示:查表 4.3.4,老黏土层 $k_1=0$,$k_2=2.5$,$\gamma_2=18.7\text{kN/m}^3$。

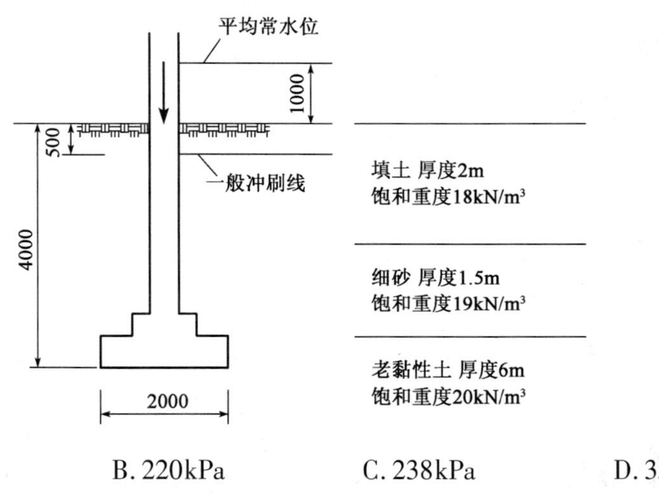

A. 200kPa　　B. 220kPa　　C. 238kPa　　D. 356kPa

主要解答过程:

模拟试卷六

(下午卷)

题 31:某单车道四级公路,设计车型为大型客车,某处平曲线半径为 150m,则该处车道加宽值为(　　)m。

A. 0. 5　　B. 0. 25　　C. 0. 9　　D. 0. 45

主要解答过程:

题 32:某一级公路,设计速度为 80km/h,某停车区出口车道受地形限制,需进行必要的限速控制和管制措施,则其最小识别视距可采用(　　)m。

A. 380　　B. 290　　C. 137. 5　　D. 110

主要解答过程:

题 33:某二级公路,设计速度为 60km/h,路基宽度为 10m,行车道宽度为 2 ×3. 5m,硬路肩宽度为 2 ×0. 75m,土路肩宽度为 2 ×0. 75m,路拱横坡为 2% ,土路肩横坡为 3% ,设计高程为行车道中线位置。已知洪水频率计算水位 1/25 为 6. 95m,1/50 为 7. 15m,1/100 为 7. 35m,壅水高 0. 55m,波浪侵袭高度为 0. 32m,某桥横跨河流,桥梁总长 120m,则桥头引道路基设计高程应大于(　　)m。

A. 8. 5275　　B. 7. 8575　　C. 8. 7275　　D. 8. 8275

主要解答过程:

题 34:某山区三级公路,设计速度为 40km/h,某超车路段,纵坡前后坡度分别为 +7% 和 +2% ,则该竖曲线半径一般应大于(　　)m。

A. 2000　　B. 4000　　C. 9000　　D. 10000

主要解答过程:

题 35:某三级公路,设计速度为 40km/h,某 S 形平曲线,大圆半径为 500m,小圆半径为 350m,已知大圆缓和曲线 A 值为 180m,采用不同回旋线参数时,小半径圆曲线缓和曲线长度应不少于(　　)m。

A. 120　　B. 80　　C. 45　　D. 40

主要解答过程:

题 36:某三级公路,设计速度为 40km/h,一处隧道断面因特殊原因布置为(0.75m 检修道 +1.5m 路缘带 +3.5m 车道)×2,路基断面形式为(0.75m 土路肩 +0.75m 硬路肩 +3.5m 车道)×2,已知隧道进口桩号为 K3 +680,隧道长度为 520m,则隧道出洞口端过渡段终点桩号为(　　)。

A. 不需设过渡段　　B. K3 +645　　C. K3 +630　　D. K4 +250

主要解答过程:

题 37:某平面对称凸形曲线,交点里程 JD = K2 +222.00,转角为 $\alpha = 15°42'$,如果该平曲线 HH 点半径拟定为 260m,该平曲线每条缓和曲线长度为(　　)m。

A. 42.488　　B. 71.244　　C. 75.328　　D. 150.658

主要解答过程:

题 38:某公路路堤位于软土地区,路基地基采用粒料桩处理,材料采用碎石,桩径 d = 0.5m,桩长 l = 10m,正方形布桩,桩距 1.2m,桩土应力比 n = 3,未处理前桩长深度范围内地基土沉降量为 30cm,按《公路路基设计规范》(JTG D30—2015),处理后碎石桩桩长范围内地基的沉降量最接近下列哪个选项(　　)。

A. 13cm　　B. 16cm　　C. 20cm　　D. 24cm

主要解答过程:

题 39:某公路采用重力式路肩墙,墙高 7m,墙背垂直,墙底水平。墙自重为 324kN/m,墙后填土为中密粉砂土,墙背的主动土压力为 148kN/m,墙前被动土压力水平分力为 60kN/m,土与墙背的摩擦角 $\delta = 10°$,基底摩擦系数为 $\mu = 0.5$,计算该公路挡土墙抗滑移稳定系数最接近以下哪个选项(　　)。

A. 1.0　　　B. 1.3　　　C. 1.6　　　D. 1.9

主要解答过程:

题 40:某二级公路采用矩形断面排水沟,沟底纵坡为 2%,材料为 M7.5 浆砌片石,断面形式如下图所示,设计水位 $h = 1.1$m, 沟宽 $b = 2.0$m,根据《公路排水设计规范》(JTG/T D33—2012),试计算该排水沟的泄水能力最接近以下哪个选项(　　)。

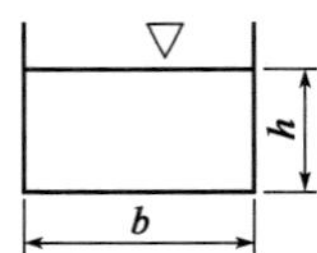

A. 5.5m³/s　　　B. 6.3m³/s　　　C. 7.3m³/s　　　D. 8.1m³/s

主要解答过程:

题 41:山区某高速公路长大纵坡路段,载重车的平均车速为 50km/h,路面采用 40mm AC-13 + 60mm AC-20 + 80mm AC-25 面层 + 400mm 水泥稳定碎石基层 + 200mm 级配碎石底基层,水泥稳定碎石材料弹性模量为 24000MPa。设计使用年限内,该地区月平均气温大于 0℃的月份气温平均值为 22.4℃,设计车道当量设计轴载累计作用次数为 2.9×10^7 次。试求满足该路面结构沥青混合料层容许永久变形的贯入强度不应小于下列哪个选项(　　)。

A. 0.64MPa　　　B. 0.69MPa　　　C. 0.78MPa　　　D. 0.85MPa

主要解答过程:

题 42:某高速公路在交工后进行路基顶面弯沉值检测值,测得如下弯沉值(单位:0.01mm):185、192、173、180、178,路基顶面弯沉湿度影响系数取 1.0,试计算该路段路基顶面弯沉代表值最接近以下哪个选项(　　)。

A. 182(0.01mm)　　　B. 188(0.01mm)

C. 194(0.01mm)　　D. 202(0.01mm)

主要解答过程：

题 43：某地拟在原有沥青路面公路上进行加铺水泥混凝土路面，利用落锤式弯沉仪对沥青面层进行弯沉实测，得到如下数据(单位：0.01mm)：32.5、33.4、34.7、35.2、33.9、34.1，试计算原沥青混凝土路面顶面的地基综合当量回弹模量最接近以下哪个选项(　　)。

A. 478MPa　　B. 493MPa　　C. 508MPa　　D. 532MPa

主要解答过程：

题 44：某山区二级公路跨河沟拟采用(88 + 160 + 88)m 连续刚构桥，桥位处河床比降较大，冲刷严重，试问计算该桥冲刷深度时，设计洪水频率最适宜采用(　　)。

A. 1/25　　B. 1/50　　C. 1/100　　D. 1/300

主要解答过程：

题 45：某大桥桥位为滩槽难分的不稳定河段，河床颗粒平均粒径为 30mm，年最大流量平均值为 2700m^3/s，设计洪水流量为 5500m^3/s，50 年一遇设计洪水流量为 3900m^3/s，试问按设计流量计算的桥孔最小净长度与下列选项最为接近的是(　　)。

A. 280m　　B. 301m　　C. 342m　　D. 350m

主要解答过程：

题 46：某二级公路 1-3 × 3m 盖板涵，覆土厚度为 3.0m，采用分离式基础、无支撑梁，板厚 0.4m，试问计算剪力效应和计算弯矩效应的计算跨径分别宜为(　　)m。

A. 3.0、3.0　　B. 3.0、3.4　　C. 3.4、3.0　　D. 3.4、3.4

主要解答过程：

题 47:北方某高速公路隧道,一月份平均气温为 -20℃,洞门翼墙采用钢筋混凝土结构,洞口挡土墙采用水泥砂浆砌片石结构,其材料最低强度选下列何项最为合适(　　)。

A. 翼墙 C20 钢筋混凝土,挡土墙 M15 水泥砂浆砌片石

B. 翼墙 C20 钢筋混凝土,挡土墙 M10 水泥砂浆砌片石

C. 翼墙 C25 钢筋混凝土,挡土墙 M15 水泥砂浆砌片石

D. 翼墙 C25 钢筋混凝土,挡土墙 M10 水泥砂浆砌片石

主要解答过程:

题 48:某高速公路位于 0.2g 动峰加速度区,设计速度为 100km/h,有一单向双车道长隧道采用钻爆法施工,隧道为分离单洞隧道,在隧道抗震设防段,隧道最小横向开挖宽度与下列何项最为接近(　　)。

A. 10.75m　　B. 10.9m　　C. 11.25m　　D. 11.50m

主要解答过程:

题 49:某两条市政道路相交,交叉角度 70°,采用环形交叉口,已知相交道路的设计速度均为 40km/h,环道设计速度 20km/h,最内侧环道的宽度为 5.0m,为了交叉排水顺畅,设置由环岛中心向外侧的 2% 横坡(内高外低),环形交叉有铰接车通行,其中心岛最小半径(横向力系数取 0.15)为(　　)。

A. 20m　　B. 22m　　C. 25m　　D. 30m

主要解答过程:

题 50:某公路立交合流连接部,合流前主线车道数为 3 条车道,则合流后连接部所有可能车道数量为几条(　　)。

A. 3 条　　B. 3 条或 4 条　　C. 4 条或 5 条　　D. 3 条、4 条或 5 条

主要解答过程:

题 51:某四岔互通式立交各流向的设计小时交通量(单位:pcu/h)如下图所示,则该立交设计方案最合理的是哪个选项(　　)。

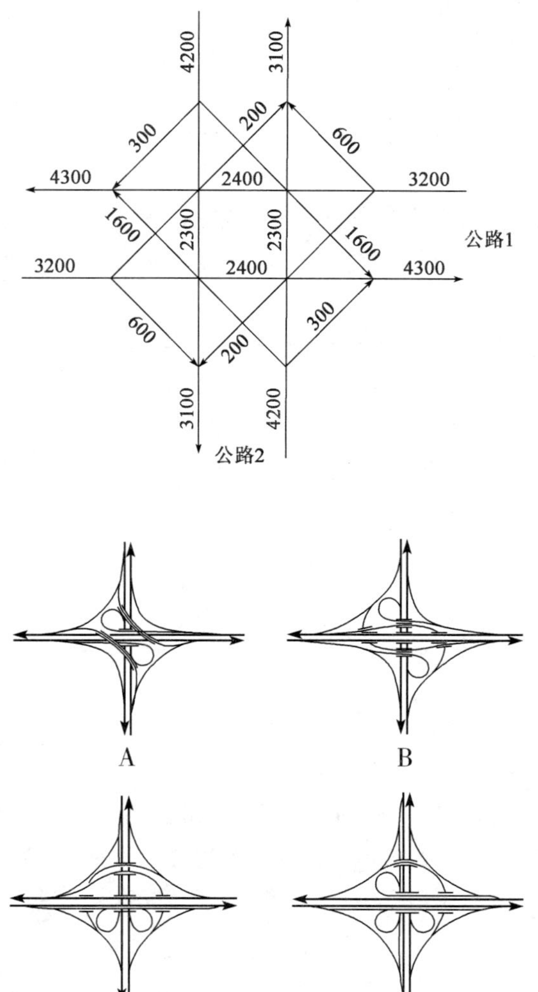

主要解答过程:

题 52:某一级公路设计速度为 80km/h,采用桥梁形式跨越一省道,因通行需要,该一级公路跨线桥设置宽 2.0m 人行道。试问下列哪项设置最符合《公路交通安全设施设计规范》(JTG D81—2017)的相关要求(　　)。

A. 路缘石高度 15cm,人行道与车行道间设置混凝土护栏,护栏高 120cm

B. 路缘石高度 15cm,人行道外侧设置混凝土护栏,护栏高 120cm

C. 路缘石高度 5cm,行道与车行道间设置混凝土护栏,护栏高 90cm

D. 路缘石高度 5cm,人行道与车行道间设置混凝土护栏,护栏高 120cm

主要解答过程:

题 53:某城市道路,受规划高程限制,道路中线纵断面坡度为 0.3%,为利于排水,需设置锯齿街沟,如下图所示,已知 $m=0.18\text{m}$,$n=0.10\text{m}$,$L=40\text{m}$,$x=16\text{m}$ 时,则 i_2 为(　　)。

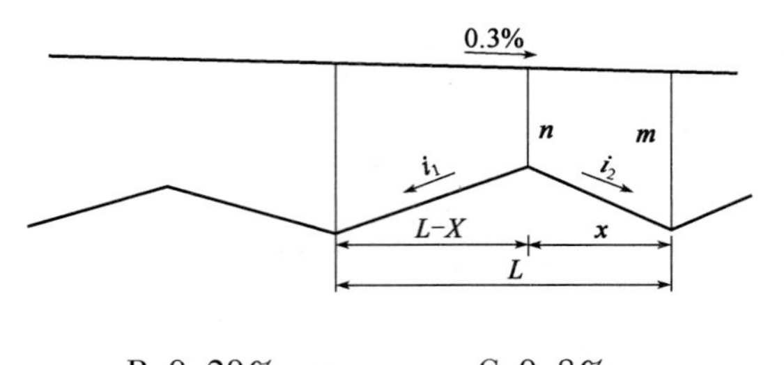

A. 0.30%　　B. 0.20%　　C. 0.8%　　D. 1.0%

主要解答过程:

题 54:拟建城市主干路,设计速度为 60km/h,一路段路线纵坡为 5%,因气候原因,设计中横向力系数 μ 取值为 0.06,则该纵坡上平曲线最小半径可取(　　)m。

A. 150　　B. 280　　C. 290　　D. 300

主要解答过程:

题 55:某城市主干路,设计速度为 60km/h,某相邻两反向曲线采用单圆曲线,半径分别为 700m、800m,则两圆曲线间直线长度最短宜大于(　　)m。

A. 50　　B. 100　　C. 120　　D. 360

主要解答过程:

题 56:城市中某主干路上的一座桥梁,设计车速为60km/h,桥梁跨越桥下次干路,两侧设置人行道,人行道内侧设置路缘石,采用3×40m连续箱梁桥结构形式。该桥拟按照如下原则进行设计:

①人行道宽度1.8m; ②人行道内侧路缘石高度45cm;

③桥头搭板长度5m; ④桥下次干路和桥墩安全带宽度为0.45m;

⑤在人行道内随桥敷设0.4MPa燃气管线。

试问,以上设计原则哪项不符合现行规范标准( )。

A.①③ B.②⑤ C.②③ D.①④

主要解答过程:

题 57:某城市B类立交,为单喇叭互通,主线为单向两车道,设计速度为60km/h;匝道设计速度为40km/h,均为单车道匝道,主线有1条附加车道,C面有2个进口道。主线一条车道设计通行能力1400pcu/h,试计算该立交设计通行能力( )。

A.5078pcu/h B.5135pcu/h

C.5339pcu/h D.5600pcu/h

主要解答过程:

题 58:某高速公路2018年初开始启动设计,计划于2020年初开始动工,建设期为4年,预算建筑安装工程费为11.8亿元,土地使用及拆迁补偿费为3.5亿元,工程建设其他费为1.2亿元。经测算未来10年内,工程造价增长率为2.8%。该工程的施工图预算预备费约为( )亿元。

A.0.50 B.1.75 C.2.25 D.2.62

主要解答过程:

题 59:某公路沥青路面施工长度为22km,其中隧道工程为4km,为避免冬季干扰,项目公司选择在气温较高的夏秋季施工。经概算分析其预算人工费为12000万元,材料费为28000万元,机械使用费为7000万元,定额费用为预算费用的95%,该工程地理位置为冬三区。假定工程造价在路线长度上均匀分布,则该工程的概算冬季施工增加费金额与( )最为接近。

A. 0　　B. 400　　C. 450　　D. 990

主要解答过程:

题 60:某人行天桥梯道踏步宽度拟采用 0. 32m,试问踏步高度取(　　)为宜。

A. 0. 15m　　B. 0. 14m　　C. 0. 16m　　D. 0. 2m

主要解答过程:

模拟试卷六(上午卷)答案

序号	1	2	3	4	5	6	7	8	9	10
答案	D	C	C	D	A	D	D	C	C	D
序号	11	12	13	14	15	16	17	18	19	20
答案	C	C	D	C	D	A	D	C	C	C
序号	21	22	23	24	25	26	27	28	29	30
答案	B	B	C	B	B	C	D	C	D	C

1.答案(D)

根据《公路工程技术标准》(JTG B01—2014)3.3.2 条,所有汽车车型转换为小客车,$8500\times(60\%+32\%\times1.5+5\%\times2.5+3\%\times4)=11262.5$pcu/d,拖拉机转换为小客车,$152\times4=608$pcu/d。

则,设计交通量 $=11262.5+608=11871$pcu/d

【编者注】计算设计交通量需将拖拉机纳入。

2.答案(C)

根据《公路路线设计规范》(JTG D20—2017)式(3.3.2),$DDHV=AADT\times D\times K=42000\times0.55\times0.085=1963.5$veh/h。

则,单向车道数 $=1963.5/915=2.145$,则该高速公路单向需要的车道数为 3。

【编者注】《公路路线设计规范》(JTG D20—2017)中,设计通行能力有两种含义,本题中采用的是 3.4.2 中设计通行能力的含义,具体考试的时候需根据环境分析判断。

3.答案(C)

根据《公路路线设计规范》(JTG D20—2017)表 3.3.4,该项目设计小时交通量系数取 16%。

根据式(3.3.3),设计小时交通量系数 $DHV=AADT\times K=13000\times0.16=2080$veh/h。

【编者注】注意二级公路设计小时交通量系数与方向不均匀分布无关,需知道各个省的简称,审题时注意区分“近郊”与“城间”。

4.答案(D)

根据《公路路线设计规范》(JTG D20—2017)8.3.4 条,取最大平均纵坡 5%。

$\Delta L=2\Delta h/i_p=2\times(3+7)/0.05=400$m

【编者注】路线缩短是两侧均缩短,是指总高程降低,不能只考虑挖方。

5. **答案**(A)

根据《公路路线设计规范》(JTG D20—2017)6.4.1条与6.6节,三级公路30m/h正常断面尺寸为(0.5m宽土路肩+3.25m宽行车道)×2。

设置波形护栏后,占用非建筑限界范围土路肩,则路基宽度=[0.5+(0.5-0.25)+3.25]×2=8m。

【编者注】波形护栏占用土路肩情况,具体可参照《公路交通安全设施设计规范》P81进行理解。

6. **答案**(D)

根据《公路路线设计规范》(JTG D20—2017)6.2.1条,设计速度为100km/h,车道宽度应为3.75m;内侧第1、2车道仅限小客车通行时,车道宽度可采用3.5m。

根据6.4.1条,右侧硬路肩取3.0m,土路肩取0.75m;根据6.4.2条,左侧硬路肩宽度取2.5m。

则最小路基宽度为2×(2.5+3.5+3×3.75+3+0.75)+3=45m。

【编者注】八车道高速公路内侧车道、左侧硬路肩、超高方式等均存在其特别性。

7. **答案**(D)

弃方=挖方+借方-填方=800+300-400=700m^3。

【编者注】记住弃方=挖方+借方-填方即可。

8. **答案**(C)

移挖作填数量:240/1.16+220/1.09+240/0.92=669.6m^3压实方。

纵向调运利用数量:250/0.92=271.739m^3压实方。

借方数量:1200-669.6-271.739=258.661m^3压实方。

尚需借石方数量:258.661×0.92=237.968 m^3。

【编者注】该题考点为压实方与天然方转换时系数的乘除。注意审题,不同等级折算系数不同,答案选项是天然方还是密实方。

公路等级	土方			石方
	松土	普通土	硬土	
二级及二级以上公路	1.23	1.16	1.09	0.92
三、四级公路	1.11	1.05	1.00	0.84

9. **答案**(C)

(1)湿度指数 *TMI* 计算:

$$S_r=\frac{w}{\frac{\gamma_w}{\gamma_s}-\frac{1}{G_s}}=\frac{0.14}{\frac{1\times10^3}{1.68\times10^3}-\frac{1}{2.70}}=62.3\%$$

查规范表 C.0.3-2，$TMI=-30$。

查规范表 D.0.2，K_s 取值为 0.73～1.52，由于低液限黏土中细粒土含量高，塑性指数大，取低值，取 $K_s=0.73$。

(2)回弹模量计算：

$E_0=K_sK_\eta M_R=0.73\times0.85\times82=50.9\text{MPa}$

10. **答案**(D)

(1)锚杆设计锚固力：

$$P_d=\frac{112}{\sin(\alpha+\beta)\tan\varphi+\cos(\alpha+\beta)}=\frac{112}{\sin(30°+25°)\times\tan 15°+\cos(30°+25°)}=141.2\text{kN}$$

(2)锚杆体截面面积：

$$A=\frac{K_1P_d}{F_{ptk}}=\frac{1.8\times141.2}{360\times10^3}=7.06\times10^{-4}\text{m}^2=706\text{ mm}^2$$

(3)锚杆直径：

$$d=\sqrt{\frac{4\times706}{3.14}}=30.0\text{mm}$$

11. **答案**(C)

根据《公路路基设计规范》(JTG D30—2015)7.11.7 条，平均含盐量为：

$$\overline{DT}=\frac{\sum_{i=1}^{n}h_i\cdot DT_i}{\sum_{i=1}^{n}h_i}=\frac{0.05\times8.6+0.20\times7.3+0.25\times(6.9+6.3+5.4)+0.5\times(2.6+1.7+0.8)}{2.5}$$

$$=3.64\%$$

查表 7.11.2-2，判断为中盐渍土；查表 7.11.7，判定细粒氯盐渍土作为一级公路的可用性为下路堤。

12. **答案**(C)

根据《公路沥青路面设计规范》(JTG D50—2017)表 3.0.2，一级公路设计使用年限为 15 年；

设计使用年限内设计车道累计大型客车和货车交通量：

$$N=\frac{[(1+\gamma)^t-1]\times365}{\gamma}\times AADTT\times DDF\times LDF$$

$$=\frac{[(1+0.06)^{15}-1]}{0.06}\times365\times6500\times0.5\times0.65$$

$$=1.79\times10^7\text{ 辆}$$

查表 3.0.4，交通荷载属于重交通。

根据附录表 C.0.1-1，重交通荷载路面的基层厚度为 300～550mm。

13. **答案**(D)

根据《公路沥青路面设计规范》(JTG D50—2017)B.1.1 条可得:

$$k_b = \left[\frac{1+0.3E_a^{0.43}(VFA)^{-0.85}e^{0.024h_a-5.41}}{1+e^{0.024h_a-5.41}}\right]^{3.33} = \left[\frac{1+0.3\times10000^{0.43}\times65^{-0.85}\times e^{0.024\times100-5.41}}{1+e^{0.024\times100-5.41}}\right]^{3.33}$$

$$=0.917$$

14. 答案(C)

根据《公路水泥混凝土路面设计规范》(JTG D40—2011),$t=\frac{L}{3r}=\frac{5}{3\times0.81}=2.058$。

温度翘曲应力系数:

$$C_L=1-\frac{\sinh t\cos t+\cosh t\sin t}{\sinh t\cos t+\sinh t\sin t}$$

$$=1-\frac{\sinh2.058\cos2.058+\cosh2.058\sin2.058}{\sin2.058\cos2.058+\sinh2.058\cosh2.058}=0.886$$

综合温度翘曲应力和内应力的温度应力系数:

$$B_L=1.77e^{-4.48hc}C_L-0.131(1-C_L)$$

$$=1.77\times e^{-4.48\times0.24}\times0.886-0.131\times(1-0.886)=0.520$$

最大温度梯度时的面板最大温度应力:

$$\sigma_{t,mmx}=\frac{\alpha_c E_c h_c T_g}{2}B_L=\frac{10\times10^{-6}\times31000\times0.24\times92}{2}\times0.520=1.78\text{MPa}$$

15. 答案(D)

桥梁全长为 45+60+45+10×40+2×(0.9+3)=557.8m。

【编者注】根据《公路桥涵设计通用规范》(JTG D60—2015)表 1.0.5 注 4,标准跨径为桥墩中线与台背前缘线间距为准,同时认为给出的侧墙长度不包括背墙厚度在内。由于伸缩缝宽度已经包含在标准跨径之中,故不重复计入。

16. 答案(A)

根据《公路桥涵设计通用规范》(JTG D60—2015)1.0.5 条,桥梁总长为 10×40+(85+150+85)+8×40=1040m>1000m,属于特大桥;最大单孔跨径为 150m,属于大桥;按照“就高不就低”的原则划分,该桥为特大桥。

17. 答案(D)

根据《公路桥涵设计通用规范》(JTG D60—2015)4.1.5 条,“当某个可变作用在组合中其效应值超过汽车荷载效应时,则该作用取代汽车荷载”取 $\psi_{f1}=1.0$,$\psi_q=0.4$,$S_{fd}=500+1.0\times150+0.4\times100/1.3=681\text{kN}$。

18. 答案(C)

饱和单轴抗压强度:$R_c=22.82I_{s(50)}^{0.75}=22.82\times1.6^{0.75}=32.5\text{MPa}>30\text{MPa}$

坚硬程度:查《公路隧道设计规范　第一册　土建工程》(JTG 3370.1—2018)表 A.0.5-4,为较坚硬岩。

19. **答案**(C)

根据《公路隧道设计规范 第一册 土建工程》(JTG 3370.1—2018) 3.6.2、A.0.2 条:

(1)岩体完整性系数:$K_v=\left(\frac{v_{pm}}{v_{pr}}\right)^2=\left(\frac{2.8}{4.2}\right)^2=0.44$,$R_c=35\text{MPa}$。

(2)基本质量指标 BQ 计算:

$90K_v+30=90\times0.44+30=69.6>R_c=35$,取 $R_c=35\text{MPa}$

$0.04R_c+0.4=0.04\times35+0.4=1.8>K_v=0.44$,取 $K_v=0.44$

$BQ=90+3R_c+250K_v=90+3\times35+250\times0.44=305$

(3)查规范表 3.6.4,围岩分级为Ⅳ级。

(4)喷射混凝土厚度选取:查规范表 P.0.1,Ⅳ级围岩时,两车道隧道时,拱部和边墙喷射混凝土厚度范围值为 12~20cm。

20. **答案**(C)

根据《公路路线设计规范》(JTG D20—2017)10.4 节,右转弯设计速度宜采用 30km/h;

加速车道平均行驶速度:$v_A=(60+30)/2=45\text{km/h}$。

加速车道长度:$45/3.6\times3.7/0.6=77\text{m}$。

21. **答案**(B)

近郊高速公路,查《公路路线设计规范》(JTG D20—2017)表 3.3.4,设计小时交通量系数 K 取 9%,匝道设计小时交通量 $DDHV=4000\times9\%=360\text{pcu/h}<400\text{pcu/h}$。

匝道设计速度 40km/h,查《公路立体交叉设计细则》(JTG/T D21—2014)表 7.3.1,采用Ⅱ型,单车道变速车道,选项 B 正确。

22. **答案**(B)

主线设计速度 80km/h,查《公路立体交叉设计细则》(JTG/T D21—2014)表 10.2.5,应设置变速段长度 180m,双车道匝道单车道变速车道,应至少再增加 10m,增加后变速段长度应不小于 190m。上坡加速车道,按 1.2 系数修正变速车道,修正后长度为 $190\times1.2=228\text{m}$。渐变段长度为 70m,变速车道总长为 $228+70=298\text{m}$。

23. **答案**(C)

根据《公路路线设计规范》(JTG D20—2017)13.2.1 条第 3 款及条文说明,(1)正确。

根据 13.2.2 条文说明,宜设置在顶部附近,(2)错误。

根据表 13.2.2-1,匝道双向收费站,35m>25m,(3)正确。

根据 13.2.2 条第 5 款,(4)正确。

综上,共有 3 项正确。

24. **答案**(B)

根据《城市道路工程设计规范》(CJJ 37—2012)(2016 年版)的表5.3.2,30km/h 辅助车道小客车宽度采用3.25m。

根据5.3.3,非机动车道宽度采用2.5m。

根据表5.3.5,辅助车道临近侧分隔带一侧的路缘带选用0.25m,安全带宽度选用0.25m。

非机动车道临近人行道侧安全宽度采用0.25m。

则对应建筑限界宽度 =0.25 +2.5 +3.25 +0.25 +0.25 =6.5m。

【**编者注**】注意选项是路面宽度还是建筑限界宽度,根据《城市道路路线设计规范》(CJJ 193—2012)5.3.3 条文注释,非机动车道 2.5m 已包括路缘带。

25. **答案**(B)

根据《城市道路路线设计规范》(CJJ 193—2012)6.4.3 条,超高渐变率取 1/125。

缓和曲线长度 $L_e = b \cdot \Delta i/\varepsilon = (0.5 + 3.5 \times 2 + 0.5) \times (0.02 + 0.02)/(1/125) = 40\text{m}$。

又根据表6.3.3-2,60km/h 对应的最小缓和曲线长度为 50m。

【**编者注**】注意非机动车道不参与超高,绕中间分隔带边缘旋转,超高渐变率按边线选取,缓和曲线长度存在多因素控制:最小缓和曲线长度、超高过渡段长度、与圆曲线比例协调。

26. **答案**(C)

根据《城市道路工程设计规范》(CJJ 37—2012)(2016 年版)表6.3.7 表下注,考虑东北齐齐哈尔为积雪冰冻地区,故其最大合成坡度应小于或等于 6%,已知该路段纵坡为 3%,根据公式 $j_r = \sqrt{i_s^2 + j^2}$,代入数据得 $6\% = \sqrt{i_s^2 + 3\%^2}$,解得 $i_s = 5.2\%$。

根据表6.2.5,60km/h 对应最大超高为 4%。

【**编者注**】注意规范中的表下注往往为考试的"陷阱",对于规范中有最大最小值限制的指标,计算出来后一定要进行相应核对。

27. **答案**(D)

根据《城市桥梁设计规范》(CJJ 11—2011)(2019 版)10.0.5 条:

$$W = \left(4.5 - 2 \times \frac{L-20}{80}\right)\left(\frac{20-w_p}{20}\right) = \left(4.5 - 2 \times \frac{58-20}{80}\right)\left(\frac{20-3}{20}\right) = 3.0\text{kPa},\text{大于 } 2.4\text{kPa}。$$

28. **答案**(C)

根据《城市道路交叉口设计规程》(CJJ 152—2010)5.3.5 条第 8 款第 1 点,位于右侧的第二条变速车道长度较左侧短一个渐变段长度,第一条车道的变速车道总长为 205 +45 =250m,第二条车道的变速车道总长为 250 -45 =205m。

29. **答案**(D)

根据《城市工程管线综合规划规范》(GB 50289—2016)表5.0.9,设计路面高程≤126.75 -8.0 =118.75m。

根据《城市道路绿化规划与设计规范》(CJJ 75—1997)表6.1.2,设计路面高程≤126.75 - 3.5 - 3.5 = 119.75m

综上,取小值,设计路面高程≤118.75m。

30. **答案**(C)

根据《公路桥涵地基与基础设计规范》(JTG 3363—2019)4.3.4条。

(1)修正后的地基承载力特征值:

$f_a = f_{a0} + k_1\gamma_1(b-2) + k_2\gamma_2(h-3) = 200 + 0 + 2.5 \times 18.71 \times (3.5-3) = 223.4\text{kPa}$

(2)按平均常水位至一般冲刷线的水深每米再增大10kPa。

$f_a = 223.4 + 10 \times 1.5 = 238.4\text{kPa}$。

模拟试卷六(下午卷)答案

序号	31	32	33	34	35	36	37	38	39	40
答案	D	C	D	D	C	D	B	D	B	D
序号	41	42	43	44	45	46	47	48	49	50
答案	C	C	D	D	C	B	C	C	C	D
序号	51	52	53	54	55	56	57	58	59	60
答案	A	D	C	B	C	A	C	C	C	B

31. 答案(D)

根据《公路路线设计规范》(JTG D20—2017)7.6.1 条文说明,根据表 7-2,大型客车 150m 半径对应加宽值为 0.9m,考虑为单车道四级公路,故其加宽值为 0.9/2 =0.45m。

【编者注】具体车型的加宽值在规范附录中有详细表格,需注意的是表格中给的是双车道加宽值,题中若是单车道要除以 2。

32. 答案(C)

根据《公路路线设计规范》(JTG D20—2017)7.9.5 条第 2 款,采用停车视距 1.25 倍,即 1.25 ×110 =137.5。

【编者注】该题近似 2019 年考试深度,对该知识点知晓即可。

33. 答案(D)

根据《公路路线设计规范》(JTG D20—2017)8.1.2 条第 3 款,大桥桥头引道应高于该桥设计洪水位(包括壅水和浪高)至少 50cm。

大桥设计洪水位采用 1/100,为 7.35m,即 7.35 +0.55 +0.32 +0.5 =8.72m。

考虑设计高程为行车道中线,则路基设计高程应大于:8.72 + (0.75 +3.5) ×0.02 +0.75 ×0.03 =8.8275m。

【编者注】注意区分设计高程位置路基边缘还是行车道中心线。

34. 答案(D)

纵坡前后坡差 2% −7% = −5% ,故该曲线为凸形竖曲线。

根据《公路工程技术标准》(JTG B01—2014)表 4.0.15-2,超车视距取 200m。

根据表 4-4:

$$R = \frac{100I_a}{\Delta} = \frac{100\,\dfrac{D^2\Delta}{400}}{\Delta} = \frac{D^2}{4} = \frac{200^2}{4} = 10000\text{m}$$

35. **答案**(C)

根据《公路路线设计规范》(JTG D20—2017)9.2.4 条第 3 款,$A_1=180$,故 A_2最小值,$A_2=A_1/1.5=120$。

根据缓和曲线 $\rho L=A^2$,$L=120\times120/350=41\text{m}$。

36. **答案**(D)

根据《公路路线设计规范》(JTG D20—2017)9.6.2 条,过渡段长度不少于 3s 且不少于 50m。3s 行程为 40/1.2 =33.33 少于 50m,故取 50m。出洞口端过渡段终点桩号为:3680 +520 +50 =4250。

【编者注】注意隧道洞口过渡的双控性,注意区分渐变段、过渡段概念区别。

37. **答案**(B)

凸形对称平曲线 $L_s=\pi R\alpha/180=\pi\times260\times15.7/180=71.244$。

38. **答案**(D)

根据《公路路基设计规范》(JTG D30—2015)7.7.7 条。

(1)面积置换率 $\eta=0.785\dfrac{d^2}{s^2}=0.785\times\dfrac{0.5^2}{1.2^2}=0.136$。

(2)处理后桩长范围沉降:

$$\mu_s=\frac{1}{1+\eta(n-1)}=\frac{1}{1+0.136\times(3-1)}=0.786$$

$$S_z=\mu_s S=0.786\times30=23.6\text{cm}$$

39. **答案**(B)

根据《公路路基设计规范》(JTG D30—2015)第 H.0.2 条。

(1)土压力分力:

$$E_x=E_a\cos(\delta+\alpha)=148\times\cos10^\circ=145.8\text{kN/m}$$

$$E_y=E_a\sin(\delta+\alpha)=148\times\sin10^\circ=25.7\text{kN/m}$$

$$N=G+E_y=324+25.7=349.7\text{kN/m}$$

$$E'_p=0.3E_p=0.3\times60=18\text{kN/m}$$

(2)抗滑移系数:

$$K_c=\frac{[N+(E_x-E'_p)\tan\alpha_0]\mu+E'_p}{E_x-N\tan\alpha_0}=\frac{349.7\times0.5+18}{145.8}=1.32$$

40. **答案**(D)

根据《公路排水设计规范》(JTG/T D33—2012) 9.2.4 条。

断面面积:$A=bh=2.0\times1.1=2.2\text{m}^2$

水力半径:$R=\dfrac{bh}{b+2h}=\dfrac{2.0\times1.1}{2.0+2\times1.1}=0.52\text{m}$

$v=\frac{1}{n}R^{\frac{2}{3}}I^{\frac{1}{2}}=\frac{1}{0.025}\times 0.52^{\frac{2}{3}}\times 0.02^{\frac{1}{2}}=3.66\text{m/s}$

按表9.2.5-2,最大允许流速的水深修正系数取1.25。

最大允许流速修正为:$1.25\times 3=3.75\text{m/s}$

$0.4\text{m/s}<3.66\text{m/s}<3.75\text{m/s}$,满足要求。

$Q=vA=3.66\times 2\times 1.1=8.05\text{m}^3/\text{s}$。

41. **答案**(C)

根据《公路沥青路面设计规范》(JTG D50—2017)5.4.6条,$E_b=24000\times 0.5=12000\text{MPa}$。

路面结构系数:

$\psi_s=(0.52h_a^{-0.003}-317.59h_b^{-1.32})E_b^{0.1}=(0.52\times 180^{-0.003}-317.59\times 400^{-1.32})\times 12000^{0.1}=1.01$

查表3.0.6-1,$[R_a]=15\text{mm}$。

贯入强度:

$R_{\tau s}\geqslant\left(\frac{0.31\lg N_{e5}-0.38\lg v_e}{\lg[R_a]-1.31\lg T_a-\lg\psi_s+2.50}\right)^{1.86}=\left(\frac{0.31\times\lg 2.9\times 10^7-0.38\times\lg 50}{\lg 15-1.31\times\lg 22.4-\lg 1.01+2.50}\right)^{1.86}=0.782\text{MPa}$

42. **答案**(C)

根据《公路沥青路面设计规范》(JTG D50—2017)B.7.2条及3.0.1条,可知$\beta=1.68$。

$\overline{l_0}=\frac{185+192+173+180+178}{5}=181.6(0.01\text{mm})$

$s=\sqrt{\frac{\sum_{i=1}^{n}(l_i-\overline{l_0})^2}{n-1}}=7.23(0.01\text{mm})$

$l_0=(\overline{l_0}+\beta\cdot s)K_1=(181.6+1.65\times 7.23)\times 1.0=193.5(0.01\text{mm})$

43. **答案**(D)

根据《公路水泥混凝土路面设计规范》(JTG D40—2011),可得:

$\overline{w}=\frac{32.5+33.4+34.7+35.2+33.9+34.1}{6}=34.0$

$s_w=\sqrt{\frac{(32.5-34.0)^2+(33.4-34.0)^2+(34.7-34.0)^2+(35.2-34.0)^2+(33.9-34.0)^2+(34.1-34.0)^2}{6-1}}$

$=0.955$

$w_0=\overline{w}+1.04s_w=34.0+1.04\times 0.955=35.0$

$E_t=18621/w_0=18621/35.0=532.0\text{MPa}$

44. **答案**(D)

根据《公路桥涵设计通用规范》(JTG D60—2015)3.2.9条,二级公路上的特大桥及三、四级公路上的大桥,在河床比降大、易于冲刷的情况下,宜提高一级洪水频率验算基础冲刷深度,故宜按 1/300 验算基础冲刷深度。

45. **答案**(C)

根据《公路工程水文勘测设计规范》7.2.1 条,可得:

$$C_p=\left(\frac{Q_p}{Q_{2\%}}\right)^{0.33}=\left(\frac{5500}{3900}\right)^{0.33}=1.12$$

$$B_0=16.07\left(\frac{\overline{Q}^{0.24}}{\overline{d}^{0.3}}\right)=16.07\times\frac{2700^{0.24}}{0.03^{0.3}}=306.5\text{m}$$

$$L_j=C_pB_0=1.12\times306.5=343.3\text{m}$$

46. **答案**(B)

根据《公路涵洞设计细则》(JTG/T D65-04—2017)9.3.2 条,当涵洞结构无支撑梁时,宜以净跨径加板厚作为计算跨径计算弯矩效应,并以净跨径为计算跨径计算剪力效应。故计算剪力时计算跨径应采用净跨径 3.0m,计算弯矩效应计算跨径 =3.0 +0.4 =3.4m。

47. **答案**(C)

根据《公路隧道设计规范　第一册　土建工程》(JTG 3370.1—2018)表 5.1.2-2 和5.1.1 条,最冷月平均气温低于 -15℃的地区,表中水泥砂浆的强度等级应提高一级。故挡土墙应采用 M15 水泥砂浆砌片石,翼墙 C25 钢筋混凝土。

48. **答案**(C)

根据《公路隧道抗震设计规范》(JTG 2232—2019)表 3.1.4,高速公路隧道,0.2g 则抗震设防措施等级为四级。

根据《公路隧道抗震设计规范》9.4.6 条,隧道抗震设防段建筑限界和内轮廓的最小间距,隧道抗震设防措施等级为四级时,最小间距宜大于 25cm。

根据《公路隧道设计规范　第一册　土建工程》(JTG 3370.1—2018)表 4.4.1,两车道公路隧道,设计速度为 100km/h,基本宽度为 10.75m,则最小宽度为 10.75 +2 ×0.25 =11.25m,大于 4.4.3 条中规定预留不小于 50mm 的富余量的要求,故选 C。

49. **答案**(C)

(1)按设计速度计算。

根据题意可知,环道的设计速度为 20km/h,横向力系数 $\mu=0.15$,环道横坡 $i=2.0\%$,最内侧环道的宽度 $b=5.0$m,则满足设计速度要求的中心岛半径为:

$R_1=20^2/[127\times(0.15-0.02)]-5.0/2=21.7\text{m}$

(2)按交织段长度计算。

行驶铰接车需要,最小交织段长度应≥30m,满足最小交织段要求的中心岛半径为:$R_2=360\times30/(2\times3.14\times70)=24.5\text{m}$。故中心岛最小半径应大于 24.5m。故正确选项选 C。

50. **答案**(D)

合流后的连接部车道需满足公式:$N_c \geqslant N_F + N_E - 1$。

当为单车道匝道时,$N_c \geqslant 3+1-1$,即 $N_c \geqslant 3$,合流前后不超过一条,N_c 可取 3 或 4 条车道。

当为双车道匝道时,$N_c \geqslant 3+2-1$,即 $N_c \geqslant 4$,合流前后不超过一条,N_c 可取 4 或 5 条车道。

故 D 选项为正确答案。

51. **答案**(A)

四岔立交,路 2 至路 1 的左转交通量为 1600pcu/h,大于 1500pcu/h,所以这两个方向的匝道宜采用内转弯半直连式匝道,只有选项 A 符合条件。

52. **答案**(D)

根据《公路交通安全设施设计规范》(JTG D81—2017)表 6.3.2,设计速度 80km/h,跨越公路桥梁护栏等级为五(SA、SAm)级。

根据 6.3.4 条第 1 款 5),高速公路、一级公路的桥梁不宜设置路缘石。为减少护栏受到撞击而对桥面产生的影响需要设置路缘石时,高度应控制在 5 ~ 10cm。

根据 6.3.4 条第 1 款 6),设计速度大于 60km/h 的桥梁,人行道与车行道之间应设置桥梁护栏。

查表 6.3.4-3,五(SA)混凝土护栏高度应≥100cm。

综合上述内容,故选 D。

53. **答案**(C)

根据 $m + 16 \times i_{中} = n + 16 \times i_2$,计算可得 $i_2 = (m - n + 16 \times 0.003)/16 = 0.8\%$,故正确答案选 C。

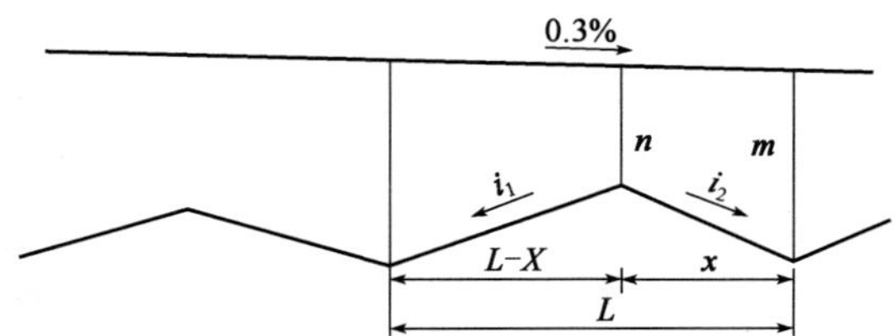

【编者注】锯齿街沟问题转化为矩形边长相等建立等式。

54. **答案**(C)

根据《城市道路路线设计规范》(CJJ 193—2012)7.4.1 条,60km/h 对应的最大合成纵坡为 7%,代入公式 $i_H = \sqrt{i_N^2 + i_Z^2}$。

则:$7\% = \sqrt{i_N^2 + 5\%^2}$,求得 $i_N = 4.9\%$。

根据表 6.4.1,60km/h 对应最大超高为 4%,二者取小值为 4%。

$$R = \frac{V^2}{127(\mu + i_N)} = \frac{60^2}{127 \times (0.06 + 0.04)} = 283.5$$。

55. 答案(C)

根据《城市道路路线设计规范》(CJJ 193—2012)6.3.2 条,两处半径均为需设置缓和曲线的半径。根据 6.2.2 条,其夹直线长度宜不少于 $60 \times 2 = 120$m。

【编者注】6.3.2 条中所指圆曲线需设置而未设置缓和曲线的,若是可以不设置圆曲线的半径相连,则只需夹一个缓和曲线长度的直线段即可。

56. 答案(A)

次干路速度≤50km/h,根据《城市桥梁设计规范》(CJJ 11—2011)(2019 版)表 6.0.7,主干路路缘石高度不小于 0.4m,人行道宽度不小于 2m,故①错误,②正确。根据 7.0.7 条,搭板长度不小于 6m,③错误。根据 8.3.1 条,安全带宽度不小于 0.25m,④正确。根据 3.0.19 条,可以敷设 0.4MPa 燃气管线,⑤正确。故选 A。

57. 答案(C)

查表 5.6.3,B 类喇叭设计服务水平比率 a 匝道为 0.67。查表 5.6.2-2,匝道 N_p = 1700pcu/h;主线一条车道设计通行能力 $N_S = 1400$pcu/h;单车道匝道设计通行能力 $N_R = 1700 \times 0.67 = 1139$pcu/h;主线有一条附加车道,此时立交通行能力 $N = (4-2+1) \times 1400 + (2-1) \times 1139 = 5339$pcu/h。

58. 答案(C)

根据《公路工程建设项目概算预算编制办法》(JTG 3830—2018)3.4.2 条,基本预备费 = $(11.8+3.5+1.2) \times 3\% = 0.495$ 亿元。

根据 3.4.3 条,价差预备费 $n = 2+4 = 6$。则价差预备费 $= 11.8 \times [(1+0.028)^{(6-1)} - 1] = 1.747$ 亿元,预备费 $= 0.495 + 1.747 = 2.242$ 亿元。

59. 答案(C)

根据《公路工程建设项目概算预算编制办法》(JTG 3830—2018)3.1.6 条第 1 款 3),冬季施工增加费采用全年摊销法。

查表 3.1.6-1,冬季施工增加费费率路面 2.449%(根据 3.1.4 条文说明,路面含隧道路面)。

冬季施工增加费 $= (12000+7000) \times 0.95 \times 2.449\% = 442.04$ 万元。

60. 答案(B)

根据《城市人行天桥与人行地道技术规范》(CJJ 69—95)3.2.6 条,$2R + T = 0.6$m,则 $R = (0.6-T)/2 = (0.6-0.32)/2 = 0.14 < 0.15$m,故踏步高度取 0.14m。

模拟试卷七

(上午卷)

题1:某规划干线公路,工可报告编制年为2020年,计划通车年为2025年,交通量调查预测分析结果如下表(单位:veh),从交通量角度分析,预测年设计交通量和宜选用的公路等级为(　　)。

年　份	小　型　车	中　型　车	大　型　车	汽车列车	拖　拉　机
2020	4542	1515	757	780	120
2025	5255	1819	925	900	220
2029	6975	2325	1168	1100	360
2034	8605	2867	1456	1433	480
2039	10250	3500	1785	1705	570
2044	12300	4100	2100	2000	680
2049	14760	4920	2550	2390	750

A. 41075pcu/d,一级公路　　B. 34420pcu/d,一级公路
C. 29062.5pcu/d,一级公路　　D. 24197pcu/d,一级公路

主要解答过程:

题2:上海近郊某一级公路,设计速度为100km/h,预测末年的年平均日交通量为65000pcu/d,方向不均匀系数为58%,如该一级公路设计服务水平采用三级服务水平,试问该一级公路需要的车道数为(　　)。

A. 2　　B. 3　　C. 4　　D. 6

主要解答过程:

题3:某规划区域所有公路总里程为2100km,总 *VKT* 为 1.4×10^7 pcu·km,其中公路1规划里程长150 km,预测末年设计交通量为35000pcu/d,则公路1的路网服务指数为(　　)。

A. 0.19　　B. 3.75　　C. 5.25　　D. 7.14

主要解答过程:

题4:高速公路,设计速度为120km/h,双向六车道,中央分隔带宽3m。则正常情况下整体式路基建筑限界内半幅路基宽度宜采用(   )m。

A. 34.5　　B. 31.5　　C. 15.75　　D. 15.5

主要解答过程:

题5:某二级公路,设计速度为60km/h,横断面布置形式为0.75m土路肩+0.75m硬路肩+2×3.5m车道+0.75m硬路肩+0.75m土路肩。设计线位置为车道中心线,某位置平曲线半径为200m,加宽值为0.8m,曲线内侧为挖方路段,则视距最不利车道的视距半径为(   )m。

A. 197.5　　B. 197.85　　C. 198.25　　D. 201.75

主要解答过程:

题6:某积雪冰冻区域,为保证行车安全,其横向力系数μ小于或等于0.07。该区域某公路交叉口范围,公路为主要公路,公路等级为二级,设计速度为80km/h,为保证交叉口行车舒适性,规定其最大超高值不得超过3%,则该交叉口位置最小半径值不宜小于(   )m。

A. 2500　　B. 1260　　C. 510　　D. 800

主要解答过程:

题7:某二级公路,设计速度为80km/h,路拱横坡为2.5%。某处平曲线参数:缓和曲线长度为160m,圆曲线半径为600m。为避免缓和曲线过长导致超高渐变率过缓,设计者在缓和曲线上大于不设超高半径范围内选择超高过渡段起点,已知ZH点桩号为K2+520,则缓和曲线上不设超高半径位置临界桩号为(   )。

A. 2548.656　　B. 2558.400　　C. 2600.656　　D. 2670.500

主要解答过程:

题 8:某二级公路,设计速度为 80km/h,某一长下坡路段,纵坡为 4%,需用货车停车视距进行检验,则该路段货车停车视距需要满足的最小凸形竖曲线半径为(　　)m。

A. 3000　　B. 4400　　C. 4500　　D. 12000

主要解答过程:

题 9:某地区新建一级公路,初步设计中,路床厚 1.2m,地下水位与地面齐平,毛细浸润面位于地面以上 1.3m,如下图所示。路基填料采用粉土质砂,*CBR* 值为 13.7。地下水毛细润湿面上、下部分路基回弹模量湿度调整系数分别为 1.15 和 0.48,干湿循环或冻融循环条件下路基土模量折减系数为 0.95。按《公路路基设计规范》(JTG D30—2015),计算路基回弹模量设计值最接近下列哪个选项(　　)。

A. 45MPa　　B. 52MPa　　C. 57MPa　　D. 62MPa

主要解答过程:

题 10:某公路原填方边坡坡率为 1∶1.5,拟对旧路进行改扩建,为保证路基拼接正常进行,需在旧路坡脚进行 1∶1 开挖。勘察取样试验结果显示,填料的重度 $\gamma = 18.5\text{kN/m}^3$,滑动面黏聚力 $c = 15\text{kPa}$,内摩擦角 $\varphi = 25°$,土条参数如下图所示。按《公路路基设计规范》(JTG D30—2015),采用简化毕肖普法计算该土条的边坡稳定性系数最接近以下哪个选项(　　)。

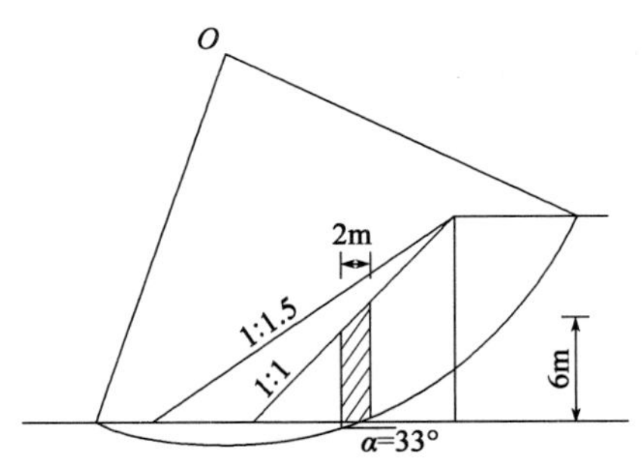

A. 0.7　　B. 0.8　　C. 1.0　　D. 1.4

主要解答过程:

题 11: 某公路路堤位于软土地区,路基中心高度为 5m,路基填料重度为 19kN/m³,填土速率约为 0.04m/d,路线地表下 0 ~ 2.0m 为硬塑黏土,2.0 ~ 6.0m 为流塑状软土,软土不排水抗剪强度为 18kPa,路基地基采用常规预压法处理,用分层总和法计算的地基主固结沉降量为 20cm。当公路通车时地基的沉降量为 19cm 时,根据《公路路基设计规范》(JTG D30—2015),计算此时软土地基的平均固结度最接近以下哪个选项(　　)。

A. 65%　　B. 69%　　C. 73%　　D. 77%

主要解答过程:

题 12: 中部地区新建某双向四车道高速公路,设计速度为 100km/h,采用沥青混凝土路面,根据交通历史数据,2 ~ 11 类车的比例见下表所示,试问该公路的 TTC 分类为以下哪个选项(　　)。

车辆类型	2 类	3 类	4 类	5 类	6 类	7 类	8 类	9 类	10 类	11 类
车辆比例	21.1	11.4	3.5	0	13.9	2.1	16.3	15.7	15.7	0.3

A. TTC1　　B. TTC2　　C. TTC3　　D. TTC4

主要解答过程:

题 13: 某地区新建二级公路,采用沥青混凝土路面,基层采用级配碎石,设计使用年限内设计车道上大型客车和货车当量设计轴载累计作用次数为 1.48×10^7 轴次,路基顶面压应变分析时温度调整系数为 1.07,试计算公路路基顶面容许竖向压应变最接近以下哪个选项(　　)。

A. 265με　　B. 284με　　C. 303με　　D. 329με

主要解答过程:

题 14: 公路自然区划Ⅳ区新建一条二级公路,拟采用普通水泥混凝土面层,基层采用级配碎石。经交通调查分析得知,设计轴载为 100kN,最重轴载为 150kN,属中等交通荷载等级。初拟结构层经计算面层在临界荷位处的行车荷载疲劳应力为 3.54MPa,最大荷载应力为 2.28MPa,温度梯度疲劳应力为 0.65 MPa,最大温度翘曲应力为 1.34 MPa。变异水平为中级,变异系数取上限,根据《公路水泥混凝土路面设计规范》(JTG D40—2011),该公路路面结构极限状态验算中以下哪个选项是正确的(　　)。

A. $\gamma_r(\sigma_{pr}+\sigma_{tr})\geqslant f_r;\gamma_r(\sigma_{p,max}+\sigma_{t,max})\geqslant f_r$

B. $\gamma_r(\sigma_{pr}+\sigma_{tr})\geqslant f_r;\gamma_r(\sigma_{p,max}+\sigma_{t,max})\leqslant f_r$

C. $\gamma_r(\sigma_{pr}+\sigma_{tr})\leqslant f_r;\gamma_r(\sigma_{p,max}+\sigma_{t,max})\leqslant f_r$

D. $\gamma_r(\sigma_{pr}+\sigma_{tr})\leqslant f_r;\gamma_r(\sigma_{p,max}+\sigma_{t,max})\geqslant f_r$

主要解答过程:

题 15: 某四孔 25m 预应力混凝土连续 T 梁桥桥台处位于河滩,河流不稳定,河槽高程为 45.66m,锥坡处河滩高程为 47.16m,设计水位为 49.16m,一般冲刷深度为 3.1m,桥台局部冲刷深度为 0.85m,试问桥台锥坡基脚底面最高高程应为(　　)m。

提示: 一般冲刷深度从设计水位计。

A. 43.71　　B. 45.06　　C. 45.81　　D. 46.31

主要解答过程:

题 16: 如下图所示(尺寸单位:cm),湖南一处混凝土桥梁,单幅双向四车道,对于伸缩缝 A,升温引起长度变化 5cm,降温引起长度变化 3cm,收缩引起长度变化 2cm,徐变引起长度变化 4.5cm,制动力引起长度变化 1.5cm,增大系数为 1.3。则开口量和闭口量各为(　　)cm。

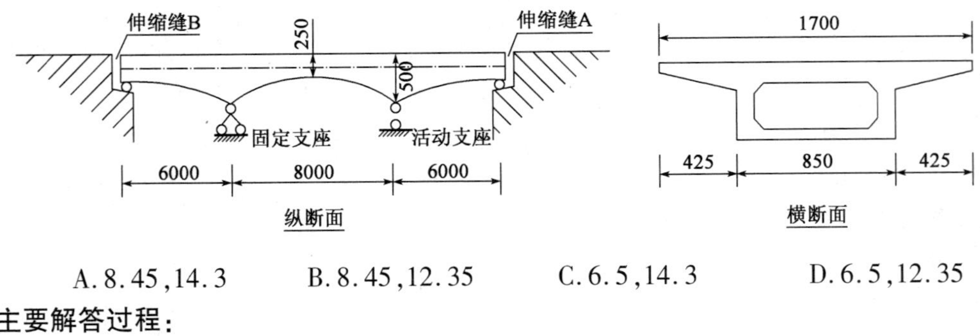

A. 8.45,14.3　　B. 8.45,12.35　　C. 6.5,14.3　　D. 6.5,12.35

主要解答过程:

题 17:设计安全等级为二级的某公路桥梁,由多跨简支箱梁组成,每孔跨径为 25m,计算跨径为 24m,桥梁总宽为 10.5m,行车道宽度为 8.0m。混凝土重度按 $25kN/m^3$ 计算,箱梁混凝土强度等级采用 C40,弹性模量 $E_c = 3.25 \times 10^4 MPa$,箱梁跨中横截面面积 $A = 5.3m^2$,惯性矩 $I_c = 1.5m^4$,取 $g = 10\ m/s^2$。试问本桥冲击系数 μ 与下列何项数值最为接近(　　)。

A. 0.08　　B. 0.18　　C. 0.28　　D. 0.38

主要解答过程:

题 18:二级公路两车道深埋隧道,埋深 200m,隧道开挖宽度为 11m,宽度影响系数为 1.6,Ⅴ级围岩的重度为 $19kN/m^3$。请问正确的围岩垂直均布压力为(　　)。

A. $200kN/m^2$　　B. $203kN/m^2$　　C. $219kN/m^2$　　D. $246kN/m^2$

主要解答过程:

题 19:某条二级公路有一隧道为短隧道,三级围岩,采用钻爆法开挖施工。隧道开挖宽度为 13m,衬砌总结构高度为 8m,围岩重度为 $24kN/m^3$,计算摩擦角为 50°。隧道顶至原始地面 6m。根据《公路隧道设计规范　第一册　土建工程》(JTG 3370.1—2018),该隧道侧压力系数 λ 与下列哪项最为接近(　　)。

A. 0.2　　B. 0.25　　C. 0.3　　D. 0.35

主要解答过程:

题 20:某道路路面宽 20m,道路横坡为 2%,在 K0 + 100 处(即 O 点)与另一道路平面交叉,被交道路路面宽 15m,横坡为 2%,该处交叉竖向设计如下图所示(尺寸单位:m),设计等高线等高距为 0.2m,交叉点处的设计高程为 100.0m,图中 B 点的高程为(　　)。

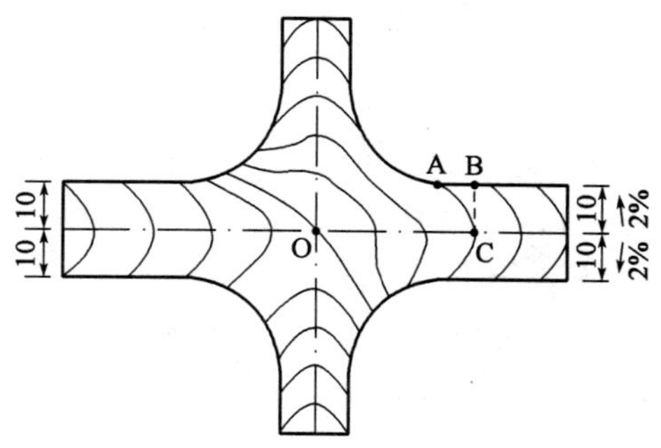

A. 100.6m　　B. 100.4m　　C. 99.4m　　D. 99.2m

主要解答过程：

题 21：某公路立交匝道为从 A 高速转向 B 高速的右转匝道，设计速度为 40km/h，设计小时交通量为 600pcu/h，匝道长度为 330m，匝道外侧受地形、地物条件限制导致用地紧张，则该立交匝道的最小横断面宽度为(　　)。

A. 6.5m　　B. 7.0m　　C. 7.5m　　D. 8.0m

主要解答过程：

题 22：广东某城间高速公路立交预测期末年日平均转向交通量如下图所示(单位：pcu/d)，方向不均匀系数取 55%，则梅州至五华方向左转匝道的设计小时交通量最接近以下哪个选项(　　)。

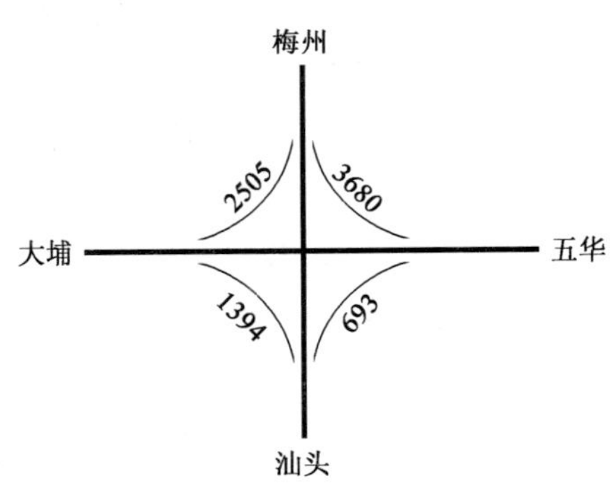

A. 172pcu/h　　B. 253pcu/h　　C. 344pcu/h　　D. 406pcu/h

主要解答过程：

题 23：某城市计划在交通枢纽处设置一机动车停车场，拟定停车容量为 240veh。根据《城市道路工程设计规范》(CJJ 37—2012)(2016 年版)，下列说法中有(　　)项正确。

(1)因场地限制，停车场拟设置为 4 组横向停车位。

(2)为方便车辆转向，停车场出入口设置在交口路口附近。

(3)停车场设置两个双向出入口，出入口宽度均为 7.5m。

(4)为方便车辆进出,停车场出入口设置在东西方向的次干道上。

A. 1　　B. 2　　C. 3　　D. 4

主要解答过程:

题 24:某城市快速路,设计速度为 80km/h,双向四车道,设计小时交通量系数为 0.11,已知 2020 年其年平均日交通量为 38500pcu/d,则该快速路 2020 年处于(　　)级服务水平。

A. 一　　B. 二　　C. 三　　D. 四

主要解答过程:

题 25:某双向四车道城市主干道,采用四幅路断面形式,设计速度为 60km/h,中间分隔带宽度为 3m,两侧分隔带宽度均为 1.5m,预测自行车设计交通量为 3500veh/h,人行道高峰小时行人流量为 6000p/h,道路经过区域不考虑交叉口影响,两侧为非重要区域,则一般情况下该城市主干道最小断面宽度为(　　)。

A. 33　　B. 34　　C. 35　　D. 36

主要解答过程:

题 26:某城市主干路,设计速度为 60km/h,断面布置为(人行道 3m + 非机动车道 3.5m + 侧分隔带 1.5m + 0.5m 路缘带 + 2 × 3.5m 机动车道 + 0.5m 路缘带) × 2 + 3m 中间分隔带,机动车道与非机动车道路拱横坡为 1.5%。某曲线路段半径为 400m,超高为 3%,超高旋转轴为中间分隔带边缘,则缓和曲线最小应设置(　　)m。

A. 45　　B. 50　　C. 65　　D. 70

主要解答过程:

题 27:某城市主干路上的一座立交匝道桥,其中一联为四孔各 30m 的简支箱梁桥,计算跨度为 29.4m,冲击系数 $\mu = 0.25$。单向双车道,桥梁总宽 9.0m,其中行车道净宽 8.0m。上部结构采用预应力混凝土箱梁(桥面连续)。试问,该桥主梁跨中截面在汽车荷载作用下的弯矩标准值与下列哪项数值最为接近(　　)。

A. 4350kN　　B. 5650kN　　C. 6950kN　　D. 8700kN

主要解答过程:

题 28:某城市快速路与快速路交叉的完全苜蓿叶立交,两条道路均为双向八车道,设计速度为 80km/h,直行无附加车道;匝道设计速度为 40km/h,均为单车道匝道。主线一条车道的设计通行能力为 1750pcu/h,则该立交设计通行能力为(　　)。

A. 21000pcu/h　　B. 24740pcu/h　　C. 27800pcu/h　　D. 28000pcu/h

主要解答过程:

题 29:某一级公路设计速度为 100km/h,为评价其安全性,进行运行速度预测。评价路段为一平直段,路段长度为 800m,评价初始点小型车辆初始速度为 90km/h,则该评价路段终点段预测的小型车辆运行速度为(　　)km/h。

A. 90　　B. 100　　C. 115　　D. 120

主要解答过程:

题 30:某城市拟建一座人行天桥,横跨 30m 宽的大街,桥面净宽 5.0m,全宽 5.6m。人行天桥两端的两侧顺人行道方向各建同等宽度的梯道一处。试问,下列梯道净宽中的哪项与规范的最低要求最为接近(　　)。

A. 1.8m　　B. 2.5m　　C. 3.0m　　D. 2.0m

主要解答过程:

模拟试卷七
(下午卷)

题 31:山东某地区城间高速公路,设计速度为 100km/h,双向四车道,现状交通量为 43778veh/d,方向不均匀系数为 0.55,交通组成修正系数为 0.47,驾驶人总体特征修正系数为 0.98,不考虑同向车道之间的交通差异,则该公路 v/C 值为(　　)。

A. 0.65　　B. 0.75　　C. 0.95　　D. 1.6

主要解答过程:

题 32:某二级公路穿过村镇,被交支路有少量车辆出入,设计速度为 80km/h,车道宽度为 3.75m×2,每侧硬路肩宽度为 1.25m。根据交通量调查分析,预测交通量为 450veh/h;交通组成:小客车 50%,中型车 15%,大型车 20%,汽车列车 15%;方向分布为 55/45,不准超车区比例小于 30%,则该公路延误率和平均运行速度分别为(　　)。

A. 80%,58km/h　　B. 82%,58km/h　　C. 59%,69km/h　　D. 50%,72km/h

主要解答过程:

题 33:某高速公路,设计速度为 120km/h,双向八车道,内侧两车道仅限小客车通行,中央分隔带宽度考虑安全设施等布设采用 3m 宽,则正常情况下整体式路基横断面采用的最小宽度为(　)m。

A. 39.5　　B. 40.5　　C. 44　　D. 44.5

主要解答过程:

题 34:某二级干线公路,设计速度为 80km/h,断面布置为(0.75m 土路肩 +1.5m 硬路肩 +3.75m 车道)×2,路拱横坡为 2%,硬路肩横坡与车道坡度相同,土路肩横坡为 3%。路基设计高程在路基边缘,超高过渡绕中线旋转,加宽过渡按直线成比例加宽。某圆曲线半径为

240m,超高坡度为6%,QZ点里程为K2+320.25,路基设计高程为100m。K2+320.25的路基内边缘实际高程为(　　)m。

A. 99.712　　B. 99.66　　C. 99.673　　D. 99.742

主要解答过程:

题35:某一级公路,设计速度为80km/h,路拱横坡为2%,超高旋转轴为中央分隔带边缘,左侧路缘带宽0.5m,路面宽度为2×3.75m,硬路肩宽度为3.0m,圆曲线半径为600m,超高值取5%,若采用全缓和曲线超高,则其缓和曲线长度可采用范围为(　　)m。

A. 115~255　　B. 115~250　　C. 70~250　　D. 120~250

主要解答过程:

题36:某一级双向八车道高速公路,设计速度为100km/h,内侧两侧车道仅限小客车行驶,其他尺寸按正常断面布置,设计线为路基中心线,已知某位置为整体式路基,平曲线半径为1000m,中央分隔带宽度为3m,则紧邻中央分隔带视距不利车道计算停车视距时,视点半径为(　　)m。

A. 996.125　　B. 996.25　　C. 1005.75　　D. 1003.875

主要解答过程:

题37:某山区公路设计速度采用40km/h,最大超高值按8%控制,某地段采用卵形曲线才能更好地与地形吻合,大圆曲线半径采用260m,则A值合理区间是(　　)m。

A. 26~208　　B. 30~208　　C. 46~208　　D. 80~208

主要解答过程:

题38:某公路在K20+245~K20+290段设置重力式路肩挡土墙,墙身尺寸如下图所示(尺寸单位:m),墙体自重为230 kN/m,墙后主动土压力水平分力为98.4kN/m、垂直分力为36.9 kN/m,不计车辆荷载。试计算挡土墙墙趾部的压应力最接近下列哪个选项(　　)。

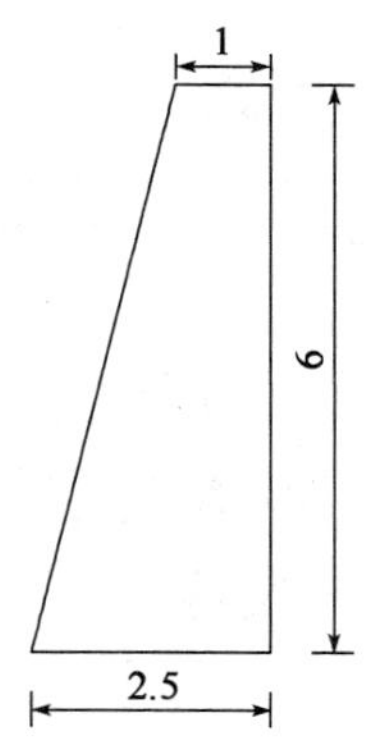

A. 33kPa　　B. 135kPa　　C. 162kPa　　D. 181kPa

主要解答过程:

题 39:某高速公路位于华南地区,采用沥青混凝土路面,面层下设置沥青处治碎石排水基层,渗透系数为 2.134cm/s,有效空隙率为 0.20,路线纵坡 2%、横坡 2%,单向排水基层宽 10.5m。则渗入水在排水基层中的渗流时间最接近以下哪个选项(　　)。

A. 0.81h　　B. 0.95h　　C. 1.35h　　D. 2.00h

主要解答过程:

题 40:某公路位于季节性冻土地区,冻土层为黏性土,测得冻前地面高程为 170.22m,土层冻前 $w=26.3\%$,$w_p=20.3\%$,$w_L=44.1\%$,粒径小于 0.005mm 的颗粒含量小于 60%;最大冻深出现时,地面高程为 170.43m,冻土层厚 2.3m。根据《公路路基设计规范》(JTG D30—2015),该季节性冻土层的冻胀等级和类别为(　　)。

A. Ⅱ级,弱冻胀　　B. Ⅲ级,冻胀　　C. Ⅳ级,强冻胀　　D. Ⅴ级,特强冻胀

主要解答过程:

题 41:东北地区某新建高速公路,双向六车道,路面设计资料如表所示。无机结合料稳定层疲劳开裂分析时,温度调整系数为 1.15,弯拉强度为 1.7MPa,季节性冻土地区调整系数 k_a 取 0.8,根据弹性层状体系理论计算得无机结合料稳定层的层底拉应力为 0.24MPa。则该公路

无机结合料层的疲劳开裂寿命最接近下列哪一项(　　)。

结构层	材料	厚度(mm)
上面层	细粒式改性沥青混凝土(AC-13)	40
中面层	中粒式沥青混凝土(AC-20)	60
下面层	粗粒式沥青混凝土(AC-25)	80
基层	水泥稳定碎石	380
底基层	级配碎石	180

A. 9.42×10^{8} 轴次　　B. 1.05×10^{9} 轴次

C. 1.27×10^{9} 轴次　　D. 1.44×10^{9} 轴次

主要解答过程:

题 42:某公路路基交工时,采用落锤式弯沉仪进行弯沉验收,落锤式弯沉仪荷载为 50kN,承载板半径为 150mm。标准状态下的路基回弹模量为 75MPa,湿度调整系数为 0.97。路基顶面验收弯沉值最接近下列哪个数值(　　)。

A. 196(0.01mm)　　B. 210(0.01mm)

C. 235(0.01mm)　　D. 257(0.01mm)

主要解答过程:

题 43:某高速公路位于公路自然区划Ⅳ区,设计轴载 100kN。设计基准期内设计车道标准荷载累计作用次数为 4.75×10^{7} 次。路面拟采用普通水泥混凝土面层,厚 0.24m;基层选用碾压混凝土,厚 0.2m,面层与基层之间设置 40mm 厚的沥青混凝土夹层,底基层选用级配碎石。上下层板的截面弯曲刚度分别为 46.45MN·m 和 18.41MN·m,双层板的总相对刚度半径为 0.972m。根据《公路水泥混凝土路面设计规范》(JTG D40—2011),试求碾压混凝土基层的荷载疲劳应力最接近以下哪个选项(　　)。

A. 1.9MPa　　B. 2.3MPa　　C. 2.7MPa　　D. 3.2MPa

主要解答过程:

题 44:某单跨净跨径为 50m 无铰拱桥,设计洪水位为 30.0m,净矢跨比为 1/8,拱顶截面桥梁建筑高度为 0.9m,拱圈厚度为 1m,则拱顶处桥面高程最低为(　　)。

A. 29.6m　　B. 31.5m　　C. 33.1m　　D. 34.0m

主要解答过程:

题 45:某高速公路上的一座高架桥,为三孔各 30m 的预应力混凝土简支 T 梁桥,全长 90m,中墩处设连续桥面,支承采用水平放置的普通板式橡胶支座,支座平面尺寸(长宽)为 350mm × 300mm。假定,在桥台处由制动力,温度下降、混凝土收缩和徐变引起的梁长缩短量 $\Delta_t = 26$mm。试问,该处普通板式橡胶支座的橡胶层总厚度 t_e(mm),最小为下列哪项数值(　　)。

提示:假定该支座的形状系数、承压面积、竖向平均压缩变形、加劲板厚度及抗滑稳定等均符合《公路钢筋混凝土及预应力混凝土桥涵设计规范》(JTG 3362—2018)的规定。

A. 29　　B. 38　　C. 53　　D. 61

主要解答过程:

题 46:某 4m 跨径钢筋混凝土箱涵,经水文计算涵内最大水深为 2.8m,若按无压力式涵洞设计,则该涵洞净高最低可采用的是(　　)m。

A. 4.00　　B. 3.30　　C. 3.36　　D. 3.50

主要解答过程:

题 47:三车道公路隧道采用复合式衬砌,埋深 150m,据勘察报告可知,围岩重度为 22kN/m^3,围岩基本质量指标 BQ 为 290,有淋雨状出水,单位出水量为 80L/(min · 10m),结构面走向与洞轴线夹角为 65°,结构面倾角为 80°,围岩初始应力为低应力状态。请问施筑初期支护时,拱部和边墙喷射混凝土厚度范围选用下列哪个选项比较合适(　　)。

A. 8cm　　B. 12cm　　C. 18cm　　D. 26cm

主要解答过程:

题 48:某设计速度为 80km/h 的公路的建筑限界宽 11m,其中某隧道的建筑限界宽 10m,隧道两端连接线的路基宽度仍按公路标准设计。则其建筑限界宽度最小应有(　　)的过渡段与隧道洞口衔接,以保持隧道洞口内外横断面顺适过渡。

A. 50m　　B. 60m　　C. 70m　　D. 80m

主要解答过程:

题 49:某城市主干路,设计速度为 50km/h,在某处平面交叉口的进口道渠化展宽方案如下图所示。根据交通量分析情况,高峰 15min 内每信号周期右转车的排队车辆数为 7 辆,直行每个车道平均排队车辆数为 6 辆,左转车道排队车辆数为 8 辆,则设计左转专用车道最小长度接近下列哪个数值(　　)。

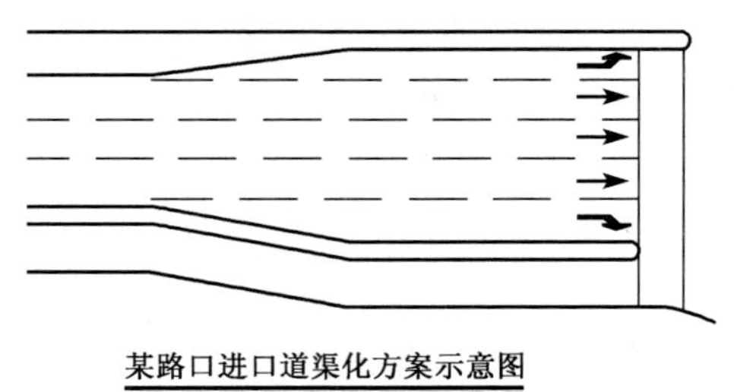

某路口进口道渠化方案示意图

A. 84m　　B. 93m　　C. 102m　　D. 111m

主要解答过程:

题 50:某公路互通式立体交叉,主线设计速度为 80km/h,根据交通量分布和匝道线形布置情况,入口匝道 A 采用单车道直接式,变速车道位于主线纵坡 2% 的上坡路段,则该入口匝道变速车道长度应至少为(　　)。

A. 250m　　B. 286m　　C. 340m　　D. 376m

主要解答过程:

题 51:某两条高速公路,均采用双向六车道、设计速度 100km/h 的技术标准,其形成的三岔互通式立交各流向的设计小时交通量(单位:pcu/h)如图所示,则该立交设计方案较为适宜的是(　　)。

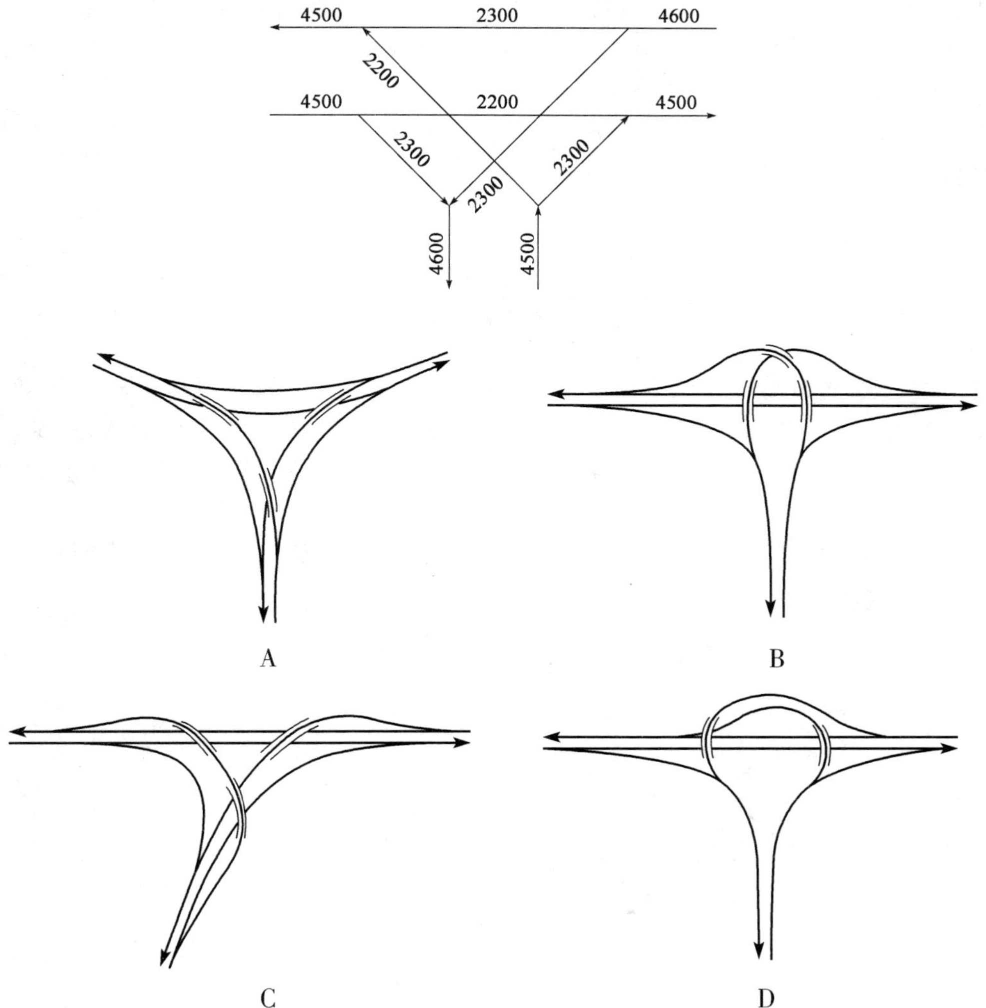

主要解答过程:

题 52:某一级公路设计速度为 80km/h,右侧硬路肩宽度为 2.5m,土路肩宽度为 0.75m,预测单向年平均日交通量约为 8000 辆/天。设计交通量中,总质量为 30t 车辆占 22%,填方边坡坡率为 1:1.5,路堤高度为 5.0 ~ 6.0m,该路段如果设置路侧波形梁护栏,则波形梁护栏的等级应采用(　　)级。

A. 三(A、Am)级　B. 四(SB、SBm)级　C. 五(SA、SAm)级　D. 六(SS、SSm)级

主要解答过程:

题 53:某双向两车道城市道路因特殊原因需经常通行一特殊车辆,该车辆前悬 2m,轴距 6.5m + 10.0m,后悬 4.2m,则圆曲线半径为 200m、设计速度为 60km/h 的路段,需设置加宽值(　　)m。

A. 1.1　　B. 0.6　　C. 2.2　　D. 1.3

主要解答过程:

题 54:某积雪冰冻地区的城市快速路,设计速度为 80km/h,行车道横坡采用 1.5% 双向坡。某曲线位置设置一半径为 500m 的基本型平曲线,圆曲线长度为 90m,平曲线总长为 260m。设置超高为 4%。平曲线所在路段纵坡为 3.8%,则该路段不符合规范要求的技术指标是(　　)。

A. 缓和曲线长度　　B. 平曲线半径　　C. 合成坡度　　D. 道路纵坡

主要解答过程:

题 55:某单幅城市快速路,设计速度为 80km/h,为提高道路通行能力,现对该路段限速 90km/h,则能满足其停车视距要求的最小凸形竖曲线半径为(　　)m。

A. 3000　　B. 4100　　C. 4285　　D. 4500

主要解答过程:

题 56:某平原河流经形态断面测量,河滩过水面积为 285m^2、湿周为 60.0m,河槽过水面积为 550m^2、湿周为 70m,河滩糙率系数为 0.02、河槽糙率系数为 0.05,假设形态断面选择位置合理,洪水比降为 0.04%,则按形态法计算的断面平均流速、洪峰流量与下列选项最为接近的是(　　)。

A. 2200m^3/s,4.0m/s　　B. 2200m^3/s,2.5m/s

C. 2500m^3/s,3.0m/s　　D. 2500m^3/s,2.5m/s

主要解答过程:

题 57:城市快速路路段内基本车道数保持一致,其合流处合流后的连接部主线单向为五车道,匝道为单向两车道。如果要保持车道平衡、连续,那么合流处合流前的主路车道数应不超过( )。

A. 2 条　　B. 3 条　　C. 4 条　　D. 5 条

主要解答过程:

题 58:某高速公路扩建工程位于华南地区,路线长度 25.6km,竣工移交后为满足正常运营需要,准备工器具购置费 50 万元,生产人员 80 人,应急保通设备购置费 76 万元。则该工程的生产准备费约为( )万元。

A. 155.5　　B. 168.5　　C. 181.5　　D. 194.5

主要解答过程:

题 59:某标段公路工程建设项目,初步设计概算分析后,可知定额直接费为 45000 万元,定额设备购置费为 11500 万元,概算费用为定额费用的 98%,措施费为 5600 万元,企业管理费综合费率为 8.6%,规费为 770 万元,税金为 6800 万元,专项费用为 1200 万元。该项目初步设计概算的建筑安装工程费约为( )万元。

A. 68250　　B. 71850　　C. 72750　　D. 77650

主要解答过程:

题 60:某城市人行天桥采用桁架结构,其跨度为 30m,桥宽为 8.4m,则人群设计荷载取值为( )kPa。

A. 3.60　　B. 3.75　　C. 3.80　　D. 3.95

主要解答过程:

模拟试卷七(上午卷)答案

序号	1	2	3	4	5	6	7	8	9	10
答案	B	D	C	D	C	C	A	B	D	C
序号	11	12	13	14	15	16	17	18	19	20
答案	C	B	C	B	B	A	C	C	B	D
序号	21	22	23	24	25	26	27	28	29	30
答案	B	B	B	B	C	B	D	B	C	C

1. 答案(B)

根据《公路工程技术标准》(JTG B01—2014)3.1.2 条,次要干线公路应选用二级及二级以上公路;根据《公路工程技术标准》(JTG B01—2014)3.3.1 条,设计交通量预测年限二级公路为 15 年,高速公路及一级公路为 20 年。已知计划通车年为 2025 年,则先将表中第 20 年,即 2044 年交通量转化为标准车型对应的设计交通量:

$AADT = 1 \times 12300 + 1.5 \times 4100 + 2.5 \times 2100 + 4.0 \times 2000 + 680 \times 4 = 34420\text{pcu/d}$

根据《公路工程技术标准》(JTG B01—2014)3.1.1 条,该公路为干线公路,年平均日设计交通量为 34420pcu/d,根据功能结合交通量,合理公路等级为一级公路。

【编者注】交通量预测年限从计划通车年开始,先从 20 年开始计算,注意不要盲目地从最后一项年份开始计算;另不要漏计拖拉机。

2. 答案(D)

根据《公路路线设计规范》(JTG D20—2017)表 3.4.1-1,一级公路设计速度 100km/h,三级服务水平对应的最大交通量为 1400pcu/(h · ln),根据表 3.3.4,设计小时交通量系数采用 10%。

根据《公路工程技术标准》(JTG B01—2014)3.1.1 条文说明,$AADT = C_D N/(KD)$。

代入题中条件,可得 $65000 = 1400N/(58\% \times 10\%)$

解得 $N = 2.69$,故单向需要 3 个车道,双向需要 6 个车道。

【编者注】计算车道数时,结果小数进位计;看清提问是单向还是双向车道数,注意设计小时交通量是取城间还是近郊(2019 年考试题为求设计交通量)。

3. 答案(C)

根据《公路工程技术标准》(JTG B01—2014)3.1.2 条文说明,公路 1 的里程比率为:

$$R_{k_i} = \frac{K_i}{\sum_i K_i} \times 100\% = \frac{150}{2100} \times 100\% = 7.14\%$$

公路1的车公里比率为：

$$R_{\mathrm{VMT}_i}=\frac{VKT_i}{\sum_i VKT_i}\times 100\%=\frac{150\times 35000}{1.4\times 10^7}\times 100\%=37.5\%$$

路网服务指数为：

$R_1=R_{\mathrm{VMT}_1}/R_{\mathrm{K}_1}=37.5\%/7.14\%=5.25$

结合《公路工程技术标准》(JTG B01—2014)3.1.2条文说明中的表3-3,可知正确答案选C。

4. **答案**(D)

根据《公路路线设计规范》(JTG D20—2017)6.2.1、6.3.1、6.4.1条,车道宽度取3.75m,左侧路缘带取0.75m,硬路肩宽度取3.0m,土路肩取0.75m,根据6.6.2条,高速公路建筑限界不包括土路肩,C值在设计速度为120km/h时取0.5m。

正常情况下,整体式路基建筑限界内半幅路基宽度宜采用$0.5+0.75+3\times 3.75+3=15.5$m。

【编者注】注意审题是半幅路基还是整幅路基,是否是建筑限界,注意不要遗漏C值。

5. **答案**(C)

根据《公路路线设计规范》(JTG D20—2017)7.9.6条文说明,视距最不利车道为紧邻挖方的内侧车道,视距半径为加宽前不利车道中心线位置半径,即$200-3.5/2=198.25$m。

【编者注】注意内侧车道、加宽前半径。

6. **答案**(C)

根据《公路路线设计规范》(JTG D20—2017)10.1.4条第1款,平面交叉范围内,主要公路的设计速度宜与路段设计速度相同,故设计速度取80km/h。

根据《公路工程技术标准》(JTG B01—2014)4.0.17~4.0.18条文说明中的式(4-1)：

$$R=\frac{v^2}{127(\mu+i)}=\frac{80^2}{127\times(0.07+0.03)}=503.937\text{m}$$

【编者注】速度按设计速度取值,而不是按设计速度的70%计。

7. **答案**(A)

根据《公路路线设计规范》(JTG D20—2017)7.4.1条,80km/h、路拱2.5%对应的不设超高半径为3350m;根据《公路工程技术标准》(JTG B01—2014)4.0.19条文说明中的式(4-2)：

$A^2=r\cdot l=160\times 600=96000$

则不设超高半径3350处,$3350\times l=96000$,解得$l=28.656$m。

故对应桩号为:$2520+28.656=2548.656$。

【编者注】注意不设超高半径根据横坡值选取,不要根据习惯采用2500m。

8. **答案**(B)

根据《公路工程技术标准》(JTG B01—2014)表 B.0.1-3,80km/h、4% 纵坡对应的停车视距为 132m,根据 4.0.22 条文说明中的表 4-4:

对应的极限最小半径:$R=\frac{100L_t}{\Delta}=\frac{100\times D^2\times\Delta}{400\times\Delta}=\frac{D^2}{4}=\frac{132^2}{4}=4356\text{m}$

【编者注】注意进行适当拓展,若为超车路段则采用超车视距。

9. **答案**(D)

根据《公路路基设计规范》(JTG D30—2015)3.2.5 条、3.2.6 条及附录 D,由地下水及路基填土高度判断,路基工作区被地下水毛细浸润面分为上下两个部分,其中在毛细浸润面以上为 0.4m,毛细浸润面以下为 0.8m,路基湿度状态处于中湿状态。

(1)湿度调整系数:

$$K_s=\frac{K_{s1}h_1+K_{s2}h_2}{h_1+h_2}=\frac{1.15\times0.4+0.48\times0.8}{1.2}=0.70$$

(2)回弹模量:

$$M_R=22.1CBR^{0.55}=22.1\times13.7^{0.55}=93.2\text{MPa}$$

$$E_0=K_sK_\eta M_R=0.70\times0.95\times93.2=62.0\text{MPa}$$

10. **答案**(C)

根据《公路路基设计规范》(JTG D30—2015)3.6.9 条:

土条自重:

$$W=\gamma V=18.5\times2\times6=222\text{kN/m}$$

系数:

$$m_{\alpha_i}=\cos\alpha_i+\frac{\sin\alpha_i\tan\varphi_i}{F_s}=\cos33°+\frac{\sin33°\times\tan25°}{F_s}=0.839+\frac{0.254}{F_s}$$

稳定系数:

$$F_s=\frac{\sum\frac{1}{m_{\alpha_i}}[c_ib_i+(W_i+Q_i)\tan\varphi_i]}{\sum(W_i+Q_i)\sin\alpha_i}$$

$$=\frac{\frac{1}{(0.839+0.254/F_s)}\times(15\times2+222\times\tan25°)}{222\times\sin33°}=\frac{1.104}{(0.839+0.254/F_s)}$$

解得 $F_s=1.01$。

11. **答案**(C)

根据《公路路基设计规范》(JTG D30—2015)7.7.2 条,加载速率为 0.04m/d、在 20 ~ 70mm/d 之间,取 $v=0.025$;软土层厚度小于 5m,$Y=-0.1$。

$$m_s=0.123\gamma^{0.7}(\theta H^{0.2}+vH)+Y=0.123\times19^{0.7}\times(0.9\times5^{0.2}+0.025\times5)-0.1=1.220$$

$$S_t=(m_s-1+U_t)S_c=(1.220-1+U_t)\times20=19\text{cm}$$

解得 $U_t=0.73$。

12. **答案**(B)

根据《公路沥青路面设计规范》(JTG D50—2017)A.2.6 条,该新建路面设计可采用“水平三”。

整体式货车为 3 ~ 6 类车,比例为:$11.4 + 3.5 + 0 + 13.9 = 28.8 < 40$

半挂式货车为 7 ~ 10 类车,比例为:$2.1 + 16.3 + 15.7 + 15.7 = 49.8 < 50$

根据《公路沥青路面设计规范》(JTG D50—2017)表 A.2.6-1,该公路 TTC 分类为“TTC2”。

13. **答案**(C)

根据《公路沥青路面设计规范》(JTG D50—2017)B.4.1 条和第 3.0.1 条,查表 3.0.1,$\beta = 1.04$。则:

$$[\varepsilon_z] = 1.25 \times 10^{4-0.1\beta}(k_{T3}N_{e4})^{-0.21} = 1.25 \times 10^{4-0.1\times1.04}(1.07 \times 1.48 \times 10^7)^{-0.21} = 302.7\mu\varepsilon$$

14. **答案**(B)

根据《公路水泥混凝土路面设计规范》(JTG D40—2011)3.0.2、3.0.4 条,查表 3-1,变异系数取上限,$\gamma_r = 1.13$;查表 3.0.8,中等交通荷载等级 $f_r = 4.5\text{MPa}$。则:

$\gamma_r(\sigma_{pr} + \sigma_{tr}) = 1.13 \times (3.54 + 0.65) = 4.73\text{MPa} \geqslant f_r$

不满足结构极限状态要求。

$\gamma_r(\sigma_{p,max} + \sigma_{t,max}) = 1.13 \times (2.28 + 1.34) = 4.09\text{MPa} \leqslant f_r$

满足结构极限状态要求。

15. **答案**(B)

根据《公路工程水文勘测设计规范》(JTG C30—2015)8.6.5 条,桥台位于不稳定河流的河滩时,锥坡基脚底面应在一般冲刷线下至少 1m,一般冲刷线高程为 $49.16 - 3.1 = 46.06\text{m}$,则锥坡基脚底面最高高程为 $46.06 - 1 = 45.06\text{m}$。

16. **答案**(A)

升温使伸缩缝 A 宽度减小。降温、收缩、徐变使伸缩缝 A 的宽度增大,双向行车制动力使伸缩缝 A 的宽度可减小、可增大,故:

闭口量:

$C^+ = 1.3 \times (5 + 1.5) = 8.45\text{cm}$

开口量:

$C^- = 1.3 \times (3 + 2 + 4.5 + 1.5) = 14.3\text{cm}$

17. **答案**(C)

根据《公路桥涵设计通用规范》(JTG D60—2015)4.3.2 条文说明,简支梁桥自振频率为:

$$f = \frac{\pi}{2l^2}\sqrt{\frac{E_c I_c}{m_c}}$$

$m_c = G/g = 5.3\times25\times10^3/10 = 1.325\times10^4\,\mathrm{N\cdot s^2/m^2}$

$E_cI_c = 3.25\times10^4\times10^6\times1.5 = 4.875\times10^{10}\,\mathrm{N\cdot m^2}$

$$f = \frac{\pi}{2\times24^2}\times\sqrt{\frac{4.875\times10^{10}}{1.325\times10^4}} = 5.23\,\mathrm{Hz}$$

由规范式(4.3.2)可得：

$\mu = 0.1767\ln f - 0.0157 = 0.1767\ln5.23 - 0.0157 = 0.277$

18. **答案**(C)

深埋隧道：$h = 0.45\times2^{S-1}\omega = 0.45\times2^{5-1}\times1.6 = 11.52\mathrm{m}$

围岩垂直均布压力：$q = 19\times11.52 = 218.9\mathrm{kN/m^2}$

【编者注】埋深 200m 的隧道为深埋隧道,哪怕题干没有明确说是深埋隧道,考试时可以直接写为深埋隧道,不必先采用附录 D 进行判断。

19. **答案**(B)

根据《公路隧道设计规范　第一册　土建工程》(JTG 3370.1—2018)D.0.1、D.0.2 条和 6.2.2 条：

(1)求隧道侧压力系数 λ,先确定是浅埋隧道还是深埋隧道。

三级围岩,开挖宽度 13m：

$\omega = 1 + i(B-5) = 1 + 0.1\times(13-5) = 1.8$

$h = 0.45\times2^{S-1}\omega = 0.45\times2^{3-1}\times1.8 = 3.24\mathrm{m}$

在钻爆法施工的条件下,隧道取 $H_P = 2h = 2\times3.24 = 6.5\mathrm{m}$。

隧道覆盖层厚度 3.24m < 6m < 6.5m,判定隧道为浅埋隧道(非超浅埋隧道)。

(2)求围岩 θ 值,根据表 D.0.2,三级围岩,计算摩擦角 $\varphi_c = 50°$,$\theta = 0.9\times50 = 45°$;

$$\tan\beta = \tan50° + \sqrt{\frac{(\tan^2 50° + 1)\times\tan50°}{\tan50° - \tan45°}} = 5.06$$

$$\lambda = \frac{5.06 - \tan50°}{5.06[1 + 5.06\times(\tan50° - \tan45°) + \tan50°\times\tan45°]} = 0.242$$

【编者注】若隧道是浅埋隧道,则侧压力系数 $\lambda = \tan^2\left(45 - \frac{\varphi_c}{2}\right)$。

20. **答案**(D)

根据竖向设计图的等高线可知,OC 为下坡,C 点设计高程为 $100 - 3\times0.2 = 99.4\mathrm{m}$,

B 点高程等于 C 点高程减去道路横坡：$99.4 - 0.02\times10 = 99.2\mathrm{m}$。

21. **答案**(B)

按《公路立体交叉设计细则》(JTG/T D21—2014)7.3.1 条,该匝道类型选用Ⅰ型单向单车道匝道,车道宽度采用 3.5m,条件受限情况下,右侧硬路肩采用 1.5m,左侧硬路肩采用 1.0m,土路肩采用 0.5m,匝道横断面最小宽度：$0.5 + 1.0 + 3.5 + 1.5 + 0.5 = 7.0\mathrm{m}$。

22. **答案**(B)

城间高速公路,查《公路路线设计规范》(JTG D20—2017)表3.3.4,设计小时交通量系数 K 取0.125。则梅州至五华方向左转匝道的设计小时交通量为:$3680 \times 0.55 \times 0.125 = 253$pcu/h。

23. **答案**(B)

根据《城市道路工程设计规范》(CJJ 37—2012)(2016年版)11.2.5条第2款,每组停车不超过50veh,(1)错;根据11.2.5条第3款,(2)错,(4)对;根据11.2.5条第4、5款,(3)对。

24. **答案**(B)

根据《城市道路工程设计规范》(CJJ 37—2012)(2016年版)4.2.4条文说明中的公式:

$AADT = C_D N/K$,代入数据得 $38500 = C_D \times 4/0.11$,解得 $C_D = 1058.75$pcu/h。

根据表4.2.3,720 pcu/h $< C_D <$ 1280 pcu/h,所以该快速路2020年处于二级服务水平。

【编者注】注意《城市道路工程设计规范》(CJJ 37—2012)(2016年版)中,N 为总车道数,与公路行业规范不一致。

25. **答案**(C)

根据《城市道路工程设计规范》(CJJ 37—2012)(2016年版)4.4.1条,非机动车道宽度为3500/1800 = 1.95m;根据《城市道路路线设计规范》(CJJ 193—2012)5.3.2条第4款,取非机动车道宽度为3.5m。

根据《城市道路工程设计规范》(CJJ 37—2012)(2016年版)4.5.1条,人行道宽度为6000/2100 = 2.85m;根据《城市道路路线设计规范》(CJJ 193—2012)5.3.3条,取人行道最小宽度一般值为3m。

根据《城市道路路线设计规范》(CJJ 193—2012)5.3.1条,取机动车道宽度3.5m。根据5.3.4条,取中间带路缘带机动车道为0.5m,两侧带路缘带宽度为0.5m,非机动车道路缘带宽度为0.25m。

则最小断面宽度为:(人行道3m + 非机动车道3.5m + 侧分隔带1.5m + 0.5m路缘带 + 2 × 3.5m机动车道 + 0.5m路缘带) × 2 + 3m中间分隔带 = 35m。

【编者注】注意非机动车道宽度、人行道宽度均为双控,非机动车道宽度"3.5m"包括路缘带宽度。

26. **答案**(B)

根据《城市道路路线设计规范》(CJJ 193—2012)6.4.3条,超高渐变率最大取1/125,考虑到只有机动车道参与超高,根据式(6.4.3):

$L_e = b\Delta i/\varepsilon = (0.5 + 3.5 \times 2 + 0.5) \times (0.015 + 0.03)/(1/125) = 45\text{m}$

根据表6.3.3-2,缓和曲线最小长度应大于或等于50m,正确答案选B。

27. **答案**(D)

根据《城市桥梁设计规范》(CJJ 11—2011)(2019版)10.0.2条、10.0.3条:

(1)城市主干路,采用城—A 级荷载,车道及车道同通用规范,净宽 8m,单向行驶,双车道。

(2)集中荷载 $P_k = 270 + \frac{360 - 270}{50 - 5} \times (29.4 - 5) = 2 \times (130 + 29.4) = 318.8\text{kN}$。

(3)主梁支点汽车荷载作用下的剪力标准值(含冲击系数):

$$(1 + 0.25) \times \left[\left(\frac{318.8 \times 29.4}{4} + \frac{10.5 \times 29.4^2}{8}\right) \times 2\right] = 8695\text{kN} \cdot \text{m}$$

28. 答案(B)

快速路与快速路交叉,为立 A1 类,宜采用服务水平Ⅱ1 级。

根据《城市道路交叉口设计规程》(CJJ 152—2010)表 5.6.3,匝道设计速度 40km/h 时对应比率 $a = 0.55$;查表 5.6.2-2,匝道 $N_p = 1700\text{pcu/h}$。

根据题意 $N_S = 1750\text{pcu/h}$,$N_R = 1700 \times 0.55 = 935\text{pcu/h}$。

直行无附加车道,则立交通行能力 $N = 1750 \times (8 - 2) + 1750 \times (8 - 2) + 4 \times 935 = 24740\text{pcu/h}$。

【编者注】注意缓和曲线长度应考虑超高需要、最小缓和曲线长度及与 A 值协调。

29. 答案(C)

根据《公路项目安全性评价规范》(JTG B05—2015)B.2.2、B.2.3 条:

$$\alpha = \alpha_{min} + (\alpha_{max} - \alpha_{min})\left(1 - \frac{v_{in}}{v_e}\right) = 0.15 + (0.5 - 0.15)(1 - \frac{90}{120}) = 0.238\text{m/s}^2$$

$$v_{out} = 3.6\sqrt{\left(\frac{v_{in}}{3.6}\right)^2 + 2\alpha s} = 3.6 \times \sqrt{\left(\frac{90}{3.6}\right)^2 + 2 \times 0.238 \times 800} = 114.17\text{km/h}$$

30. 答案(C)

根据《城市人行天桥与人行地道技术规范》(CJJ 69—95)2.2.2 条:

每侧梯道净宽 $b = \frac{1.2 \times 5}{2} = 3.0\text{m} > 1.8\text{m}$,故取 $b = 3.0\text{m}$。

模拟试卷七(下午卷)答案

序号	31	32	33	34	35	36	37	38	39	40
答案	D	C	D	D	D	C	B	D	B	B
序号	41	42	43	44	45	46	47	48	49	50
答案	C	D	C	D	B	B	D	C	C	C
序号	51	52	53	54	55	56	57	58	59	60
答案	B	C	D	D	C	C	C	C	D	C

31. **答案**(D)

根据《公路路线设计规范》(JTG D20—2017)表 3.3.4,城间高速设计小时交通量系数为 12.5%,则单向设计小时交通量根据式(3.3.2):

$DDHV = AADT \cdot D \cdot K = 43778 \times 0.55 \times 0.125 = 3009.738\text{veh/h}$

根据题意,不考虑同向车道之间的交通差异,则一个车道设计小时交通量为:

$DDHV/2 = 3009.738/2 = 1504.869\text{veh/(h}\cdot\text{ln)}$

根据《公路路线设计规范》(JTG D20—2017)式(3.4.2-1):

现状服务水平对应的交通量为 $MSF_i = C_d/(f_{HV} \times f_d \times f_f) = 1504.869/(0.47 \times 1 \times 0.98) = 3267.2\text{pcu/(h}\cdot\text{ln)}$

根据《公路路线设计规范》(JTG D20—2017)表 3.2.2-1,基准通行能力为 2100 pcu/(h · ln)。

则 $v/C = 3267.2/2100 = 1.6$。

【编者注】应灵活理解与运用式(3.4.2-1),注意题中各种单位之间的差异。

32. **答案**(C)

根据《公路路线设计规范》(JTG D20—2017)表 3.6.2-1,中型车折算系数为 2.0,大型车为 2.5,汽车列车为 3.0,则:

$$f_{HV} = \frac{1}{1 + \sum P_i(E_i - 1)} = \frac{1}{1 + 0.15 \times (2-1) + 0.2 \times (2.5-1) + 0.15 \times (3-1)} = 0.571$$

根据 3.6.2 条,方向分布系数为 0.97,车道宽度及路肩宽度修正系数为 1.16,路侧干扰修正系数为 0.75。

根据 $C_d = MSF_i \cdot f_{HV} \cdot f_d \cdot f_w \cdot f_f$:

现状服务水平对应的交通量为 $MSF_i = C_d/(f_{HV} \cdot f_d \cdot f_w) = 450/(0.571 \times 0.97 \times 1.16 \times 0.75) = 934\text{pcu/h}$

根据《公路路线设计规范》(JTG D20—2017)3.6 条文说明:

延误率为 $DB = Q^{0.814}/(0.434Q^{0.814} + 332.864) = 934^{0.814}/(0.434 \times 934^{0.814} + 332.864) = 59\%$。

该公路平均运行速度为 $v=85\times e^{(-0.000225Q)}=85\times e^{(-0.000225\times 934)}=69\text{km/h}$。

33. **答案**(D)

根据《公路路线设计规范》(JTG D20—2017)6.2.1 条,车道宽度内侧两车道采用3.5m,外侧两车道采用3.75m;根据6.4.1 条,右侧硬路肩采用3.0m,土路肩采用0.75m;根据6.4.2 条第2 款,左侧硬路肩采用2.5m。

则路基横断面采用的最小宽度为 $(0.75+3+2\times 3.75+2\times 3.5+2.5)\times 2+3=44.5\text{m}$。

【**编者注**】八车道公路有多处特别规定,复习是一定要注意串联。

34. **答案**(D)

根据《公路路线设计规范》(JTG D20—2017)7.6.1 条,二级干线公路,第3 类加宽:

查表7.6.1,加宽值取0.8m。

车道超高值为6%,内侧硬路肩与土路肩横坡度为5%。

QZ 点超高旋转轴处高程为 $100+0.75\times 0.03+(3.75+1.5)\times 0.02=100.1275\text{m}$。

道路内侧边线设计高程 $=100.1275-(3.75+0.8)\times 0.06-(1.5+0.75)\times 0.05=99.742\text{m}$。

【**编者注**】注意加宽对设计高程的影响,5%以上超高硬路肩与土路肩不再参与。

35. **答案**(D)

根据《公路路线设计规范》(JTG D20—2017)7.5.6 条,超高渐变率不得小于1/330,根据表7.5.4,最大超高渐变率为1/150,根据7.5.7 条文说明中的公式:

最大缓和曲线长度为 $L_c=\Delta_i\cdot B/P=(0.02+0.05)\times(0.5+2\times 3.75+3)/(1/330)=254.1\text{m}$;

最小缓和曲线长度为 $L_c=\Delta_i\cdot B/P=(0.02+0.05)\times(0.5+2\times 3.75+3)/(1/150)=115.5\text{m}$。

【**编者注**】注意答案要比最小长度长,比最大长度短。

36. **答案**(C)

根据《公路路线设计规范》(JTG D20—2017)6.2.1 条、6.4.2 条第2 款,该高速公路内侧车道宽度为3.5m,左侧硬路肩宽度为2.5m;根据7.9.6 条文说明,视点位置应取车道宽度1/2处,紧邻中央分隔带视距不利车道为曲线外侧车道。

则视点半径为 $1000+3/2+2.5+3.5/2=1005.75\text{m}$。

【**编者注**】注意八车道高速公路的特殊性,不利视距位置为外侧路幅靠近中央分隔带位置。

37. **答案**(B)

根据《公路路线设计规范》(JTG D20—2017)9.2.4 条第4 款,$R_1=260$,$R_2/R_1=0.2\sim 0.8$,得 $R_2=52\sim 208$。

已知最大超高值为8%,查表7.3.2,知最小半径为60m,$R_2=60\sim208$。
根据9.2.4条第4款,$R_2/2\leqslant A\leqslant R_2$,则$60/2\leqslant A\leqslant208$,即$30\leqslant A\leqslant208$。

38. **答案**(D)
挡墙自重到墙趾的距离:

$$\frac{1}{2}\times(1+2.5)\times6\times z_w=1\times6\times\left(2.5-1+\frac{1}{2}\times1\right)+\frac{1}{2}\times(2.5-1)\times6\times\left(\frac{2.5-1}{3}\times2\right)$$

求解得$z_w=1.57$m。

$$e_0=\frac{M_d}{N_d}=\frac{98.4\times\frac{6}{3}-230\times(1.57-\frac{2.5}{2})-36.9\times\frac{2.5}{2}}{230+36.9}=0.29\text{m}<\frac{B}{6}=\frac{2.5}{6}$$

$$\sigma_1=\frac{\sum N}{B}\left(1+\frac{6e_0}{B}\right)=\frac{230+36.9}{2.5}\times\left(1+\frac{6\times0.29}{2.5}\right)=181.1\text{kPa}$$

39. **答案**(B)
根据《公路排水设计规范》(JTG/T D33—2012)5.3.4条:

$$L_t=B\sqrt{1+\frac{i_z^2}{i_h^2}}=10.5\times\sqrt{1+\frac{0.02^2}{0.02^2}}=14.85\text{m}$$

$$J_0=\sqrt{i_z^2+i_h^2}=\sqrt{0.02^2+0.02^2}=0.028$$

$$T=0.69\frac{n_eL_t}{k_bJ_0}=0.69\times\frac{0.20\times14.85}{2.134\times10^{-2}\times0.028}=3430\text{s}=0.95\text{h}\leqslant2\text{h}$$

40. **答案**(B)
根据《公路路基设计规范》(JTG D30—2015)7.19.2条:
土的冻胀值:$z=170.43-170.22=0.21$m;
土的冻结深度:$H_d=2.3-0.21=2.09$m;
平均冻胀率:$\eta=\frac{z}{H_d}=\frac{0.21}{2.09}=10.0\%$;
根据表7.19.2-2,判断为Ⅳ级、强冻胀;
$I_p=44.1-20.3=23.8>22$,冻胀性降一级,综合判断为Ⅲ级,冻胀。

41. **答案**(C)
根据《公路沥青路面设计规范》(JTG D50—2017)B.2.1条:
查表B.2.1-2,$c_1=14.0$,$c_2=-0.0076$,$c_3=-1.47$;
$k_c=c_1e^{c_2(h_a+h_b)}+c_e=14.0\times e^{-0.0076\times(180+380)}-1.47=-1.27$;
查表B.2.1-1,$a=13.24$,$b=12.52$;
查表3.0.1,$\beta=1.65$;

$$N_{f2}=k_ak_{T2}^{-1}10^{a-b\frac{\sigma_t}{R_s}+k_c-0.57\beta}=0.8\times1.15^{-1}\times10^{13.24-12.52\times\frac{0.24}{1.7}-1.27-0.57\times1.65}=1.27\times10^9\text{ 轴次}$$

42. **答案**(D)

根据《公路沥青路面设计规范》(JTG D50—2017)B.7.1 条:

$E_0 = K_S \cdot M_R = 0.97 \times 75 = 72.8\text{MPa}$

$$p = \frac{P}{A} = \frac{50 \times 10^3}{3.14 \times 150^2} = 0.708\text{MPa}$$

$$l_g = \frac{176pr}{E_0} = \frac{176 \times 0.708 \times 150}{72.8} = 256.7(0.01\text{mm})$$

43. **答案**(C)

根据《公路水泥混凝土路面设计规范》(JTG D40—2011),设计荷载在下层板临界荷位处产生的荷载应力:

$$\sigma_{bps} = \frac{1.41 \times 10^{-3}}{1 + \frac{D_c}{D_b}} r_g^{0.68} h_b^{-2} P_s^{0.94} = \frac{1.41 \times 10^{-3}}{1 + \frac{46.45}{18.41}} \times 0.972^{0.68} \times 0.2^{-2} \times 100^{0.94} = 0.744\text{MPa}$$

荷载疲劳应力系数:

$k_f N_e^{\lambda} = (4.75 \times 10^7)^{0.065} = 3.155$

下层板的荷载疲劳应力:

$\sigma_{bpr} = k_f k_c \sigma_{bps} = 3.155 \times 1.15 \times 0.744 = 2.70\text{MPa}$

44. **答案**(D)

根据《公路桥涵设计通用规范》(JTG D60—2015)3.4.3 条,无铰拱拱脚允许淹没,但不宜超过拱圈高度的 2/3,且拱顶底面至计算水位净高不小于 1.0m,则有 $50 \times 1/8 \times 1/3 = 2.0\text{m}$(拱顶处拱顶底面至水面的距离) > 1.0m,则拱顶处桥面高程最小为 $30.0 + 50 \times 1/8 \times 1/3 + 1.0$(拱圈厚度) $+ 0.9\text{m} = 33.98\text{m}$。

45. **答案**(B)

根据《公路钢筋混凝土及预应力混凝土桥涵设计规范》8.7.3 条,Δ_t 已经包含制动力缩短量,计入了制动力,则计制动力时橡胶层总厚度:$t_e \geqslant 1.43\Delta_t = 1.43 \times 26 = 37.2\text{mm}$。

为保证受压稳定,矩形支座应满足$\frac{l_a}{10} \leqslant t_e \leqslant \frac{l_a}{5}$,即 $30\text{mm} \leqslant t_e \leqslant 60\text{mm}$。

46. **答案**(B)

根据《公路桥涵设计通用规范》(JTG D60—2015)3.4.4 条,当涵洞进口净高小于 3m 时,涵洞内顶点至最高流水面的净高应不小于$\frac{h}{6}$,即 $2.8 \leqslant \frac{5h}{6}$,得 $h \geqslant 3.36\text{m}$,当 $h \geqslant 3\text{m}$ 时,最小净高为 0.5m,故净高最低可采用 $2.8 + 0.5 = 3.3\text{m}$。

47. **答案**(D)

根据《公路隧道设计规范　第一册　土建工程》(JTG 3370.1—2018)附录 A,得 $K_1 = 0.4 \sim$

0.6,$K_2=0\sim0.2$,$K_3=0$(无高初始应力状态),得[BQ]=210~250。根据表3.6.5,当[BQ]=210~250时,为Ⅴ级围岩。三车道隧道,根据表P.0.2,可得初期支护时拱部和边墙喷射混凝土厚度为20~30cm。

48. **答案**(C)

根据《公路隧道设计规范　第一册　土建工程》(JTG 3370.1—2018)4.4.9条及条文说明,当隧道的建筑限界宽小于公路建筑限界宽时,两端连接线的路基宽度仍按公路标准设计,其建筑限界宽度应设有3s设计速度行程并不小于50m的过渡段与隧道洞口衔接,以保持隧道洞口内外横断面顺适过渡。按设计时速80km/h计算,每秒的行程为22.22m,3s的行程应为66.66m,取整max(50,66.66)=70m。

49. **答案**(C)

渐变段长度计算 $L_t=0.7\times50/3.6\times3=29.2$m。根据《城市道路交叉口设计规程》(CJJ 152—2010),城市主干路展宽渐变段最小长度应取30m。

展宽段长度 $L_S=9N$,N 取相邻车道排队数和自身车道排队数量的较大值,$N=8$,则 $L_S=9\times8=72$m,左转专用车道最小长度为30+72=102m。

50. **答案**(C)

根据题意,该入口匝道为单车道直接式变速车道。根据《公路立体交叉设计细则》(JTG/T D21—2014)表10.2.5条,主线设计速度为80km/h的入口匝道加速段长度180m,采用直接式入口,渐变段长度160m(取括号内的值),变速段主线纵坡为2%,无须修正变速段长度,则变速车道总长为180+160=340m。

51. **答案**(B)

根据《公路立体交叉设计细则》(JTG/T D21—2014)6.5.1条,两条高速标准、等级相同,三个方向的转向交通量大小相当,并且左转交通量均很大,宜采用直连式的三岔Y形枢纽立交。

52. **答案**(C)

根据《公路交通安全设施设计规范》(JTG D81—2017):

根据图A.0.2-1,计算净区宽度为6.7m。

根据A.0.3条,边坡距离车行道外边线宽度为2.5+0.75=3.25m<6.7m;根据图6.2.4,事故严重等级为中等,应设置护栏。

根据表6.2.10,一级公路设计速度80km/h,事故严重等级中等,应采用“四(SB、SBm)级”护栏。

根据6.2.11条,30t车辆为22%>20%,防护等级提高一级,故采用“五(SA、SAm)级”护栏。

53. **答案**(D)

根据车辆轴距条件,可知该车可化为铰接车范围。

根据《城市道路路线设计规范》(CJJ 193—2012)6.5条文说明：

$$b'_w = b'_{w1} + b'_{w2} = \frac{a_{gc}^2 + a_{cr}^2}{2R} + \frac{0.05V}{\sqrt{R}}$$

$$= [(6.5+2)^2 + 10^2]/(2\times200) + 0.05\times60/200^{1/2} = 0.643\text{m}$$

则两车道加宽值为0.643×2=1.286m,向上取整为1.3m。

【编者注】掌握加宽原始公式,以便对特殊车型进行验算,注意计算结果为单车道加宽值,审清题中所求为单车道还是双车道。

54. 答案(D)

根据《城市道路路线设计规范》(CJJ 193—2012)表7.2.2,机动车道最大纵坡4%。但根据7.2.1条第4款,积雪、冰冻地区快速路最大纵坡不应大于3.5%,本路段纵坡为3.8%,不符合规范要求。

其他项经核对满足设计规范。

55. 答案(C)

根据《城市道路路线设计规范》(CJJ 193—2012)6.6.1条文说明,90km/h对应停车视距：

$$S_S = \frac{Vt}{3.6} + \frac{\beta_s V^2}{254(\mu_s \pm i)} + S_a = \frac{90\times1.2}{3.6} + \frac{1.2\times90^2}{254\times0.4} + 5 = 130.669\text{m}$$

根据7.3条文说明：

$$R_v = \frac{{S_S}^2}{2(\sqrt{h_e}+\sqrt{h_o})^2} = \frac{130.669^2}{2(\sqrt{1.2}+\sqrt{0.1})^2} = 4283.975\text{m}$$

56. 答案(C)

$$R_c = \frac{A_c}{\chi_c} = \frac{550}{70} = 7.86\text{m}$$

$$R_t = \frac{A_t}{\chi_t} = \frac{285}{60} = 4.75\text{m}$$

根据《公路工程水文勘测设计规范》6.3.1条：

$$v_c = \frac{1}{n_c}R_c^{\frac{2}{3}}I^{\frac{1}{2}} = \frac{1}{0.02}\times7.86^{\frac{2}{3}}\times0.0004^{\frac{1}{2}} = 3.95\text{m/s}$$

$$v_c = \frac{1}{n_t}R_t^{\frac{2}{3}}I^{\frac{1}{2}} = \frac{1}{0.05}\times4.75^{\frac{2}{3}}\times0.0004^{\frac{1}{2}} = 1.13\text{m/s}$$

洪峰流量：

$$Q = A_c v_c + A_t v_t = 554\times3.95 + 285\times1.13 = 2510\text{m}^3/\text{s}$$

断面平均流速：

$$v = \frac{Q}{A} = \frac{2510}{285+550} = 3.01\text{m/s}$$

57. 答案(C)

合流后的连接部车道需满足：

$N_c \geqslant N_F + N_E - 1$

$5 \geqslant N_f + 2 - 1$，解得 $N_f \leqslant 4$，即合流前的主路车道数 N_f 应不超过4条。

58. 答案(C)

根据《公路工程建设项目概算预算编制办法》(JTG 3830—2018)3.3.7条第2款：

办公和生活用家具购置费 $= 25.6 \times 17500 \times 70\% = 31.36$ 万元

生产人员培训费 $= 3000 \times 80 = 24$ 万元

生产准备费 $= 50 + 31.36 + 24 + 76 = 181.36$ 万元

59. 答案(D)

根据《公路工程建设项目概算预算编制办法》(JTG 3830—2018)3.1.9、3.6.1条：

直接费 $= 45000 \times 0.98 = 44100$ 万元

设备购置费 $= 11500 \times 0.98 = 11270$ 万元

企业管理费 = 定额直接费 × 综合费率 $= 45000 \times 8.6\% = 3870$ 万元

利润 =(定额直接费 + 措施费 + 企业管理费)× 7.42% $= (45000 + 5600 + 3870) \times 7.42\% = 4041.67$ 万元

建筑安装工程费 $= 44100 + 11270 + 5600 + 3870 + 770 + 4041.67 + 6800 + 1200 = 77651.67$ 万元

60. 答案(C)

根据《城市人行天桥与人行地道技术规范》(CJJ 69—95)3.1.3条，$B = 8.4/2 = 4.2\text{m} > 4\text{m}$，应取 $B = 4\text{m}$ 计算：

$$W = \left(5 - 2 \times \frac{30 - 20}{80}\right) \times \left(\frac{20 - 4}{20}\right) = 3.8\text{kPa}$$